杭州市非物质文化遗产保护探索实践研究

澄懷觀道

鮑賢倫書

潘昌初 著

浙江工商大學出版社
ZHEJIANG GONGSHANG UNIVERSITY PRESS

图书在版编目(CIP)数据

澄怀观道 ：杭州市非物质文化遗产保护探索实践研究 / 潘昌初著. —杭州 ：浙江工商大学出版社，2016.1

ISBN 978-7-5178-1085-8

Ⅰ. ①澄… Ⅱ. ①潘… Ⅲ. ①文化遗产—保护—研究—杭州市 Ⅳ. ①K295.51

中国版本图书馆 CIP 数据核字(2015)第 108104 号

澄怀观道

——杭州市非物质文化遗产保护探索实践研究

潘昌初 著

责任编辑 王黎明
封面设计 包建辉
责任印制 包建辉
出版发行 浙江工商大学出版社
(杭州市教工路 198 号 邮政编码 310012)
(E-mail：zjgsupress@163.com)
(网址：http://www.zjgsupress.com)
电话：0571－88904980，88831806(传真)
排 版 杭州朝曦图文设计有限公司
印 刷 浙江云广印业股份有限公司
开 本 710mm×1000mm 1/16
印 张 12.75
字 数 236 千
版 印 次 2016 年 1 月第 1 版 2016 年 1 月第 1 次印刷
书 号 ISBN 978-7-5178-1085-8
定 价 32.00 元

浙江工商大学出版社营销部邮购电话 0571-88904970

新加坡留学生在贵山窑陶瓷艺术馆体验拉坯

钱王祠内的吴越国王钱镠铜像

《余杭滚灯》在第七个文化遗产日中精彩亮相

省级传承人黄小建向学生传授雕版技艺

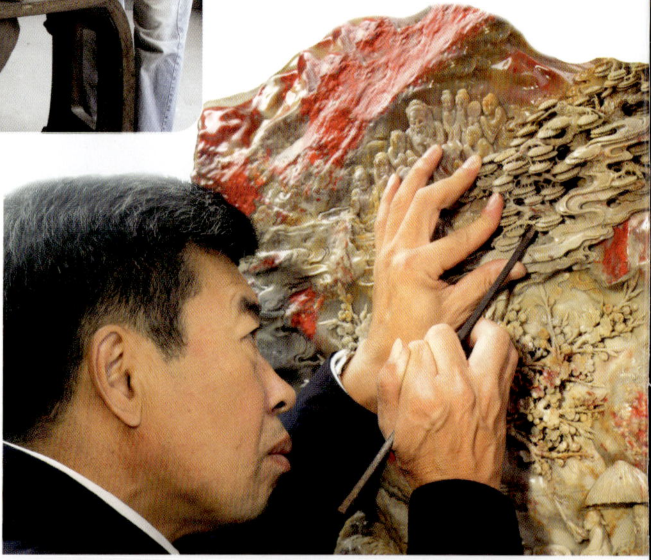

国家级传承人钱高潮在雕刻鸡血石作品

浙江理工大学学生开展非物质文化遗产宣传活动

建德三都九姓渔民婚俗

杭州小热昏传承人徐筱安和周志华在杭州河坊街表演

半山立夏习俗——称人

萧山河上龙灯胜会

余杭蚕桑丝织技艺——缫丝

运河元宵灯会

国家级传承人朱炳仁
在创作杭州铜雕

建德李村抬阁

桐庐剪纸

国家级传承人宋志明在制作西湖绸伞

西溪哑目连

序一

新生代非遗人值得点赞

浙江省文化厅非遗处处长　王　森

大概去年的这个时候，小潘跟我说，想把历年的研究成果做一系统整理，想请我做个序。我欣然接受。去年十月底，我摔伤后住院，许多事都放一放了，也不知小潘的文集有没有按计划做下去。

一直到今年的五月份，小潘发来文稿、目录和代拟的序文。文稿，我目前没有精力细看。代拟的序文，我当然不会挂个名了事，按我的性格和作风，肯定是自行起草。这点小潘应该了解，大概是考虑到我的身体因素，精力不济吧，他好心帮我代拟稿，让我省心省力点，我心领了，但重起炉灶。

小潘是浙大化学系的硕士研究生毕业，是个理工男。但是，大概与他出生在天台县这个人文鼎蔚的地方有关，很有文化情怀。在研究生期间，来到了杭州市非遗保护中心实习。当时，非遗保护刚兴起，但"非物质文化遗产"已成为一个社会热词。杭州市等地经编制管理机构批准，成立了非遗保护中心，小潘怎么会到一个与所学专业风马牛不相干的单位实习，这我没问过，也许是机缘巧合，也许是命运使然。

小潘一定是实习期间表现优秀，毕业后被正式录用在杭州市非遗保护中心工作。

2011 年，小潘经单位和杭州市文广新局推荐，到省文化厅非遗处挂职。我处工作节奏很快，工作转换很快，大家经常加班加点，废寝忘食工作。小潘在处里有一年半光景，我们朝夕相处，也对他有了更多的了解。

《中华人民共和国非物质文化遗产法》于 2011 年 6 月 1 日起正式施行。我与处里的同志构思策划举行"非遗法"普法宣传月活动，在全省开展"百场非遗演出、百个非遗展览、百场非遗讲座、百题非遗知识竞赛、百篇学法体会文章、百册非遗普及读物、百位非遗先进典型宣传、百万群众签名"的"八个百"系列活动。小潘提出，到浙江大学搞启动仪式，再动员一批高校建立非遗保护志愿者社团，同时举行出征仪式。我觉得这一设想好，有新意。就把这项工作交给小潘来具体负责。

半个多月时间，小潘联系召开高校协调会，去各高校奔波，与各高校团委做好沟通，并与浙大团委具体磋商和拟订普法宣传月启动仪式暨高校非遗志愿者社团出征仪式的实施方案。在启动仪式上，有来自浙江大学、浙江工业大学、浙江理工大学、浙江工商大学、浙江青年专修学院等6所院校的一千多名大学生志愿者在现场集体宣誓，承诺将“传承中华文脉、守护精神家园”。他们中还包括部分外国留学生。

我厅将2011年度确定为浙江非遗进校园活动季。这个“季”是一年四季的季，也是一年四季举行系列活动的意思。还是在浙大，以“传统的青春、青春的传统”为主题，在紫金港校区举行了浙江省非遗进校园活动季启动仪式。同时，浙江省非遗教学传承基地建设经验交流会，浙江省高校非遗学科建设研讨会，浙江省大学生非遗保护辩论赛，浙江省优秀传统文化教育普及活动先进单位、个人评选等，相继在全省展开，在全省各地掀起了非遗进校园的高潮，也涌现了一批以非遗传承为特征的非遗学校，推动了优秀传统文化的薪火相传。

2011年的我省非遗进校园系列活动，整体设计，系统推进，紧锣密鼓，很有声势，也很有实效。说句实话，小潘功不可没。他担任过学生团干，了解高校团委和学生会的运行。他做事满腔热情，工作肯动脑筋，有创意，组织协调能力很强，能够吃苦耐劳，肯干。所以，我让小潘具体统筹非遗进校园工作，得心应手。当然，处里各位同志各有分工，各负其责，密切协作，着力推进，确保了各项活动干得漂亮！

小潘的这本文集，有两篇相关的文章：《致大学生朋友的一份倡议》和《杭州市非物质文化遗产进高校的实践与思考》。

当然，非遗的涵盖面很广，目前非遗保护的涉及面也很广。杭州市非遗保护亮点频现、有声有色，小潘参与了或见证了其中许多重要工作和活动。为此，小潘这本文集的涉猎也颇为广泛。文集中，《保护文化生态，传承文化遗产——杭州市非物质文化遗产保护工作的实践与思考》《杭州市传统工艺发展现状及对策建议》《杭州市非物质文化遗产传承现状及对策建议》等综合性报告，值得重视。一个年轻的非遗工作者敢于提笔通体构思，条分缕析，将杭州市的非遗资源和保护工作全面梳理和总结，这种勇气本身就让人敬佩，何况这几篇报告有厚度，见分量，文字上也颇为老道。

文集中，对于江海文化背景下的杭州文化遗产保护传承现状及对策建议，美丽乡村视角下杭州民俗文化保护与发展的建议；对于生产性保护现状及其对策的研究，对于杭州市非遗镇级名录试点工作的实践研究；对于杭州市非遗保护政策法规建设的现状及对策建议，非遗宣传展示体系建设研究；对于杭州市非遗档案工作、数据库建设的研究；以及传统戏剧曲艺巡演的杭州经验等，都是基于实践基础上的认识和理论研究，甚至有理论上的创见。小潘关于“非物质文化遗产保护的新态势”“非物质文化遗产，生活中的美丽画卷”的认知，很新鲜，也很鲜明。

小潘是新时代的非遗工作者，也可以说是我省新生代非遗工作者的一个代表。我省实现了非遗保护机构全覆盖，全省各地新进了一大批有学历的有热情的年轻人。全省非遗保护培训班上，以前台下有时一片白发苍苍，现在几乎清一色是二十多岁的年轻人。

这些新的非遗人，与老一代的非遗人有很大的不同。老一代非遗人，往往一辈子干的是非遗行当，或者一辈子业余研究乡土文化，他们真正认识到非遗是民族的根与魂，痴情痴心痴爱。而新的非遗人，因为难得有高校设立非遗专业，多数与小潘一样专业不一定对口，有些是因为非遗中心是事业单位、是铁饭碗，有些觉得非遗好玩，当然也有如小潘一样真的对非遗很热爱。

小潘，大名叫潘昌初，今年三十岁了。这本文集，是小潘对三十而立最好的诠释和纪念。我希望新生代非遗人，能够和小潘一样，不单将非遗作为一个好的职业，更能把自己融入到这项美丽又美好的事业。

2015年7月23日

序二

非遗传承的新希望

杭州市非物质文化遗产保护中心主任　戚晓光

一脉文心传万代，千古不绝是真魂。唐初诗人沈佺期有《范山入画山水歌》云：“山峥嵘，水泓澄，漫漫汗汗一笔耕，一草一木栖神明。忽如空中有物，物中有声，复如远道望乡客，梦绕山川身不行。”身不行而能梦绕山川，是由于“空中有物，物中有声”，而这又是由于“一草一木栖神明”，才启示了超凡境界。非物质文化遗产就是由于其蕴含的独特精神价值和文化内涵，才生生不息，永续发展。

非物质文化遗产是指各民族人民世代相承的、与群众生活密切相关的各种传统文化表现形式和文化空间。内容涉及民间文学、传统音乐、传统舞蹈、传统戏剧、曲艺、传统美术、传统体育游艺与杂技、传统技艺、传统医药和民俗等十个类别。与以文字、图书为载体的思想、学术、观念、制度等文脉不同，非物质文化遗产因趋于无形，难以捉摸，有着特殊的性质。

进入二十一世纪，随着社会的进步和现代文明的迅速发展，人们的生活方式和审美观念发生急剧的变化，非物质文化遗产表现形式和文化空间均受到极大冲击。如何使非物质文化遗产得以传承、保护、利用、发扬光大，成为文化建设的重要课题。

非物质文化遗产体现出的哲学精神和道的力量，与国人传统文化、审美和生活，有着不解之缘。澄怀观道，拈花微笑里领悟色相中微妙至深的禅境，本是禅的境界。几千年来，非物质文化遗产连缀起无数与诗、书、画、乐、酒、茶等历史文化有关的片段，无论是繁荣还是式微，始终与澄怀观道的艺文精神一脉相承，与传统文化、传统美学相依相伴。

澄怀观道，是对待非物质文化遗产保护的应有态度，既须缱绻悱恻，又须逸尘断鞅。缱绻悱恻，才能一往情深，深入万物的核心，所谓“得其环中”。超旷空灵，才能超越象表，才能道进乎技，所谓“超以象外”。只有这样，我们才能在静穆的观照中望见飞跃的生命。

2002年，国家文化部推出了“民族民间文化遗产保护工程”。杭州自2005年启动非物质文化遗产保护工作以来，成绩显著，形成了保护和传承的“杭州经验”。我们已经做了大量的工作，还有大量的工作等待着我们。在全市非遗保护事业的深入推进中，有待于各地继续做出探索和创造，有待于大家解放思想、创新实践，有待于更多社会有识之士参与进来。

潘昌初同志浙大化学系科班出生，因缘际会，最后成为我们杭州非遗保护大军中的一员。他虽是理工科出生，却对文史相当地感兴趣，并有多篇文章在《中国文化报》《中国公路》等核心刊物上发表，积学非常厚实。我们亦师亦友，相互切磋论学。他思维活跃敏捷，善于发现问题，肯于专研，强于思辩，都给我留下了深刻的印象。可以说，以问题为导向的跨学科研究让理工科出身的他在非遗保护这个新领域中崭露头角。

全面反映杭州非物质文化遗产保护工作成果的《澄怀观道——杭州市非物质文化遗产保护探索实践研究》这本专著中体现了他的这种治学特点。这本书作为杭州市对非物质文化遗产保护十年来的实践和理论研究的总结性著作，坚持独立研究，把非物质文化遗产保护的基本理论问题与实践问题相结合，一定程度上达到了独创性、系统性的目的。本书题材广泛，针对当前非遗保护的前沿、热点和主要保护方式，都在一定层度上提出了他个人的思考和见解。通过跨领域思维碰撞，凝练新的思想方法，探索新的解决方案，为我市非遗保护事业的持续健康发展带来了有益的启示。

当前，我市非遗保护工作面临的矛盾和问题更加突出，也更加复杂，已进入了保护与发展的深水期和瓶颈期，需要不断地开拓创新，投石问路，趋利避害，为面上转型升级的铺开打好基础。不断研究新情况、解决新问题、总结新经验，才能为全面深化非遗保护工作探索新路子、积累好经验。这本书就是很好的借鉴。长江后浪推前浪，我为杭州非遗保护后继有人倍感欣慰！

文化如同大地耕耘，沙漠里耕植一样，期待着收获。我相信，本书的读者们会有我相同的看法。同时，我也坚信以潘昌初同志的勤奋好学和孜孜不倦的精神，假以时日，必能在非遗研究领域，在澄怀观道的路上，走得更远。

忆江南，最忆是杭州。富春江边、运河两畔，原汁原味的传统村落，游子意远，桑梓情浓，承载着我们无尽的乡愁。抢救、保护民族民间文化任重道远，是我们的职责所在，也是我们肩负的历史重任，让我们共勉！

2015年8月6日

CONTENTS

目录

若得篇

古道心传

——杭州市非物质文化遗产介绍

一、非物质文化遗产的基本概念

根据联合国教科文组织《保护非物质文化遗产公约》定义：非物质文化遗产(intangible cultural heritage)指被各群体、团体，有时为个人所视为其文化遗产的各种实践、表演、表现形式、知识体系和技能及其有关的工具、实物、工艺品和文化场所。各个群体和团体随着其所处环境、与自然界的相互关系和历史条件的变化不断使这种代代相传的非物质文化遗产得到创新，同时使他们自己具有一种认同感和历史感，从而促进了文化多样性，激发了人类的创造力。

非物质文化遗产是指各种以非物质形态存在的，与群众生活密切相关、世代相承的传统文化表现形式。非物质文化遗产是以人为本的活态文化遗产，它强调的是以人为核心的技艺、经验、精神，其特点是活态流变。

在非物质文化遗产的实际工作中，认定非遗的标准是由父子(家庭)，或师徒，或学堂等形式传承三代以上，传承时间超过100年，且要求谱系清楚、明确。

非物质文化遗产的最大特点是不脱离民族特殊的生活生产方式，是民族个性、民族审美习惯的“活”的显现。它依托于人本身而存在，以声音、形象和技艺为表现手段，并以身口相传作为文化链而得以延续，是“活”的文化及其传统中最脆弱的部分。因此在非物质文化遗产传承的过程中，人的传承显得尤为重要。

二、非物质文化遗产的十大门类

普查时期，统一的分类是十七类加上“其他”一共是十八类。现在文化部统一为十大门类：

(1)民间文学：如“白蛇传传说”“梁祝传说”“苏东坡传说”等。

(2)传统音乐：如“浙派古琴”“江南丝竹”“楼塔细十番”等。

(3)传统舞蹈：如“余杭滚灯”“严州虾灯”等。

(4)传统戏剧：如“越剧”“杭剧”“新叶昆曲”等。

(5)曲艺：如“小热昏”“杭州评话”“独脚戏”等。

(6)传统体育、游艺与杂技：如“翻九楼”“十八般武艺”等。

(7)传统美术：如“金石篆刻”“鸡血石雕”等。

(8)传统技艺：如“中国蚕桑丝织技艺”“西湖龙井茶采摘和制作技艺”“西湖绸伞制作技艺”等。

(9)传统医药：如“胡庆余堂中药文化”“张氏骨伤疗法”等。

(10)民俗：如“蒋村龙舟胜会”“径山茶宴”等。

三、杭州市非遗名录项目概况

到目前为止，杭州市共有：人类非遗名录 3 项，分别是“中国篆刻”，作为“中国蚕桑丝织技艺”子项目的“余杭清水丝绵制作技艺”“杭罗织造技艺”，以及作为“古琴艺术”子项目的“浙派古琴艺术”；国家级非遗名录 44 项，居全国同类城市第一；省级名录 167 项，遥居全省榜首；还有市级及区、县(市)级名录 703 项，其中杭州市级名录 334 项，这使杭州的非遗保护工作走在了全省乃至全国的前列。

四、杭州市非遗重点和特色项目

(一)民间文学

杭州市民间文学类的国家级非遗名录项目有 5 项：“白蛇传传说”(市直，2006 年第一批)、“梁祝传说”(市直，2006 年第一批)、“西湖传说”(市直，2008 年第二批)、“苏东坡传说”(景区，2011 年第三批)、“钱王传说”(临安，2011 年第三批)。

省级名录项目除了上述项目外，还有 11 项，不一一介绍了。

白蛇传传说、梁祝传说：杭州是名副其实的爱情之都，全国最有名的三大爱情故事(白娘子和许仙、梁山伯与祝英台、牛郎与织女)有两个发生在杭州。这反映了杭州(西湖)山水的美丽、杭州文化的发达(诗词之都、书画之乡、工艺美术之城)以及杭州人的浪漫情怀和口头创作能力。

保护方式：举办故事大赛；建立传承基地；强调地方语言。

(二)传统音乐

杭州市传统音乐类的国家级非遗名录项目有 3 项：“浙派古琴”(市直，2008 年第二批)、“江南丝竹”(市直，2008 年第二批)、“楼塔细十番”(萧山，2008 年第二批)。其中“浙派古琴”于2010年追加为(世界级)人类口述和非物质文化遗产代表作名录项目“古琴艺术”的扩展项目,成为我市的第三个世界级非遗名录项目。

省级名录项目除了上述项目,还有“畲族民歌”(建德)、“鼓亭锣鼓”(富阳)(2007年第二批省遗);“富春江渔歌”(桐庐)、“昌化民歌”(临安)、“三吹三打”(淳安)(2009年第三批省遗)等5项。

保护方式:江南丝竹音乐会;古琴音乐会、雅集活动;建立传承基地。

(三)传统舞蹈

杭州市传统舞蹈类的国家级非遗名录项目目前只有“余杭滚灯”(余杭,2006年第一批)。

省级非遗名录项目除了上述项目,还有“淳安竹马”(淳安,2005年第一批);“鸬鸟鳌鱼灯”(余杭)、“神兽花灯”(临安)、“严州虾灯”(建德)、“跳仙鹤”(富阳)、“淳安草龙”(淳安)(2007年第二批);“马啸滚灯”(临安)、“诸家断龙”(建德)、“仁和高头竹马”(余杭)、“东吴战马”(富阳)、“深澳高空狮子”(桐庐)(2009年第三批);“梓树布龙”(富阳)、“横街草龙”(临安)、“红毛狮子”(临安)、“五凤朝阳”(临安)、“大陆花灯”(余杭)(2012年第四批)等16项。

保护方式:参加活动;“风雅颂”民间舞蹈大赛。

(四)传统戏剧

杭州市传统戏剧类的国家级非遗名录项目目前只有“淳安三角戏(睦剧,淳安)”(2011年第三批)。“越剧”为省属国遗项目。

省级名录项目除了上述项目,还有“杭剧”(市直,2005年第一批省遗)、“哑目连戏”(西湖,2007年第二批省遗)、“新叶昆曲”(建德,2009年第三批省遗)、“滑稽戏”(市直,2012年第四批省遗)等4项。

保护方式:“杭州市传统戏剧曲艺巡回演出”;建立学校传承基地;杭剧两个基地——杭滑、黄龙;北派越剧发源地——蒋村。

(五)曲艺

杭州市曲艺类的国家级非遗名录项目有6项:“杭州小热昏”(市直,2006年第一批);“杭州评词”“杭州评话”“独脚戏”“武林调”“杭州摊簧”(市直,2008年第二批)。

省级名录项目除了上述项目,还有“绍兴莲花落”(萧山,2012年第四批省遗)1项。

保护方式:“杭州市传统戏剧曲艺巡回演出”;杭滑——曲艺项目的集中传承

保护基地;老开心茶馆、几个书场;电视台“莲花剧场”。

(六)传统体育、游艺与杂技

杭州市传统体育、游艺与杂技类的国家级非遗名录项目有2项:“翻九楼”(萧山,2008年第二批)、“十八般武艺”(余杭,2011年第三批)。

省级非遗名录项目除了上述项目,还有“武林活拳”(拱墅)、“富山露台”(秋千,淳安)(2009年第三批省遗);“天罡拳”(建德)、“鹰爪功”(下城)、“十八般武艺”(临安)、“西溪船拳”(西湖)(2012年第四批省遗)等6项。

保护方式:西溪演武场;传承教学基地。

(七)传统美术

杭州市传统美术类的国家级非遗名录项目有2项:“金石篆刻”(市直,2006年第一批)、“鸡血石雕”(临安,2008年第二批)。其中“金石篆刻”2009年被打包列入“中国篆刻”,成功申报成为世界级“人类口述和非物质文化遗产代表作名录”项目。

省级非遗名录项目除了上述项目,还有“桐庐剪纸”(桐庐)、“西兴竹编灯笼”(滨江)、“里商仁灯”(淳安)(2007年第二批省遗);“杭州刺绣”(市直)、“昌化竹编”(临安)、“殿堂壁画”(余杭)、“灶画”(余杭)(2009年第三批省遗);“杭州剪纸”(拱墅)、“钟山石雕”(桐庐)(2012年第四批省遗)等9项。

保护方式——金石篆刻:篆刻博物馆,西泠印社;杭州刺绣——大师工作室,工美馆;剪纸——传承教学基地。

(八)传统技艺

杭州市传统技艺类的国家级非遗名录项目有12项:“张小泉剪刀锻制技艺”(市直)、“富阳竹纸制作技艺”(富阳)(2006年第一批);“余杭清水丝绵制作技艺”(余杭)、“杭罗织造技艺”(江干)、“铜雕技艺”(上城)、“西湖绸伞”(市直)、“西湖龙井茶采摘制作技艺”(西湖)、“王星记扇制作技艺”(下城)(2008年第二批);“越窑青瓷”(西湖)、“中式服装制作技艺”(上城)、“杭州雕版印刷技艺”(西湖)、“杭州织锦技艺”(下城)(2011年第三批)。其中“余杭清水丝绵制作技艺”“杭罗造技艺”2009年一起打包列入“中国蚕桑丝织技艺”,成功申报成为世界级“人类口述和非物质文化遗产代表作名录”项目,成为我市三项世遗项目之一。

传统技艺类的项目最多。省级项目除了上述项目,还有“十竹斋木版水印技艺”等43项,不一一介绍。

保护方式:各种基地、大师工作室、手工技艺展、博览会等;生产性保护。

(九)传统医药

杭州市传统技艺类的国家级非遗名录项目有3项:“胡庆余堂中药文化”(上城,2006年第一批);“朱养心传统膏药制作技艺”(拱墅)、“张氏骨伤疗法”(富阳)(2011年第三批)。

省遗项目除了上述项目,还有“张同泰道地药材”(下城)、“方回春堂传统膏方”(上城)(2007年第二批省遗);“叶种德堂中药文化”(上城)、“姚梦兰中医内科”(余杭)(2009年第三批省遗);“桐君中药文化”(桐庐)、“彭祖养生文化”(临安)、“天目山中药文化”(临安)、“茶亭伤科”(萧山)(2012年第四批省遗)等8项。

保护方式:生产(经营)性保护。

(十)民俗

杭州市传统技艺类的国家级非遗名录项目有3项:“五常龙舟”(余杭,2008第二批);“径山茶宴”(余杭)、“蒋村龙舟胜会”(西湖)(2011年第三批)。

省遗项目除了上述项目还有26项。如“钱江观潮”“花朝节”“西湖中秋赏月”“元宵灯会”“西湖香市”“钱王祭”“吴山庙会”等,不一一介绍了。

保护方式:如举办元宵灯会、钱江观潮、径山茶宴、龙舟胜会等;西湖中秋赏月。

五、非物质文化遗产的基本特征

(1)本真性:历史的本来面目是项目的生命力所在。

(2)区域性:浓郁的地方特色是项目的特色特征所在。很多项目各地都有,但本地有本地的特色,有了它,项目才能够成立。

(3)群众性:一定的群众基础,活态生存。

(4)社会性:一定的社会环境是项目赖以存在的主要条件。

(5)变异性:社会在变化,项目的传承与内容也在变化。不同的社会阶段,项目的作用、意义和表现形式等也会发生一定的变异。

(6)文化性:非遗项目必然是传统文化和地域文化一起发力形成的,任何项目都有其深层的文化内涵。

(7)适应性:适者生存,非遗项目如果确实不能适应当前社会,必然会被淘汰。这时候,我们要做的是记忆性保存,而不是生产性保护。

(本材料由厉剑飞、常怡君等整理)

保护篇

非遗是一项美丽而浪漫的事业，非遗保护，亦是历久而弥新的话题。拾“遗”路上，十余年来，杭州非遗人形成了吃苦耐劳、乐于奉献、追求卓越的精神文化现象；杭州非遗事业从无到有、从小到大、从弱到强。全市非遗保护工作势头强劲，走在前列，实现了“第一次创业”，赢得了社会广泛共识。在这新的时期，经济部门提出了升级换代的问题、腾笼换鸟的问题、转型升级的问题。杭州非遗工作同样面临着转型发展、继往开来的问题，面临着如何跨上新台阶、实现新跨越的问题。

没有调查就没有发言权。在新形势下，杭州应深化思想认识，增强调查研究的自觉性；紧贴工作大局，增强调查研究的针对性；坚持求是创新，增强调查研究的科学性。本篇章以保护为视角，围绕生产性保护、宣传展示体系建设等课题进行研究，探索杭州非物质文化遗产该如何开展保护工作，共有 7 篇调研报告。

保护文化生态 传承文化遗产

——杭州市非物质文化遗产保护工作的实践与思考

杭州先民们在长期的生产、生活实践中，创造了丰富多彩的非物质文化遗产。对其精心呵护，使其传承发展是政府组织和全社会共同的神圣责任。经过十余年的探索，"政府主导"下的非物质文化遗产保护事业日前已经从"跑马圈地"进入了"深水区"，不仅以前制定的各项制度需要逐一落实，保护措施发挥的效果需要评估，而且非遗保护的难度正在加大。如何从热热闹闹走向冷静、理性和可持续，是今后非遗保护工作必须面对的课题。

杭州位于中国东南沿海，是浙江的省会和经济、政治、文化中心，是长三角中心城市之一，是国家历史文化名城和著名的风景旅游城市。全市面积16596平方公里，户籍人口666万，其中市区人口414万。杭州历史悠久，自秦时设县治以来，杭州已有2200多年历史。杭州曾是五代吴越国和南宋王朝两代建都地，是中国七大古都之一。这里，江流襟带，山色藏幽，湖光翠秀；这里，史脉悠远，文风炽盛。杭州是鱼米之乡、丝绸之府、文物之邦，宋以后杭州享有"人间天堂"的美誉。悠久的历史记忆，多样化的地理地貌，使这块土地上的非物质文化遗产资源十分丰厚。

一、杭州市主要非物质文化遗产及其分布情况

早在4700多年前中华文明曙光之初的良渚文化时期，非物资文化遗产就与原始先民的生活密不可分，良渚玉琮上类似饕餮纹的兽面图案，熔磨、钻、雕、刻于一炉的骨笄、佩物，捏塑的动物造型陶器，以及与吹响原始乐舞有关的骨哨等均反映了当时民间艺术的水平。在历史的长河中，杭州的非物质文化遗产随着时代的变迁，不断显示着鲜明的时代和地域的艺术特征，在多个时期出现了相对繁荣。

杭州非物质文化遗产，主要呈现出三大形态。

(一)表演艺术精彩纷呈

其中包含民间舞蹈、民间音乐、民间器乐、民间戏曲、民间曲艺等,特别有特色的,如杭州小热昏,目前在省内外都尚属鲜见。杭州广场民间舞蹈中单是"龙舞",就有萧山河上板龙、临安水龙、富阳富春茶龙、建德诸家断龙、西湖无彩龙、余杭滚灯龙、淳安汾口草龙、桐庐彰坞狮毛龙等数十种之多,每种龙舞都有自己的特色和绝招。在戏曲曲艺领域,已经有 8 项杭州本土起源并传承的项目进入了国家级和省级非物质文化遗产名录,国家级项目有杭州小热昏、杭州评话、杭州评词、杭州摊簧、武林调、独脚戏和睦剧,省级项目为杭剧。还有一些项目在历史上也曾对杭州一带产生过深刻影响,如昆曲、京剧、越剧、绍剧、目连戏、木偶戏、皮影戏、绍兴莲花落、宣卷等。新中国建立以后,杭州的民间音乐、舞蹈、戏剧和曲艺杂技节目屡屡在国际、全国性展演、比赛中获好评,获大奖。

(二)手工技艺巧夺天工

2012 年 4 月,杭州成为以"工艺与民间艺术之都"加入"全球创意城市网络"的城市。杭州工艺和民间艺术资源非常丰富。浙江省工艺美术大师陈水琴 1985 年在联邦德国为魏茨泽克总统绣像,其传神般的肖像,先后吸引了数百万欧洲游客观看。陈水琴当时成为轰动世界的新闻人物。杭州传统手工工艺所表现出来的古朴、原始和精美绝伦,在机械化程度已高度发达的欧美国家受到了前所未有的礼遇。与杭州刺绣齐名的还有绸伞、戏剧服装、王星记扇子、扎染、石雕和竹编等传统手工工艺。在医药方面,有胡庆余堂、张同泰、方回春堂、富阳骨伤科、姚梦兰中医等。此外,杭州的民间绘画、陶瓷、剪纸、刺绣、染织、编织、灯彩和建筑等,也在省内外享有盛誉。

(三)民俗活动千姿百态

杭州地理风貌得天独厚,既有钱塘江的汹涌澎湃,又有西湖的典雅精致;既有富春的山水可寄,又有杭城的喧嚣可怀。杭州素有"七山一水二分田"之说,人们的生活习惯历来不同于水乡平原,江边一带则是传统的渔民聚集的地方。故在杭州市内,民俗有很大的差异性。上城区的吴山庙会,建德的九姓渔民习俗,余杭的径山茶宴、蚕桑生产习俗,拱墅区的半山泥猫习俗,滨江的西兴祝福等,风格迥异。各地会市,如西湖香市、西溪花朝节、龙舟盛会等,千姿百态。不同地域的民俗一旦形成,往往有着超时代的稳定性。但是,它又不是一成不变的。随着物质生产的发展和社会的进步,移风易俗,很多传统慢慢发生变化,这对于许多"新俗",尤其是城市民俗的兴起,起了很大作用。

二、杭州市非遗保护工作基本情况

近年来，在市委、市政府的领导和重视下，杭州市非物质文化遗产保护工作认真贯彻党的十八大精神，认真实施国家《非物质文化遗产法》，采取多种有效措施，以依法行政、依法保护、固本强基、深入深化、转型升级、提升水平为目标，健全保护机制，拓展保护载体，强化传承弘扬，促进社会共享，推动非物质文化遗产的传承、保护和发展，取得了明显成效。

（一）健全名录体系，加强抢救性保护

2007年11月，市政府部署了全市非物质文化遗产普查工作，13区、县（市）及西湖景区和下沙开发区近16000名普查员，按照"四不漏"（不漏线索、不漏种类、不漏村镇、不漏艺人）的要求，依靠"五老"（老干部、老教师、老工匠、老艺人、老土地），经过近一年的努力，共摸排非遗线索428966条，调查登记项目30168项，其中新发现项目18542项，登记重要传承人12869人，征集到非遗实物4165件，汇编普查资料文字档案714卷，音像档案2486盒，照片15686张，录像1729盒。这次调查，通过对具有代表性的项目进行调查整理，新发现了大量有重要价值的项目，基本摸清了杭州非遗资源的家底。同时，杭州十分重视普查成果的整理应用。在市级层面，已经完成《杭州市非物质文化遗产大观》共9个分卷的编纂工作。绝大多数区、县（市）也已完成普查资料的整理汇编及成果编纂工作。

同时，杭州十分重视非遗名录体系建设。杭州现有人类非遗名录3项，分别是"中国篆刻"，作为"中国蚕桑丝织技艺"子项目的"余杭清水丝绵制作技艺""杭罗织造技艺"，以及作为"古琴艺术"子项目的"浙派古琴艺术"；国家级非遗名录44项，居全国同类城市第一；省级名录167项，遥居全省榜首；还有市级及区、县（市）级名录703项，其中杭州市级名录334项，使杭州的非遗保护工作走在了全省乃至全国的前列。为加强名录保护，杭州分批给予资金补助，制订保护计划，落实保护责任，加强专家指导，强化规范管理。各地各有关单位则通过采取深入发掘、推进传承、重点保护、展示展演等积极措施，加大对各级名录项目的保护力度，一批优秀非物质文化遗产得到有效抢救保护，维护了文化多样性。

（二）完善保障体系，提升立体保护能力

近年来，杭州从建章立制、总体规划、设立机构、提供经费、组织协调、表彰奖励等方面，加强制度建设，全面推进非遗保护工作，确立了由市文广新局牵头，市委宣传部、市发改委、市财政局、市教育局等单位参加的非遗保护工作领导小组，

在市文广新局设立了社文处(非遗处),并成立了有14个编制的正处级保护机构杭州市非物质文化遗产保护中心。同时,为发挥专家的决策咨询、克难攻坚等作用,杭州还成立了专家工作委员会。此外,杭州设立了非遗保护工作专项资金,不断加大对保护工作的财政支持力度。截至2013年,共计投入专项资金3000多万元。目前,各区、县(市)均成立了当地编办核准的具有专职工作人员的保护中心,全市非物质文化遗产保护工作进入全面展开和快速推进阶段。

(三)探索保护途径,构筑多元保护体系

根据非物质文化遗产自身传承、衍变的规律,杭州逐渐探索出了非物质文化遗产抢救性保护、生产性保护、整体性保护等多种保护方式,并启动了"专家领衔非遗项目保护工程""非遗师徒传承工程"和"镇级名录试点工程",开展了"非遗进校园"系列活动,举办了"非遗传习"培训班等一系列有效的探索。结合"三江两岸景观整治工作""文化大礼堂""美丽杭州"等工作,抢救濒危项目,完善建档机制,推进杭州市非遗资源的深入挖掘工作。此外,杭州积极推进非遗的数字化保护工作,作为省非遗数据库试点,曾作为特邀代表参加了文化部举办的工作会议。目前,已经完成了"非物质文化遗产数字化保护工程(一期)"项目建设,完成了杭州摊簧、武林调等试点项目的数字化采集,制定了数字化保护的业务标准和技术规范,为非遗资源数据库的建设与丰富搭建了重要框架与模型。

(四)扩大群众参与,营造人人保护氛围

人民群众是非物质文化遗产的主人,人民群众的自觉参与是对非物质文化遗产最好的保护。自2006年以来,杭州以品牌化的文化遗产日系列活动如传统戏曲曲艺巡演、"风雅颂"民间艺术展示和传统手工技艺展等,以及区、县(市)举办的大型民间艺术展示展演活动为重要平台,让更多的人特别是年轻人认识、了解和喜爱杭州的优秀传统文化。多次组织非遗保护领域知名专家举办讲座、访谈、论坛等活动,向社会公众普及非物质文化遗产保护知识。通过报纸、杂志、广播、电视、网络等媒体发布非遗保护工作进展和成果,进行全面的社会宣传和广泛动员。如今,普通民众对非遗的认知度、认同感、自豪感和参与意识都普遍提高,这使非物质文化遗产保护工作的持续发展具备了深厚的基础。在交流方面,杭州先后举办了世界文化大会、亚太手工技艺展、中国非物质文化遗产保护(余杭)论坛等大型展示交流活动。一大批非遗项目,如余杭滚灯、十竹斋、临安水龙、桐庐剪纸等,走出国门,有力宣传了杭州的传统文化。

(五)推进生产性保护,让非遗与生活同在

为进一步加强非物质文化遗产生产性保护的探索与实践,市级层面积极培

育生产性保护的成功典型，促进生产性保护的全面深入开展，公布了杭州利民中式服装厂等 17 个第一批杭州市非物质文化遗产生产性保护示范基地，同时在下城区举办了全市非遗生产性保护现场经验交流会，并出台了全市非遗生产性保护分类指导意见。通过非遗生产性保护，一批优秀的非物质文化遗产在生产中实现传承，非遗保护逐步从"捉襟见肘"走向"自我造血"。各地把开展非遗生产性保护与发展区域特色经济结合起来，与农民脱贫致富奔小康结合起来，与发展旅游业结合起来，已逐步探索出成功的模式，呈现出文化保护事业和文化特色产业同步发展的良好态势。下城区推出了非物质文化遗产项目体验点，富阳市推出了非遗元素产业化平台，余杭区建立了社会力量参与非遗生产性保护机制，桐庐县紧密结合文创（县文化创意产业专项资金扶持项目中非遗项目就占了三分之一），以文养文，以文兴文，促进了非遗保护和传承的良性循环。

从近几年的实践看，杭州市通过开展非遗生产性保护，取得了显著的社会效益和经济效益，既坚持了非物质文化遗产的本真性、完整性及核心技艺的保护与传承，又有效提高了传承人的地位和收入，扩大了就业岗位，并为促进当地经济社会全面协调可持续发展做出积极贡献。

（六）加强非遗宣传展示基地建设，使非遗就在身边

城市是人的寓所，是人的精神家园，单纯追求精心打扮的外观美，并没有真正触及城市形象的内在本质。衡量一座城市发展健康的标准首先并不是规模，而是保持城市文化特色的程度。在"美丽杭州"建设中，杭州积极部署和推进非物质文化遗产展示体系建设。据不完全统计，各地已建有不同类型的具有一定规模的非遗展示场馆 53 个，初步形成了非遗展示馆网络。还有一些地方正在积极筹建，如桐庐县合村乡正在积极筹建绣花鞋馆，占地 2400 方，将成为合村乡的集镇新区和游客参观购物的一个新景点。2014 年 10 月，公布了杭州十竹斋艺术馆、桐君中医药文化展示馆等 20 个基地。同时，市文广新局针对不同建设理念、建设类型、建设途径的非遗馆采取相应的引导和规范措施，进行分类指导，进一步完善非遗宣传展示体系。

（七）创建社会保护机制，让参与非遗有了平台

近年来，杭州积极推动社会力量参与非遗保护事业。一是精心创设载体，在全市开展"非遗研究基地、非遗传承教学基地、非遗生产性保护基地、非遗宣传展示基地、非遗保护生态区"等基地建设工作，为社会力量参与非遗保护提供平台。二是在发挥好省社区研究会、古都文化研究会、杭州运河研究会、杭州西溪文化研究会等社团组织作用的基础上，在浙江大学、中国美院等十来所大学成立了高

校非遗志愿者团，积极筹建市非遗研究会，有效地吸纳了有关学术研究机构、大专院校、企事业单位和社会团体等各方面力量参与非遗保护。三是鼓励社会力量根据自身条件参与非遗保护，建设非物质文化遗产展示馆（室）和传习所、开展非遗会展和创作非遗影视等。比如，余杭区有一位经营轻纺业的民营企业主，将企业经营所积累的700多万元资金投资建造非遗展示馆，并出资近百万元，走遍运河沿线城市和乡村，收集民间糕模1500余件、民间生产生活桶具近百件，创办了“江南民俗糕板馆”，弘扬地域文化。社会力量的参与，有效保护了非遗项目，一大批民间艺人得到社会的进一步尊重，形成了非遗主体回归的生动局面，杭州非遗保护由职能部门“包办型”向“服务型”转变，推进了非遗保护事业的社会化。

（八）开展非遗校园传承，发挥校园的基础性作用

认真贯彻党的“优秀传统文化传承体系建设”精神，以传承杭州地方文脉，弘扬优秀传统文化为主线，通过学生的实践体验，切实发挥学校在文化传承创新中的基础性作用。自2010年以来，杭州长计划短安排，有计划有步骤地推进非遗进校园工作，取得了突出成效。2010年，在浙江工业大学举办了非遗中秋晚会；2011年5月，在浙江大学举行非遗进高校启动仪式暨《非物质文化遗产法》宣传活动；2012年，举办非遗志愿者表彰大会；2013年6月，杭州市非遗中心和6个高校获得了浙江省优秀传统文化校园传承先进集体荣誉称号，受到了浙江省文化厅、浙江省教育厅和共青团浙江省委的联合表彰，同年12月，在浙江理工大学举办了首届杭州市非遗志愿者形象及服务成果会演。总之，几年来杭州以传承和保护非遗为重点，大胆实践，勇于创新，以规模不同、特色浓郁、形式多样的校园文化活动为载体，呈现出遍地开花、姹紫嫣红、活跃有序的良好态势。

（九）实施镇级名录试点，延伸非遗保护路径

为了更深入地保护那些濒临消失的文化遗产，杭州在地处临安市西南的湍口镇开展了非遗镇级名录试点工作。历时近一年的普查摸底、分类记录、审查申报、展馆建设，新增了11个镇级非遗名录，建成3个非遗场馆，此外，积极做好申报工作，今年新增临安市级非遗名录8项，杭州市级非遗名录2项。镇级非遗名录工作为杭州非遗保护工作的转型升级探索出了新的途径，世界、国家、省、市、县、镇六级保护体系初步构成。通过一年多的探索实践，有效延伸了非遗工作触角，有效提升了当地非遗保护工作；不仅保护了一批濒临消失的非遗项目，也丰富了当地群众的文化生活，舞狮、舞龙灯让村民乐此不疲，从前的牌局、酒局渐渐少了。另外，镇级名录的建设工作还带动了湍口镇非物质文化遗产展览馆的建设并丰富了馆藏内容。该镇的旅游产业也因加入了非遗元素而更具活力，该镇

正在打造的“温泉风情小镇”特色街区，通过借鉴非遗元素，游客在享受温泉的同时也能感受到非遗的魅力。

三、当前存在的主要问题

总之，杭州市通过这一系列基础性、开创性的举措，使全社会保护非物质文化遗产的意识不断增强，一大批濒危非物质文化遗产项目的生存状况得到一定改善。但从杭州经济社会快速发展的形势来看，非遗保护工作仍显得十分繁重和紧迫。同时，随着保护工作的不断深入，制约非物质文化遗产事业全面和健康发展的一些问题也随之显现。杭州非物质文化遗产保护工作中存在的主要问题有：

(一)自我知识更新能力需进一步提升

当今，工业文明、现代化、城镇化仍然在强势冲击着非物质文化遗产。现代人的生活方式、生活处境、思想观念都发生了变化，非遗必须面临与现代社会融合的问题，如何让非遗秉承传统、不失其本，同时又能够与现代审美、现代生活相融合，“活在当下”，这是当前考验杭州的“老、大、难”问题。如何提高传承人群体的学习能力、传承水平，使非物质文化遗产保护传承工作上一个新台阶，这是摆在当前的重要任务。非遗就像一条流淌的母亲河，流经、分布的风貌是变化发展的。新的时代背景下，应通过各种途径发挥传承人群体的主观能动性，提升自身知识更新能力，使群体的眼界有所拓宽，技艺有所提高，创作出更多立足当地、群众乐见、无愧时代的作品。在方向上，不是“邯郸学步”，要坚持本色，以防最后丢失了传统。

(二)非物质文化遗产传承的主体不够突出

非遗保护要立足地方的实际，因地制宜。比如有的非遗项目资金十分贫乏，还没有“造血”能力，政府就必须对其“输血”。等到他们恢复“造血”能力，政府就要退出来。政府要做的是在特殊阶段进行“输血”。非物质文化遗产的主体是民众。政府“一挥手”启动一项事业，可能就迅速行动起来了，但倘若“政府的手”包揽太多，就可能带来一些问题。比如在非遗保护实践中，杭州一定程度上也存在“政府包办”的问题。在民俗活动、民间节庆、非遗展示展演中，在给非遗项目更多重视和投入的同时，也让节日、风俗、传统表演艺术偏离了传统的文化意蕴，甚至远离了当地百姓，这是要防止的，也提醒政府要掌握好行进的“尺度”。在体制机制建设完成后，要把更多的具体事务交给社会，真正体现非遗的民间性。

（三）急功近利思潮下忽视精神价值

一些地方对待非物质文化遗产，存在功利化现象，只看重经济价值，忽视甚至破坏了内在的精神价值。当前社会处于转型期，各个领域不同程度都存在急功近利的问题。非遗保护领域也不乏用不宜赚钱的非遗来谋利的现象。有些地方政府为发展经济，在一些时间节点，用非遗项目招商引资，类似的情况在各个地方不同程度的有所存在，只要这些活动没有冲淡保护非遗的“主流”就好。但是对一些严肃的祭祀性仪式，要尽量防止商业炒作。为此，在政策上倡导坚持保护非遗的真实性、整体性，在有效保护的前提下合理利用，防止对非遗的误解、歪曲或滥用。

（四）实际工作中存在重申报、轻保护

对非遗保护工作认识有偏差，导致非遗保护走调，这集中体现在重申报、轻保护。非遗名录申报极大激发了地方申报非遗的积极性，但也有部分地方的非遗保护工作就止步于此。对于这种“重申报、轻保护”的问题，全市各地不同程度有所存在。需要明确的是，“重申报”是难能可贵的好事，是需要鼓励和肯定的。申报制度，它本身就是对优秀传统文化的再认可、再确认过程，是文化自觉的体现，也是非遗保护的第一步，有利于宣传和弘扬非物质文化遗产。“轻保护”是要正视的问题。事实上，应该“重申报”，更“重保护”。可是，相对而言，组织申报见效快，实施保护就不是轻而易举能完成的，它是一项长期、艰巨、复杂的任务，不可能立竿见影，也不能急于求成。很多非遗都曾遭到破坏，需要相当一段时间来修复。为此，从政府层面，应一方面加强督查，同时要更加注重对传承人的保护。

（五）今后工作缺乏指导性规范

尽管国家、省和市里也出台了一些针对不同门类非遗的保护意见，明晰了在这些门类上的保护思路。比如文化部在2012年2月2日出台了《关于加强非物质文化遗产生产性保护的指导意见》。但许多基层非遗保护工作者始终存在着“不知道具体怎么保护”这样的困惑。由于非物质文化遗产种类繁多，性质、特点各有不同，保护规律迥异，需分类指导。目前许多技术性保护还停留在理论探讨、试点探索阶段，缺乏全局性的指导和成熟经验，导致保护措施无法落实到实地。非遗保护是一项集学术性、科学性、政策性、专业性于一体的理性工作，不同门类的非遗保护规律需要研究，不同试点的实施方案需要反复验证，这些都需要时间，不能急于求成，也不能停留于表面的“热闹”。非遗不能总是那么“热”，那么“亢奋”，否则很容易演变成一项“社会运动”。

四、今后非遗保护趋势及方向

如果说历史是一条长河，非遗无疑是追寻源头的重要线索。然而如何保护好非遗，在不忘文化之根本的同时推动文化进步，是杭州真正需要探索创新之处。经过十余年探索，“政府主导”下的非物质文化遗产保护事业目前已经进入“深水区”，不仅以前制定的各项制度需要逐一落实，保护措施发挥的效果需要评估，而且非遗保护的难度正在加大。如何从热热闹闹走向冷静、理性和可持续，是今后非遗保护工作绕不开的话题。

（一）更加注重文化“种子”的保护

保护非物质文化遗产，主要有两大初衷，一是保护文化多样性。二是保护中国创造的源泉。非遗是世代相传、活态传承的优秀传统文化，是中华民族走向未来、汲取创造力的源泉和重要资源，也是在漫长历史中经过大浪淘沙后留存的民族民间传统文化和优秀基因，不仅表现形态丰富多样，而且生命力极其顽强。但是近代以来，它们长期不被主流社会认可、重视，只是像一条暗河一样流淌着。今后，要进一步保护好这些文化的“种子”，使其为人类的创造发展做出贡献。

（二）更加注重向大众化普及与生活化转型

一方面，让“非遗”走进寻常百姓家，从而提升全民的非遗保护意识。可以将非遗融入公共文化服务体系，实现非遗知识的大众化普及。譬如，“文化遗产日”就大大增强了民众保护非遗的意识。另一方面，可以将非遗与创意设计相融合，创造出更多贴近生活的文化产品，普及非遗的文化内涵，打造非遗的特色“生活美学”。但同时，要与单纯的商业化行为有所区分，非遗的生活化转型需要平衡把握文化内涵与经济效益之间的关系。

（三）更加注重人本化传承与法制化保护

传承人是非遗的重要承载者和传递者，传承人保护制度是非遗管理的核心内容之一。只有制定资助传承人传习技艺、培养传承人相关制度政策，并采取设专项资金来改善传承人的生活和从艺条件等举措，杭州非遗传承、保护工作才能健康发展。同时，非遗保护需要健全完善的法制体系做后盾。综观日本、韩国、法国非物质文化遗产相关保护政策的制定，均是以法律的制定推进保护政策的制定，最终推动保护工作的进行。苏州、泉州等地保护工作之所以做得好，与以地方条例推动政策出台的做法是密不可分的。

(四)更加注重国际化发展与社会化参与

一方面,要放眼国际,为杭州非遗的"走出去"继续努力。目前,越来越多的非遗传承人走向国外,展示非遗技艺,传播杭州文化。通过使用国际化的语言将非遗深层次的文化内核更好地传播到全世界,这也是杭州非遗"走出去"的关键问题。另一方面,国外在非物质文化遗产保护过程中重视公众的参与,并对参与的方式和内容有着多样化的规定。推行公众参与的方式,使整个社会加入到非物质文化遗产的保护和推广中来,有利于营造非遗保护的氛围,改善非遗生存的环境,为非遗的发展和传播助力。

五、下一步工作要点

新的历史阶段,杭州非遗保护部门必须有过硬的本领,能够及时总结和掌握非遗保护的规律、特点,并据此为不同门类的非遗项目量身定做相应的保护规划和保护措施。这是一个需要试点探索、进而不断完善的反复过程。

(一)进一步做好《非物质文化遗产法》的宣传和贯彻

随着《非物质文化遗产法》的施行,非物质文化遗产保护工作进入新的发展阶段。非物质文化遗产保护有法可依了,也对杭州的保护工作提出了更高的要求。应进一步深刻领会《非物质文化遗产法》的精神实质,准确把握其法律内涵,按照法律的要求,强化责任和义务,着力创新,使保护工作更加科学规范,更加符合保护工作实际和长远发展。到非遗保护事业可以在制度框架内顺利运转时,政府角色才能从"主导"调整为"引导",更多依靠社会和民间力量来保护非遗,真正发挥民间的文化自觉作用。下一阶段,应结合"三江两岸"生态景观和文化建设整治工作,加强重点区域传统文化的进一步挖掘和弘扬。进一步推进镇级非遗代表作名录试点工作,充分调动镇、村保护的积极性。力争在"十三五"期间,在全市范围内形成社区(乡村)广泛参与的全方位、多层次的非物质文化遗产保护体系。

(二)积极探索非遗代表性项目科学保护途径

杭州基本构建了五级非物质文化遗产名录体系,杭州入围国家级非物质文化遗产名录项目居全国同类城市第一,在省内更是遥遥领先。杭州既要抓申报,更要重保护。杭州将加强非遗名录项目的"八个一"保护措施:一个项目、一个保护方案、一个专家指导组、一个工作班子、一个传承基地、一个展示平台、一册普及读本、一项配套政策。非遗保护需因地制宜,分类指导,制定不同类别项目的保护标准规范。杭州将在“四力合一”和专家例会的工作基础上，围绕非遗名录整理保存型、抢救保护型和生产发展型三种类型做好分类指导工作。充分依托专家和科研院校的力量，总结非遗保护的生动实践，探索科学保护的方法途径，为全市非遗保护工作政策的出台奠定理论基础。同时，制定相关指导意见，加强引导。前期开展摸底工作，确定代表性项目，建立项目组和专家指导组，深入调查研究，广泛征求意见，出台更具指导性的意见，充分发挥保护基地的作用。

（三）大力促进非遗与经济社会发展的融合

各种各类基地建设，是非遗资源和保护成果合理利用的有效平台，是促进非遗保护传承和宣传展示的有效途径。推进各种各类基地建设，是杭州非遗保护工作的亮点和重要经验。这些基地在凸显非遗的价值、展示非遗的魅力、普及非遗知识、增强群众抢救保护意识，以及促进旅游产业发展、助推经济发展等方面发挥了积极的重要的作用。近年来，杭州在民俗文化与旅游开发结合、民间工艺与生产性保护结合、传统文化与乡风文明建设结合等方面，积累了一些成功经验。杭州将确定一批典型试点，加强指导，通过现场经验交流会等形式不断进行总结经验，促进活态传承。同时，进一步推进非遗保护传承落到实处，推进非遗进社区、进校园，推进非遗资源的合理开发利用，为丰富人民群众的精神文化生活，为提高区域知名度、影响力，为拉动内需促发展做出贡献。

（四）广泛动员社会力量参与非遗保护

非遗保护要遵循政府主导、社会参与的原则。积极发挥文化行政部门行业指导作用，统筹协调，创新机制，探索途径，推动社会有识之士、社会各界参与非遗保护实践。充分发挥各类非物质文化遗产社会团体的作用，互相配合，有序运行，整合资源，突出重点，讲求实效，树立形象。积极创造条件，鼓励有关高等院校开展非遗高等教育和职业教育，促进在职人员的学习培训和实践锻炼，促进非遗传承人的素质提升和专业提高；进一步发挥高等院校资源优势，参与杭州非遗保护理论研究，为非遗保护实践提供理论指导；发动大学生志愿者开展暑期社会实践活动，发挥专业优势，进行非遗社会调查，宣传非遗保护知识。大力推进各县市（区）非遗保护社会团体和志愿者队伍建设，投身非遗保护实践，弘扬志愿精神，弘扬民族优秀文化。

六、几点建议

（一）完善非遗保护机构

事业以人为本。杭州非遗保护工作的长效工作机制尚未形成，保护机制亟待完善。努力提高非遗工作者队伍的综合素质和业务水平，是加强杭州非遗传承工作必不可少的一环。现有非物质文化遗产保护工作的队伍素质还无法匹配这一工作的有效开展。编制人数还应有所增设，吸纳更多相关的专业人才，以便促进杭州非遗保护事业的更好发展。并通过有计划的培训，不断提高其工作能力和业务水平，使得文化行政部门与各相关部门各司其职，各负其责，分工协作，探索建立可持续发展的非遗保护机制。

(二)增加政府财政投入

尽管"十二五"期间，市级财政和各地财政投入了大量的保护经费，发挥了切实有效的保护作用，但是与抢救保护工作的需求相比，仍显得严重不足。特别是杭州有 3 个项目列入人类非物质文化遗产，列入国遗项目 44 项，列入省级非遗项目有 167 项，更有 700 多项列入市、县两级非遗项目。杭州非物质文化遗产已转入全面抢救保护阶段，集成志书的编纂，分布地图集编制，数据库建设，实物资料征集，宣传展示活动，保护传承基地的扶持，非遗展示馆建设，等等，或已经摆上议事日程，或正在着手开展，或正在深入深化，需要财力上的大力支持。杭州还存在经济相对欠发达县份，公共财政薄弱，用于抢救保护名录项目的经费偏少，影响了一些项目的及时有效保护。为此，需要各级财政继续加大支持和转移支付力度。

(三)提高民众重视程度

当前，大多数地区只注重经济的发展，忽略文化，缺乏对文化认识的深度，认为只要经济跟得上，物质富裕了，文化自然而然就会发展。诚然，文化需要以物质为基础，但是物质又以文化为促进，二者是相辅相成的，是无法分割、无法孤立的，因此杭州应该两手抓，一手抓经济，一手抓文化，使地方经济和区域文化平衡健康地发展。要充分发挥非物质文化遗产对广大未成年人进行传统文化教育和爱国主义教育的重要作用。各级图书馆、文化馆、博物馆、科技馆等公共文化机构要积极开展对非物质文化遗产的传播和展示。教育部门和各级各类学校要逐步将优秀的、体现民族精神与民间特色的非物质文化遗产内容编入有关教材，开展教学活动。鼓励和支持新闻出版、广播电视、互联网等媒体对非遗及其保护工作进行宣传展示，普及保护知识，培养保护意识，努力在全社会达成共识，营造保护非遗的良好氛围。

(四)加强非物质文化遗产基础设施建设

非物质文化遗产基础设施，包括综合性非物质文化遗产馆、专题性非物质文化遗产馆和传习所，是开展非物质文化遗产保护工作的重要载体。以非遗场馆为载体，打造品牌，打响品牌，对于建立优秀传统文化传承体系，提升区域竞争力，打造城市名片都具有重要意义。随着非物质文化遗产保护工作的不断深入，非物质文化遗产实物资料的收集、保管、研究、展示工作愈发重要。建设非物质文化遗产基础设施，对促进非物质文化遗产保护与传承，加强青少年传统文化教育和爱国主义教育，提高社会公众科学素养和人文素养，具有重要作用。希望各级政府和发展改革、建设、土地管理、财政等部门给予重视和支持。

参考文献

[1] 王文章.非物质文化遗产概论[M].北京：教育科学出版社，2008

[2] 王淼.把根留住——非物质文化遗产保护的系列思考[M].杭州：浙江大学出版社，2006.

[3] 王淼.风生水起——浙江省非物质文化遗产保护的生动实践[B] 杭州，浙江大学出版社，2012.

[4] 余敏，潘昌初.多措并举：杭州非遗保护出成效[N].中国文化报，2014－12－31.

[5] 林敏.杭州市非物质文化遗产生态保护区建设的几点思考[J].浙江工艺美术，2009(4).

[6] 林敏.强化四大意识[N].中国文化报，2007－3－7.

[7] 杭州市非物质文化遗产保护发展规划（2006－2010 年），(杭文广新社文〔2006〕15 号.

（本文完稿于 2015 年 11 月，系 2016 年度《杭州蓝皮书•文化卷》的约稿材料，部分内容曾发表在《中国文化报》。）

杭州市非物质文化遗产生产性保护现状及其对策

非物质文化遗产与生活紧密相连，如何以文养文，以文兴文，促进非遗保护和传承的良性循环是当下非遗保护领域的重要课题。本文概要总结了开展非物质文化遗产生产性保护工作对于杭州的意义，杭州开展非遗生产性保护的现实条件、目前的总体情况以及存在的不足，并提出了若干进一步加强杭州市非物质文化遗产生产性保护的建议。认为通过非遗生产性保护，可以更加完整、系统地呵护杭州的特色文化，可以更加有效地改善民族艺术和文化遗产的生存环境；可以使非物质文化遗产在生产生活中实现传承，非遗保护逐步从“捉襟见肘”走向“自我造血”。同时，开展非物质文化遗产生产性保护工作也是杭州社会经济发展的核心竞争力所在和重要的文化支持，应充分重视并深入研究。

非物质文化遗产（以下如无特殊情况，均简称非遗）保护是文化建设的基础性工作，是公益性文化事业的重要组成部分，是国家文化战略和中国特色社会主义文化发展道路的重要内容。近年来，在保护工作中，已探索出了一些符合非遗特点和规律的保护方式和手段。如：针对处于濒危状态和传承困难的非遗项目，提出了抢救性保护方式；针对部分与人们日常生产生活联系紧密的项目，提出了以生产性方式保护，鼓励这些非遗项目在具体的生产实践中得到活态的传承和保护；针对一些传统文化积淀丰厚、项目较为集中、特色鲜明、形式和内涵保持完整、自然生态环境保护良好的特定区域，提出了整体性保护的方式，也就是设立文化生态保护试验区。在以上的保护方式中，“生产性方式保护”这一理念，引起了人们更多的关注。

非物质文化遗产蕴含的丰富文化优势可以发展成为文化产业优势，利用各类传统节日可以发展旅游业，各种民间戏曲可以进入演出市场，实行产业化运作，各种民间服饰中的民族元素可以进入纺织业，提升纺织产品的竞争力……正是由于非物质文化遗产与人民大众的生产生活息息相关，所以有了生产性保护的理念。所谓非物质文化遗产生产性保护，是指通过生产、流通、销售等方式，将非物质文化遗产及其资源转化为生产力和产品，产生经济效益，并促进相关产业发展，使非物质文化遗产在生产实践中得到积极保护，实现非物质文化遗产保护与经济社会协调发展的良性互动。

自2006年文化部首次提出“生产性保护”理念以来，非物质文化遗产生产性保护的理念和实践越来越被人们认识和了解。近年来，在市委、市政府的领导和重视下，杭州市非物质文化遗产保护工作认真贯彻党的十八大精神，认真实施国家《非物质文化遗产法》，采取多种有效措施，健全保护机制，拓展保护载体，强化传承弘扬，促进社会共享，推动非物质文化遗产的传承、保护和发展，取得了明显成效。开展非遗生产性保护工作，是杭州市认真贯彻落实党的十八大提出的“建设优秀传统文化传承体系”精神，着力推进非物质文化遗产保护事业的“二次创业”“二次跨越”，也是落实“美丽杭州”部署的具体体现。

一、杭州市非物质文化遗产生产性保护现状

开展非遗生产性保护，杭州具有得天独厚的优势。从近几年的实践看，杭州市通过开展非遗生产性保护，社会效益和经济效益显著，既坚持了非物质文化遗产的本真性、完整性及核心技艺的保护与传承，又有效提高了传承人的地位和收入，扩大了就业岗位，并为促进当地经济社会全面协调可持续发展做出积极贡献。同时，杭州非遗生产性保护工作还存在不足之处，未来发展之路任重道远。

（一）杭州市开展非遗生产性保护的现实条件

1. 非遗资源，是杭州非遗生产性保护的物质基础

杭州历史悠久、人文荟萃、百工兴盛，深厚的文化底蕴为杭州开展非遗生产性保护提供了不竭的源泉。2012年4月10日，杭州市正式加入联合国教科文组织全球创意城市网络，被命名为“工艺和民间艺术之都”。杭州市非遗资源十分丰富，名录体系的建立完善和项目代表性传承人的认定工作，为非遗生产性保护工作全面而深入地开展奠定了基础。据初步统计，目前杭州市44项国家级非遗名录中，有17项适合开展生产性保护；167项省级非遗名录中，有71项适合开展生产性保护；334项市级非遗名录中，有123项适合开展生产性保护。全市260位市级以上（含市级）传承人当中，125位属于适合开展非遗生产性保护的项目门类，共占总传承人数的48%，其中传统手工技艺、传统美术、传统医药的传承人比例分别占到总人数的35%、9%、4%。无论是过去还是现在，杭州都是全国工艺美术品的重点产区，在全国工艺美术行业占有独特的重要地位。

2. 软硬条件，是杭州非遗生产性保护的区位支撑

杭州自然环境秀美，创业环境和谐，政策环境宽松，具有优越的环境优势。

同时，杭州拥有一批名校名社名企，各大文化创意产业园集聚了大批专业人才，具有丰富的人才优势。目前，杭州正在努力打造文化、创业、环境高度融合的"全国文化创意产业中心"。被称为"无烟产业"的文化创意产业成了杭州寻求错位发展优势的特色发展道路。"人脑加电脑"，打造出经济社会发展的新"蓝海"。2010年，杭州打造"全国文化创意产业中心"的战略升格成为国家战略。2011年，杭州文化创意产业增加值首次突破了千亿元大关。2012年，在亚太文化创意产业协会发布的《2013两岸城市文化创意产业竞争力调研报告》中，杭州文创竞争力排名第四，仅次于北京、上海和台北。据市统计局统计，今年1—6月份，全市文创产业增加值实现587.72亿元，同比增长18.7%，占GDP比重16.18%。如今，在杭州这片热土上，文创产业细分格局正在形成并呈现出旺盛的生命力。

3. 民间资本，是杭州非遗生产性保护的项目支撑

杭州作为长三角地区最发达、最具活力的城市之一，杭州的经济总量已经多年在全国省会城市中居第二位。同时杭州也是民营经济的强市。根据全国工商联9月初公布的"2013中国民营企业500强"名单，杭州市有53家企业上榜，占全国的10.6%，占浙江省的38.13%。上榜企业数，杭州已连续11次蝉联全国城市和浙江省首位。民间资本非常雄厚，民间的投资非常活跃，市场需求旺盛，市场经济体制完善，这个也为杭州发展文化创意产业提供了强大的支撑。在当前转变经济发展方式、提升产业结构、大力开展节能减排的大背景下，在市委、市政府的大力引导下，相信势必有更多民间资本投入到非遗生产性保护在内的文化创意产业当中。

4. 工作基础，是杭州非遗生产性保护的根本保障

近年来，杭州市非物质文化遗产保护工作蓬勃开展，一直走在全省乃至全国同类城市前列。2006年，市政府办公厅发文成立了非物质文化遗产保护工作委员会，成员单位包括市宣传部、市文广新局、市发改委、市经委、市旅委等部门。同时，为发挥专家的决策咨询、克难攻坚等作用，杭州市还成立了专家工作委员会。2007年11月，杭州市首次实施非物质文化遗产普查，经过半年多的努力，共查获线索42万余条，调查18大门类项目30168项。2011年6月1日，《非物质文化遗产法》正式施行，杭州市非物质文化遗产保护工作进一步步入了科学规范的良性轨道。2012年，杭州市非遗保护机构实现了全覆盖，市本级和各区、县(市)均成立了专职工作的当地编办核准的保护中心，全市非物质文化遗产保护工作进入全面展开和快速推进阶段。

(二)杭州市开展非遗生产性保护取得的主要成绩

1.总体情况

目前,全市范围内已形成了花边、扇艺、刺绣、织锦、窑瓷、陶瓷、石雕、铜雕、木雕、剪纸等门类比较齐全的民间传统工艺精品体系,竹纸、竹笛、殿堂壁画、传统医药、传统餐饮、名优特产等链条较为完善的非遗产业集群,以及杭州水印天公共造型艺术有限公司、浙江秋梅食品有限公司、杭州桐君堂医药药材有限公司等一大批代表性企业。而从地区看,仅余杭区目前就有与非遗项目相关的民营生产性企业151家,民间非遗传承作坊56个,省级民营老字号企业3家。

同时,各地把开展非遗生产性保护与发展区域特色经济结合起来,与农民脱贫致富奔小康结合起来,与发展旅游业结合起来,已逐步探索出成功的模式,呈现出文化保护事业和文化特色产业同步发展的良好态势。下城区推出了非物质文化遗产项目体验点,富阳市推出了非遗元素产业化平台机制建设,余杭区建立了社会力量参与非遗生产性保护机制,桐庐县紧密结合文创(县文化创意产业专项资金扶持项目中非遗项目就占了三分之一),以文养文,以文兴文,促进了非遗保护和传承的良性循环。

应该看到,非遗生产性保护产业基地大多是具有造血功能的小微型企业。主管经济的部门,眼睛看着的,往往是几千万几个亿的投资,很少有人注意这些只有区区几十万元的投资,更不会注意到这种投资虽然只有几十万元却能给一个村一个乡带来翻天覆地的大变化。以中泰竹笛为例,第一批市非遗生产性保护示范基地之一的当地农业龙头企业余杭中泰灵声乐器有限公司,年销售收入也不过70万元。然而全世界10支竹笛有7支产自余杭中泰,中泰大多数从事笛子加工产业的家庭人均收入都在3万元以上,所在村集体可分配收入均在100万元以上,高于全街道平均水平,大大改善了当地农民的生活。一根小竹子撬起了一个生态大工程,一个富民大产业,成就了中泰绿色发展之路。通过非遗生产性平台,既挖掘内部潜力,又将"文化富民"落到实处,让老百姓得到实质上的文化实惠。

为进一步加强非物质文化遗产生产性保护的探索与实践,市级层面积极培育生产性保护的成功典型,促进生产性保护的全面深入开展,今年8月底,市文广新局公布了杭州利民中式服装厂等17个第一批杭州市非物质文化遗产生产性保护示范基地,同时在下城区举办了全市非遗生产性保护现场经验交流会,并计划在11月份出台全市非遗生产性保护分类指导意见。通过非遗生产性保护,一批优秀的非物质文化遗产在生产中实现传承,非遗保护逐步从"捉襟见肘"走向"自我造血"。

2. 农村民间传统工艺的挖掘与保护情况

农村地区是杭州市非遗资源的主要聚集地,农村传统手工艺的发掘保护工作一直在有条不紊地推进当中。近年来,杭州市以美丽乡村建设为契机,深入推动民间传统手工艺在内的非遗保护工作向纵深发展。一是抓好队伍建设。全市所有行政村聘用专职宣传文化员,培训上岗,把非遗工作作为主要考核内容,保护工作的触角延伸到最基层。二是重视保存和展示乡土文化。重点保护好农村延伸载体(基地)、古村落、古戏台、古祠堂等各类展示场馆。目前,杭州市农村各类非遗延伸载体(基地)省级有 19 个、市级有 23 个。保存较完好的古戏台 30 个,展示场馆 18 个,有代表性的古村落 5 个。同时,加强乡土文化成果展示活动。自 1999 年启动以来,两年举办一届"风雅颂",将杭州三江两岸最优秀的民间艺术作品集中起来进行展演,集中展示杭州市农村非物质文化遗产的活态传承状况。三是积极探索保护开发模式。做好文化产业与农村民间艺术挖掘开发结合,做好非遗保护与促进社会和谐、乡风文明建设结合;发掘保护一大批具有较大影响力的传统手工艺品牌项目,如富阳竹纸、临安鸡血石雕、萧山区坎山镇萧山花边等。

3. 民间传统工艺传承人的培养情况

非遗传承队伍建设是非遗保护的核心,杭州市已初步建立了民间传统手工艺在内的非遗活态传承体系。为加强保护传承人,杭州市出台了《杭州市非物质文化遗产代表性传承人申报与认定办法》《杭州市非物质文化遗产代表性传承人(民间老艺人)补贴实施暂行办法》《杭州市非物质文化遗产专家领衔项目考核办法》《杭州市非物质文化遗产代表性传承人专(兼)职学徒考核办法》《关于"生活品质之城"城市品牌研究推广和管理工作的若干意见》和《杭州市工艺美术产业发展五年行动规划》等一系列政策性文件。对已经认定的代表性传承人,通过记录整理技艺资料,提供传习场所,资助开展传习活动,组织宣传与交流,征集并保管代表作品,建立档案等方式,积极支持传承人开展传承活动。2011 年,杭州市还启动了专家领衔重点保护非遗项目工程和非遗师徒传承工程,积极探索传统工艺传承人在内的非遗传承人培养模式。通过一对一结对子的方式,专家与保护责任单位、传承人共同研究解决本项目在传承发展过程中遇到的瓶颈问题,探索研究新思路、新方法。

4. 政府采购、财政补贴等扶持非遗生产性保护情况

非遗保护工作是功在当代、利在千秋的公益事业。杭州市非遗保护专项投入一直处于不断加大当中。2008 年,杭州市设立了 80 万元的非遗保护专项经费,并出台了《杭州市非物质文化遗产保护专项资金管理暂行办法》,明确了资金补助标准。从2004年起市财政每年在文化事业费中安排400万元用于基层文化建设，其中80万元专项用于优秀民间文化资源的发掘、保护。2007年，为更好地发掘和保护杭州市的非物质文化遗产，市财政专项安排了100万元保护经费。2008年则提高到300万元，明确规定专项资金可用于非物质文化遗产的发掘和保护。2010年，总经费增加到1000万元。从2004年到2010年，市级保护经费增长了11.5倍。由于传统手工艺是非遗保护的主体内容之一，每年非遗保护专项资金的很大一部分都是用于非遗生产性的保护。此外，从1998年开始，市财政每年拿出200万元专项资金奖励杭州工艺美术大师，2009年专项资金增加到1000万元。近年来，杭州市政府采购和政府财政补贴传统手工艺力度也不断加大。通过政府购买民间传统工艺品，杭州市非遗展示中心征集了一大批非遗实物和老物件，也有效助推了杭州市对外交流工作，展示了杭州的良好形象。同时，杭州市也一直非常重视对传统手工艺的扶持。2009年2月，杭州市公布了宋城集团在内的3个第一批市级非遗产业基地。2011年4月，杭州市"张小泉剪刀制作技艺"等7个项目入选浙江省首批"省级非遗生产性保护基地"。2013年1月，杭州市朱炳仁铜雕等五家传统手工艺企业被推荐为"国家非物质文化遗产保护基地"候选名单。通过非遗产业基地建设，杭州进一步完善了传统手工艺体系建设，为打造政府扶持、发展、服务民间传统工艺行业的平台奠定了基础。

5. 传统手工艺走进社区和课堂情况

近年来，杭州市在传统工艺走进社区和课堂方面做了许多工作。以非遗进课堂为例，主要包括三个方面。一是将非遗知识融入课堂融入教材。编写了相应的地方课程教材，如义务教育阶段《我与杭州》，高中阶段《杭州人文与社会》等，规定小学三年级起到高中一、二年级开设地方课程，做到每周一课时。二是通过大规模宣传加大非遗的普及力度。2011年，杭州市承担了浙江省非遗进校园的试点工作，并在浙江大学等5所高校建立了非遗志愿者团。2012年6月8日，杭州市承办了第七届浙江省非物质文化遗产节暨浙江省非遗进校园活动季开幕式。6月中旬，在省委党校和杭图举行了"岁月留痕——民俗风情摄影展"，并培训支持了30支大学生社会实践队伍。三是在高校和中小学建立非遗保护教学传承基地。2009年2月，杭州市淳安县千岛湖镇第一小学等6所学校被命名为"杭州市第一批非遗传承基地"。2010年5月，杭州市萧山区楼塔镇中心小学（楼塔《细十番》）等9所学校被省文化厅和省教育厅命名为"第一批非遗传承教学基地"。2012年12月，富阳市富春第四小学等10个单位被评为市级非遗传承教学基地。以上这些教学传承基地的建立，为继承和弘扬杭州市的传统文化打下了坚实的基础。同时,杭州市也非常重视非遗进社区、进企业、进部队等工作。通过在社区中开展“风雅颂”民间艺术展演、传统戏曲曲艺巡演和杭州市传统手工技艺展等系列活动,让市民在学习观看的同时,更直观地感受到非物质文化遗产独特的艺术魅力。

6. 基于非遗生产性保护的文创产业情况

以传承为核心,以产业为纽带,增强民间传统工艺的创意一直是杭州市非遗生产性保护工作的重要着力点,采取的许多行之有效的措施有:一是搭建手工艺展示展销平台,扩大影响。2008 年 11 月,市政府承办的 2008 世界手工艺大会暨世界手工艺发展国际论坛在杭州成功举办,本届大会汇集了 36 个国家 198 名国际代表、450 名国内代表,被誉为“全球工艺美术行业的奥运会”。二是积极探索非遗与旅游结合的路子,增强吸引力。如在宋城、西溪湿地等著名旅游景区内,进一步融入非遗元素,丰富景区的文化内涵,提升景区的人文品质,增强景区的吸引力。三是积极推动创意和民间传统工艺的深度融合,扩大产业规模。政策引导、经费扶持和业务指导等方式,为工艺美术大师、民间艺人以及企业提供了各类专业技术资格培训、工美博览会、技艺交流、品牌规划、市场营销、文化传播、调研咨询等大量服务工作,加强了政府与工美艺人、企业之间的沟通,提升了工艺美术大师及品牌的影响力。近年来,已经涌现出刺绣、鸟笼编织、核雕等一批具有非遗特色和现代创意的企业。四是大力推进非遗馆建设,为民间工艺创意发展提供全面的硬件支撑。首先是建设综合场馆。杭州市将在滨江奥体中心建成 3.32 万平方米的杭州市非物质文化遗产展示中心,投资 4.15 亿元,将建成全国领先的非遗文化体验、传承和创意基地。其次是积极扶持专题馆。目前,西泠印社、中国茶叶博物馆、中国刀剪剑伞扇博物馆、中国江南水乡博物馆、南宋官窑博物馆、都锦生博物馆、朱炳仁铜雕馆等专题馆等,已成为聚集人气的重要文化传播场所,也为展示杭州工艺美术产品、为大师创作提供了一个良好的工作平台。最后是打造特色街区。建成了集品种展示与大师技艺展示于一体的杭州市工艺美术旅游展销中心。初步形成了以“鼓楼—大井巷—安荣巷—杭州市工艺美术特色园地”为主的工艺美术展示、销售、创作的主要集聚地。

(三)杭州市开展非遗生产性保护面临的主要问题

目前,杭州非遗生产性保护事业发展还存在不少问题。从城市间横向比较,前有“标兵”,后有“追兵”;从杭州内部审视,全市非遗生产性保护发展呈现出“低、散”特征,产品核心竞争力欠缺,高端创意人才和经营管理人才缺乏,基础服务能力不高,知识产权保护任务艰巨,总体上仍处于初级阶段。

1. 生产性保护忽视“因项制宜”

非物质文化遗产的形态是多种多样的，生产的方式有自给自足式生产，有商业生产，有分散的个体生产，有社会化生产，有手工生产，也有机械化生产等类型。非物质文化遗产的生产，究竟采用哪种方式，要具体问题具体分析。非遗生产性保护要尊重各类非遗自身的特点，以各类非遗项目传承人为主体，充分尊重各类非遗传承人的意愿，根据各类非遗的具体情况实施。如果一意孤行、以点概面，忽视“因项制宜”，则会使非遗生产性保护偏离发展轨道。

2. 生产性保护背离“文化底线”

在开展“生产性保护”工作中，坚持非遗项目的手工制作技艺和传统工艺流程是开展此类非遗项目保护工作的底线。而在现实的生产实践过程中，大量粗制滥造、以假乱真的产品充斥杭州工艺美术行业市场，传统工艺面临着技艺失传、生产萎缩的窘况。真正研究和推敲艺术的人很少，假作真时真亦假，真的东西信誉也没了。在面对非遗项目的开发与利用问题上，我们要保持一种理性的思维，在保持一个敬畏之心的同时，必须在开发利用时把握好“尺度”。

3. 生产性保护兴起“矛盾纠纷”

当前，在一些地区，对于非遗生产性保护方式的理解出现严重偏差。一些地方只是一味地追求产品数量、经济效益，缺乏整体发展规划和协调指导，由于利益分配不均导致纠纷群起。如生产经营模式导致利益纷争，破坏积极性；如当地其他优秀民间艺人缺乏准入参与公平竞争的机会；又如只着眼于当下利益，产品遭遇创新瓶颈而后劲缺乏。如果对这些现象熟视无睹，不加以制止，不及时予以规范，必然会背离非物质文化遗产的发展规律和保护初衷。

4. 生产性保护渐显“差异鸿沟”

当前，从非遗项目这个微观层面看，各个项目和传承人生存状况差异明显，而且有扩大趋势。有的手工技艺适合时代的发展需要，本身能创造出巨大的经济效益。比如良渚玉雕，近些年人们对玉石的投资收藏热情空前高涨，从而造就了玉雕技艺如火如荼的现状。相比之下，大部分的民间手工技艺则相对冷门，或者项目不具有代表性，处境只能是夹缝生存，惨淡度日。即使从某个非遗项目内部看，也存在很大差异。有些传承人红透了天，供不应求，而有些传承人则门庭冷落，少有问津。

二、非遗生产性保护工作需科学推进

在当前形势下，机遇与挑战并存，加快非遗生产性保护的重要性和必要性更加突显，杭州要进一步重视非遗生产性保护工作，把它摆上更加突出的位置。

(一)厘清思路，把握重点，扎实推进非遗生产性保护工作

由于生产性保护涉及项目情况复杂、种类繁多，全市各地区的情况差异也很大，在今后开展具体工作中，应重点把握以下几点：

1. 保护优先，循序渐进

在非遗生产性保护开展过程中，保护保全永远是第一位的，是无条件的；开发利用是第二位的，是有条件的。保护是利用的保证、基础和前提，杭州不能为了短期的经济利益而进行过度开发，要有长远眼光，避免急功近利。要考虑与群众的日常生活紧密结合，与提升群众的文化素质紧密结合，充分发挥群众的积极性和创造性，根据群众的承受能力和意愿尽力而为，量力而行，循序渐进。要尊重差异，保护不同文化形态背景的传统和个性。要研究非物质文化遗产生产性保护的特点，建立健全符合非物质文化遗产自身规律的传承机制。应转变思想观念，落实以文化为基础促进发展、用文化多样性推动经济发展方式多样性的理念，积极探索非物质文化遗产的生产性保护，并适度产业化，让非物质文化遗产资源在市场化进程中实现自身的良性发展。

2. 依据特色，突出重点

非物质文化遗产的保护依托于特定的物质基础，包含着对其周围一定规模的环境的保护，这就需要进行整体性保护。很多非物质文化遗产还与当地人们的生活密不可分，如依赖于当地特有的自然地理环境，巧妙利用当地某种自然资源等。在当代社会生活中，品类繁多的非遗产品的生存状态是不平衡的，有的因产品在市场上依然行销而发展，有的因产品逐渐退市而萎缩，有的则因产品没有销路而处于濒危状态。所以，各地在对非遗进行生产性保护时，需要进行具体而深入的研究和分析，要按照杭州市非物质文化遗产的地域性和群体性特征，进行合理规划，提出符合实际的保护措施。昌化鸡血石雕、良渚玉文化、萧山花边和萝卜干、建德倒笃菜、桐庐剪纸等，都是非常成功的案例。杭州要进一步因地制宜，扬长避短，使杭州市能够按其独特的非物质文化遗产资源进行规模化、品牌化开发，进一步提升产品的附加值和影响力；重点扶持已初步具有文化品牌效应与价值的非遗项目，将其打造成为非物质文化遗产生产性保护创意品牌。

3. 与时俱进，传承发展

非遗项目的生产性保护、传承与发展，必须与当下社会的发展和人们的生活紧密联系在一起，只有这样杭州的保护工作才能具有广泛的基础，才能顺应时代的发展。杭州要不断加强领导，鼓励和支持传承人在传承传统技艺、坚守传统工

艺流程和核心技艺的基础上对技艺有所创新和发展，从而提高非物质文化遗产的生产效率和产品的标准化程度，提升产品的市场竞争力和企业活力；鼓励和支持传承人在制作传统题材作品的同时，创作适应当代社会需求的作品，推动传统产品功能转型和审美价值提升；支持和帮助代表性传承人开展产品宣传，利用报刊、电视、网络等媒体宣传非物质文化遗产代表性项目及其产品的文化内涵和审美价值；积极为代表性传承人提供技艺展示、产品销售的渠道和平台。

（二）立足产业，加强培育，有效推进非遗生产性保护工作

在遵循文化自身发展规律和经济规律的前提下，深入挖掘优秀传统文化资源，将传统文化导入当代产业体系，既能盘活存量资产，又能实现文化产业增量扩张。结合杭州市实际，认真研究谋划基于非物质文化遗产生产性保护的文化产业培育策略，对推动杭州市文化产业成为战略性支柱产业、促进文化大发展大繁荣具有十分重要的现实意义。

（1）加快建设各类文化产业交易、展示中心，形成集聚效应。依托亚太手工艺博览会、中国（杭州）非物质遗产博览会、中国杭州工艺美术大师精品博览会、中华老字号博览会等，扩大非物质文化遗产项目产品和服务的交易、展览规模。优先组织安排具有杭州特色的非物质文化遗产项目参加各种博览会、展示活动。加快建设传统手工艺品交易展示中心，继续抓好文化产业交易市场的运营服务，促进传统医药、农民画、剪纸、竹刻、瓷器、刺绣、服饰、民族乐器等重点非遗项目的生产销售和技艺传播。

（2）积极培育非遗项目的骨干企业，鼓励本真性生产和技术进步。对成长性好、市场潜力大、具有出口创汇前景的民营企业，给予政策扶持，鼓励其基于非物质文化遗产本真性技艺传承的生产技术进步，不断提高自身发展实力，壮大企业规模，带动相关产业发展。对不适宜大规模工厂化生产的手工技艺项目，也要对传承人给予政策和资金扶持，改善其生产环境和条件，为产品的宣传、推介提供便捷有效的信息服务。

（3）依托长三角文化交流平台，加强实施非物质文化遗产项目保护单位、生产企业和传承人“走出去”战略，组织杭州非遗积极参与国内外文化交流活动，加强与其他国家的交流与合作，扩大文化影响，促进非物质文化遗产项目产品和服务的出口。

（4）充分运用市场机制，围绕美丽杭州建设、文化大礼堂建设、文化生态保护区、特色文化乡镇、历史文化街区等文化遗产项目建设，加强与旅游、外贸、会展等相结合，培育非遗经典旅游景区和非遗生产性保护基地，开发生产具有非遗特色的服饰、饮食、工艺品、纪念品等，使之成为文化产业新的增长点。

(5)用现代传媒技术和内容产业的生产来保护和传承民族记忆和优秀传统，支持数字出版、动漫、影视、网络文化等创意文化产业挖掘杭州文化资源，支持民间文学、传统戏曲、曲艺和传统音乐等非遗资源进入演艺业市场，使非遗项目成为文化产业原创作品的丰富源泉。

(6)谋划"十二五"时期非物质文化遗产保护基础设施建设项目，加大财政投入，建设一批高质量的传习、展示场所。鼓励开展非物质文化遗产生产性保护的企业、单位和个人根据自身条件建设非物质文化遗产展示馆(室)和传习所，鼓励社会力量参与非物质文化遗产生产性保护设施建设。充分发挥已有设施的作用，积极开展宣传、展示、传习等活动，有计划地征集非物质文化遗产项目代表性传承人的代表作品，妥善保存和科学展示传统工艺精品、传承人代表性作品。

(三)加强领导，认真谋划，深入推进非遗生产性保护工作

杭州要充分认识非遗生产性保护工作的重要性，以等不起的紧迫感，坐不住的责任感，慢不得的危机感，认真总结以往发展过程中的经验教训，厘清工作思路，切实推进非遗生产性保护工作。

1. 精心组织，加强领导，建立健全保障体系

杭州文化部门要加强非遗生产性保护工作的探索和实践，切实承担起组织和领导责任。一是要加强组织领导。全市层面要做好顶层设计，搞好协同发展。各地要认真规划本地非遗生产性保护工作的发展战略，优化发展布局，明确发展重点，做好差异化文章。同时，全市要加强组织领导、加强统筹协调、加强政策扶持、加强督促检查，为非遗生产性保护提供制度保障。二是要加强业务指导。及时发布和传递相关政策、规划信息，引导社会力量的参与；对具有鲜明门类特点、行业个性和民俗特性的生产性非遗项目，给予适当的倾斜性指导。三是要拓宽渠道。鼓励社会力量广泛参与非遗保护传承，鼓励建立社会中介组织，努力拓展社会各界支持的渠道、平台和方式，做到不拘主体、不拘形式、不拘内容，有钱出钱，有力出力，聚各方力量，汇多路资源。

2. 加压奋进，多措并举，不断完善长效机制

非遗生产性保护工作任重道远，杭州要采取多种方式，切实做好非遗生产性保护工作。一是加强调查调研工作。通过深入调查研究，寻求破解企业介入模式不顺、发展合力不强等制约瓶颈，推动非遗创意人才培养和区域特色文创产业发展。二是要发挥代表性传承人的引领作用。山羊走路跟头羊，群雁高飞看头雁，传承人的湮灭，意味着传统文化的断层。杭州在开展非遗生产性保护工作中，要充分发挥代表性传承人的骨干引领和示范带动作用。三是要发挥专家作

用。鼓励专家结合非物质文化遗产生产性保护工作实际开展理论研究和实践研究，充分发挥专家的指导、咨询和参谋作用，为非物质文化遗产生产性保护提供学术支持和实践指导。四是要充分发挥传统工艺美术等已有行业协会的积极作用，鼓励成立非物质文化遗产相关行业协会，通过行业自律和行业监管，推动非物质文化遗产生产性保护健康发展。

3. 攻坚克难，务实创新，有序有重点地推进。

由于生产性保护工作点多、线长和面广，杭州要做到具体问题具体分析，善借外力，攻坚克难，有序有重点地推进。一是要加强探索生产性保护运行模式。对于生产工艺相对简单、规模小、地域偏远的项目企业、单位，可以通过"生产作坊＋传习所＋社区文化服务中心"非营利保护扶持模式，纳入当地公共文化服务体系，进行群体性社会传承。对于有一定产业规模的非遗保护企业、单位，可以鼓励其实施"工厂＋博物馆＋传习所＋文化观光旅游线"人文生态整体保护模式。二是推动非遗企业基地化、园区化。非遗企业大多小、散、乱，规模偏小，有的甚至有污染，占用土地指标又大，不利于扩大经营和就业、改进工艺，为此，杭州在加大资金和政策扶持的同时，要对部分非遗产业实施基地化、园区化。三是要借力打力。要积极争取杭州市文化创意产业专项资金和杭州市十大潜力行业等项目扶持。同时，要争取列入"文创西进"战略、拓展发展"新蓝海"等工作试点，为杭州的非遗文化传承、人才培养和产业发展开辟新路。

一花独放不是春，万花齐放春满园。俗话说：人类往往会高估一年后发生的事情，低估十年后发生的事情。杭州市非遗生产性保护的成效到底能达到何种程度，令人憧憬。希望通过大家的共同努力，全市 13 个区、县(市)，193 个乡镇(街道)在非遗生产性保护方面都有所作为，在全市形成一地一品或一地多品的精品格局，形成一个丰富多彩、形式多样、斑斓多姿、繁花似锦的新面貌，为杭州市历史文化名城和生活品质之城建设添砖加瓦。

参考文献

[1] 李昕. 符号消费——文化资本与非物质文化遗产[J]. 西南民族大学学报：人文社科版，2008(8).

[2] 邓国芳. 全力打造全国文化创意产业中心[N]. 杭州日报，2007-11-21.

[3] 毛建国. 中国民企 500 强，杭企占了 53 席[N]. 钱江晚报，2013-09-03.

[4] 张爱国. 文化产业发展与知识产权运用——以西安曲江模式为视角[J]. 贵州师范大学学报：社会科学版，2010(3).

[5] 陈秀梅. 生产性保护：福建非物质文化遗产产业发展调查[J]. 福建艺术，

2009(2).
[6] 刘双,李伟.论文化资源到文化资本的转化[J].知识经济,2008(1).
[7] 韩佳琦.文化产业和非物质文化遗产的产业化[J].商业文化:学术版,2008(1).
[8] 邓小艳.符号消费背景下非物质文化遗产旅游开发的路径选择[J].广西社会科学,2010(4).

(本文写于2013年11月,为2014年《杭州蓝皮书·文化卷》第一篇的原始稿件。)

"美丽乡村"视角下的杭州民俗文化的保护与发展

富春江边、运河两畔，原汁原味的传统村落，承载着杭州人无尽的乡愁。挖掘美丽乡村的特色，让村村都有别样滋味，以民俗为代表的非物质文化遗产为杭州美丽乡村建设"锦上添花"。美丽乡村建设，不仅仅体现在村容村貌整治、生态经济发展和生态文化建设，而且还要彰显民俗民间优秀传统文化的遗存和风貌。在建设美丽乡村过程中，杭州应更加注重对传统村落的保护和留存农村特色民俗文化符号，绝不能让传统村落消失殆尽。

2003年，浙江省委做出实施"千村示范、万村整治"工程的重大决策，由此揭开了杭州市美丽乡村建设的序幕。2012年，根据省委部署，杭州又启动了文化大礼堂建设。十年间，"美丽杭州"已成为杭州的一张"金名片"。美丽杭州，不仅仅是自然生态上的天高云淡、风清气爽、绿意盎然，还包括人文生态上的诚信向善、公平正义、文明和谐。美丽杭州，应当展示诗意田园的自然之美，也应当展示温暖感人的人文之美。党的十八大提出了"努力建设美丽中国，实现中华民族永续发展"的美好愿景，为以非遗保护事业为代表的杭州民俗文化发展指明了方向，提供了更加广阔的发展空间。

文化是美丽中国的灵魂，多样的地域民俗文化传承则是推进美丽中国建设的强大动力。加强民俗保护工作是杭州美丽乡村建设的题中应有之义，它不但有利于拓宽农村文化事业发展领域，丰富美丽乡村的内涵，也为农村文化产业的发展提供了丰富的资源。如何让民俗文化融入美丽中国建设，进一步彰显民俗文化在美丽中国建设中的社会价值，进一步发挥好民俗文化融入经济社会发展和生态文明建设的功能作用。这个命题，必然引起民俗保护领域的热烈反响和共鸣。

通过近几年的实践，挖掘美丽乡村的特色，村村都有了别样滋味，民俗文化为杭州美丽乡村建设"锦上添花"。杭州深深认识到建设美丽杭州，要从建设美丽乡村开始，建设美丽乡村，要从保护好乡村的民俗文化做起。无论在美丽乡村建设中，还是在美丽城市建设中，都要将民俗之美贯穿始终。

一、“民俗”概念辨析及与非物质文化遗产的关系

民俗文化是农耕文明的产物，它是对农耕生产、生活方式的记录。钟敬文先生在其《民俗学概论》中对“民俗”一词有过精彩的解释：“民俗，即民间习惯和风俗，指一个国家或民族中广大民众所创造、享用和传承的生活文化。”民，即民间、民众的，相对于“官方”“精英”的；俗，即约定俗成，“习而不可变者，俗也”。民俗文化可以分为四个层面：一是物化层面，如房屋、器具等；二是娱乐层面，如表演、说唱等；三是制度层面，如乡规、民约等；四是信仰层面，如自然崇拜、祖宗先贤崇拜等，这是核心、深层的。民俗文化就像千年流淌的母亲河，蕴含着丰富的民族文化基因，传递着我们的民族特性与民族性格，润物无声地滋养着民族世代相承的文化土壤。

2003 年以来，民俗通过“非物质文化遗产保护”这一新的话语，政府主导推动，集中人财物推进，解决了民俗文化的封建迷信问题，民俗文化的保护成为保护人类文化遗产的神圣事业，以民俗文化为研究对象的民俗学科从昔日的“隐学”变为“显学”，这是前所未有的变局。其中最为重要的是，一些过去曾经遭到打压的那些民俗活动，如信仰仪典、丧葬习俗等，摆脱了过去所谓“封建迷信”的指责而重新建立起来。

对于实际的研究和保护工作，我国的非物质文化遗产国家级名录里把非物质文化遗产分成十大类，包括口头文学、传统音乐、传统戏剧、传统美术以及手工技艺、传统医药、传统曲艺等等，还包括民俗。按照这个分类，非物质文化遗产涵盖着民俗文化，或者说民俗文化是非物质文化遗产的一个大项。民俗文化反过来又包含了非物质文化遗产的一些门类，比如以吴山庙会为例，吴山庙会包含的传统舞蹈、传统戏曲、曲艺、巡游、民间音乐、传统的食品及传统手工技艺也是非物质文化遗产的一部分。所以从大的概念说，民俗是一个民族的所有习俗、风俗和有关的文化形式的话，那就包括所有的非物质文化遗产。两者的细微差别仅在学术上针对特定的项目才有意义。

正是因为民俗具有综合特性，以杭州各级非遗名录为例，国遗、省遗和市遗名录当中，民俗项目的比例均不断增加（详见表 1）。单个的非遗项目是一种符号，缺乏整体性的历史文化基因沉淀，故本文关注的是广义上的民俗。

表 1 杭州市各级非遗名录民俗类比例(不含扩展项目)

名录	浙江国遗	公布年度	总数	民俗类	比例
国遗	第一批	2005 年	8	0	0
	第二批	2007 年	18	1	5.6%
	第三批	2010 年	12	2	16.7%
国遗合计			38	3	7.9%
省遗	第一批	2005 年	10	0	0
	第二批	2007 年	54	8	14.8%
	第三批	2009 年	47	13	27.7%
省遗合计			111	21	18.9%
市遗	第一批	2007 年	99	11	11.1%
	第二批	2008 年	86	19	22.1%
	第三批	2009 年	36	10	27.8%
市遗合计			221	40	18.1%

二、做好民俗保护工作的重要意义

政治文化的垂直性决定了其必有触摸不到的地方，这就需要通过其他方式进行弥补完善。丰厚的民俗文化内涵，是农村经济社会持续健康发展的重要保证。如果没有承载文化基因，美丽乡村就失去了文化底蕴，成为没有魂魄的躯壳。挖掘乡村民俗文化资源，促进乡村文化的繁荣和发展，用乡村民俗文化凝聚广大农民，重振乡村精神，增强农民的自豪感，重树农民的文化信仰，是进行社会主义新农村文化建设的重要内涵。

(一)凝聚文化认同

在逢年过节、红白喜事、招魂祭祀等民俗活动中寄托着诸多情思，这种弱势微观的原生态文化，不断繁衍出感人肺腑的生命活力。乡音乡情乡风乡俗乡品是一个地方区别于另一个地方的文化标志，不仅对本土本乡人有吸引力，也是游走他乡、远赴异国的游子魂牵梦萦的牵挂。“独在异乡为异客，每逢佳节倍思亲”就深刻地揭示了这个道理。

(二)保障文化安全

文化的多样性是促进文化繁荣、文明进步的重要因素，是健全文化生态的保证。没有多样、多元的民间、乡村传统文化的繁荣发展，很难获取文化持续健康发展的内在动力。无论外来制度、文化多么完美先进，它的功能发挥都有赖于人们内心深处的认同。民俗文化正是有效地抵御文化"全盘西化"，保证国家文化安全的根基。

（三）实现乡村和谐

在民俗文化中，处于社会底层的村民们可以缓解和宣泄个人的心理紧张情绪，也可以缓和社群内外部潜在冲突，使得当地社会秩序得以和谐稳定。以淳安汾口草龙为例，草龙作为村民献祭给神灵和祖先的"礼物"，象征着村民对共同信奉的神灵和共同祖先的崇拜，它可以把平时分立的家户和村民联合起来，加强村民公共认同。同时，通过与周边村落互动，加强了村与村之间、姻亲之间的联系。桐庐江南镇等地的吃百家习俗、临安的馒头节等也具有类似的功能。

（四）促进经济发展

乡村民俗文化可以为开展丰富的文化事业活动、进行文化产业项目开发起到良好的支撑作用。利用各类传统节日可以发展旅游业，各种民间戏曲可以进入演出市场，实行产业化运作，各种民间服饰中的民族元素可以进入纺织业，提升纺织产品的竞争力。乡村民俗的物质载体、生活风俗，很多都可以作为商品开发、旅游开发。

（五）满足人的发展

农民是农村生产的主体，是传承创造新型农村文化的主体。提取乡村民俗文化的积极元素，可以为培养有适应新形势的文化知识结构、新技能、创新精神和能力及相应的政治素养、审美能力的新农村新农民做出贡献。市场经济对世态人心的影响会越来越大，新农村的伦理价值观也需要新建，而旧的民俗中，就有很多的资源可以传承，比如，建德、桐庐等地成立了夕阳红老人协会，就是把从前的宗族治村变成了现代法制条件下的"家长会"。

三、杭州民俗文化保护概况

（一）杭州民俗文化保护的简单回顾

杭州民俗文化遗产保护由来已久，现代主要经历了三个阶段，分别为20世纪30年代至新中国成立前的形成期，新中国成立前到20世纪末的民族民间艺术保护阶段和21世纪初加入《保护非物质文化遗产公约》后的非物质文化遗产保护阶段。

20 世纪 20 年代，杭州一时间成为全国的民俗学研究重镇。1928 年的夏天，中国民俗学先驱钟敬文应朋友刘大白之邀，乘船到了杭州，任职于浙江大学文理学院，在浙江开辟了民俗学研究的新天地。他在杭州团结了一批爱好民俗学的同志，与娄子匡一道发起成立了“中国民俗学会”，编印了《民间》《民俗学集镌》及民俗学丛书，继续推进民俗学资料的收集整理与学术研究。

20 世纪 80 年代，杭州分别对民间歌曲、民间舞蹈、民间器乐曲进行收集整理，后来发展到对全市的民间歌曲、民间舞蹈进行普查。共收集民间歌曲 2000 余首，被《中国民族民间歌曲集成·浙江卷》编入约有 106 首，被《中国民族民间器乐曲集成·浙江卷》编入约有吹打乐 11 首。组织编写 18 个完整的民间舞资料本，被《中国民族民间舞蹈集成·浙江卷》编入的有《彩凉船》《跳净童》《跳竹马》等 7 个。新发现许多有极高历史价值和艺术价值的非物质文化遗存和非物质文化形态，不少种类为全国仅存或独有。

钟敬文在《中国民俗学运动歌》中写道：“这是一座壮大的花园，里面有奇花，也有异草”，号召大家来耕耘，虽然今天比较寂寞，但“有一天她定要惊人地热闹”！这一天才预言在今天已经神奇地应验了，钟敬文等老一辈开创的事业在今天有了前所未有的新发展。

21 世纪初，杭州非物质文化遗产抢救、保护蓬勃开展。2004 年 8 月我国成为《保护非物质文化遗产公约》的缔约国，并立即启动了民族民间文化保护工程，标志着我国的非物质文化遗产保护工作迈出了第一步。2006 年，市政府办公厅发文成立了非物质文化遗产保护工作委员会。同时，为发挥专家的决策咨询、释难攻坚等作用，还成立了专家工作委员会。2007 年 11 月，杭州市实施首次非物质文化遗产普查，经过半年多的努力，共查获线索 42 万余条，调查 18 门类项目 30168 项。普查新发现的建德市大慈岩镇“新叶昆曲”被评为浙江省非物质文化遗产十大新发现之一。2011 年 6 月 1 日，《非物质文化遗产法》正式施行，杭州市非物质文化遗产保护工作进一步步入了科学、规范的良性轨道。2012 年，杭州市非遗机构实现了全覆盖，市本级和各区、县(市)均成立了专职工作的保护中心，全市非物质文化遗产保护工作进入全面展开和快速推进阶段。

(二)杭州乡村非物质文化遗产保护情况

农村地区是杭州非物质文化遗产资源的主要聚集地，杭州 44 项国遗项目中，有 15 项在农村；167 项省级名录中，有 114 项在农村；270 多位市级传承人当中，有三分之二在农村。近年来，杭州市以美丽乡村建设为契机，深入推动非遗保护工作向纵深发展。一是抓好队伍建设。全市所有行政村聘用专职宣传文化员，培训上岗，把非遗工作作为主要考核内容，保护工作的触角延伸到最基层。二是注重抢救保护。在美丽乡村建设中，深入挖掘非遗资源，开展了“专家领衔重点保护非遗项目工程”和“非遗师徒传承工程”，抢救了半山泥猫习俗等农村地区一批濒危的非遗项目。三是重视保存和展示乡土文化。重点保护好农村延伸载体（基地）、古村落、古戏台、古祠堂等各类展示场馆。目前，杭州农村各类非遗延伸载体（基地）省级有 19 个、市级有 23 个。保存较完好的古戏台 30 个，展示场馆 18 个，有代表性的古村落 5 个。同时，加强乡土文化成果展示活动。自 1999 年启动以来，两年举办一届“风雅颂”，将杭州三江两岸最优秀的民间艺术作品集中起来进行展演，集中展示杭州农村非物质文化遗产的活态传承状况。四是积极探索保护开发模式。做好文化产业与农村民间艺术挖掘开发结合，做好非遗保护与促进社会和谐、乡风文明建设结合。如余杭区塘北村塘北蚕桑生产民俗、桐庐县合村乡合村绣花鞋、萧山区坎山镇萧山花边等。合理开发利用既扩大了就业，增加了农民收入，又传承发展了项目自身，为美丽乡村建设增添了一抹亮色。同时，各地建成了一大批“一镇一品、一村一品”的特色文化村（镇），各地利用节庆等时机开展乡村民俗活动也已蔚然成风。五是积极做好与旅游结合的文章。通过民俗文化与旅游的结合，真正做到了优势互补、资源共享、互促互进、互赢互利。

可喜的是，当前杭州非遗保护的观念逐渐深入人心，“留住民族文化的根”“别忘了回家的路”等话题逐渐成为热点，各地的非物质文化遗产研究工作开展得如火如荼，社会各界保护非物质文化遗产的积极性不断高涨，民俗艺术展、民俗园、民俗活动遍地开花。

四、杭州市在美丽乡村建设中民俗文化保护面临的问题

相较于“农村”“农民”而言，“乡村”则有着更多诗意与温情。它装载着乡音、乡土、乡情以及古朴的生活、恒久的价值和传统。没有乡村，城市就像是一个无根的漂浮物。就在各地经济建设搞得热火朝天时，越来越多的人开始叹息“故乡沦陷”。

（一）时代背景发生巨变，乡村文化主角缺位

过去十年，中国总共消失了 90 万个自然村，差不多每一天消失 80 至 100 个村落。而据杭州市民政局统计资料显示，2007 年杭州市行政村数从 2006 年的 3659 个调整到 2175 个，减少行政村 1484 个，占原总数的 40.55%。五县市稍微偏远点的地区，基本上变成了老人、孩子和狗的农村，很难看到青壮农家儿女的身影。随着时代的变迁发展，农村固有的传统和生活机制被破坏，但又没有相应

地建立符合城市化生活的机能，于是发生了文化失调的现象。更为严重的是，大量农村青壮人口的外出流动，乡村整体抗风险能力会变得很差，成为一个个很难经受起风浪冲击的“孤岛”。承载传统习俗的文化载体如今已经不存在了。比如我们的二十四节气，“谷雨前后，种瓜点豆”“白露忙割地，秋分把地翻”，从这些谚语中就可以看出，节气的设置完全以农耕文明为基础，而今不可避免地日渐消失，这是文化发展的一种趋势。

(二)城郊接合来去难从，进城人员融入艰难

当下，中国式的“围城”需要高度警惕。按城镇居住人口统计，城市化率达到73.9%，而按城镇户籍人口计算，城市化率只有54.05%。这两组数据的落差，说明杭州市还有1/5的人住在半城半乡的地方，他们有非农的生产方式，但户籍身份还是农民，生活方式还处在农村的层面，这就是城市化不彻底带来的半城市化问题。户籍、土地制度，长期城乡政策的“二元结构”等，其中隐藏着的问题是什么？拆迁地区一夜暴富，导致一些地方黄赌毒、封建思想、攀比之风、致富返贫等新问题层出不穷。此外，乡村流入城市的大量人员，身处异乡却很难融入杭城。同时，家乡的传统习俗慢慢淡忘，好多土话、谚语、歇后语，在生活中都不再说了，以至于不会说了。

(三)公共空间场所缺乏，共同意识有待增强

目前，缺乏公共空间是部分乡村日益凋敝的主要原因之一。一指缺乏人们可以自由进入并进行各种思想交流的公共场所，如茶馆、宗祠、集市、广场、仓储用地等。二是缺乏普遍存在着的一些制度化组织和制度化活动形式，祭祀活动、红白喜事、村民会议等，从而导致乡村人际关系不断疏远，使得许多人缺乏对未来生活的预期与希望。在普遍少子化和城镇化不断推进的当下，乡村宗族组织遭到瓦解，传统农业社会聚族而居、鸡鸣狗吠的“田园牧歌”日渐消失。

(四)过于重视旅游开发，文化内涵有所忽视

在美丽乡村建设中，不可避免地涉及旅游开发事宜。但目前，古村落文化的保护与开发缺乏长远的形象定位。一些地方在没有科学的保护和利用规划指导下，把遗产当卖点，甚至麻木地迁走迁空原住民，招引商贩，导致民俗遗产失去鲜活的历史记忆，大量有价值的文化遗产在追求短期效益的行为下被破坏。乡村的民俗文化开发，落脚点应在于“要在开发中利用，保护历史文化遗产的真实，为远在大城市目睹城市化高速发展的人们，提供一个还原真实岁月印记的实体，了解并熟悉历史变革的文化进程”。

(五)古建保护忽视和谐,保护利用落入窠臼

目前,承载民俗文化因子的村落古建筑保护常常陷入既定模式,保护利用都被条条框框约束,既没有整体规划,又没有顾及自然形态。人之文明,无文相不生,无文脉不传;无文相无体,无文脉无魂。许多村落民居虽然略显破旧,但却是在长期与自然相处的过程中定型的,是人们生活经验和知识积累的结晶,这些建筑在新农村建设中应该得到更大程度的保护、传承、借鉴和发扬。同时,古建筑保护并不是让老百姓停留在陈旧的生活方式上,跟新农村建设脱节割裂,而是充分调动古建筑作为文化活动载体,发挥协调政治经济文化的作用,带动整个服务功能辐射,为老百姓的生活提供更多更方便的服务。

(六)村民保护意识薄弱,宣传教育力度不够

古代戏台有四个字"古文观止",它并不是说要老百姓去读古文。古代老百姓是通过看戏文,才了解做人该怎么做。有很多流传的民间故事,这些民间故事就反映了老百姓的善恶观,从中体会做人怎么做,什么叫"人在做、天在看",这样形成了一种自律。农民群众是美丽乡村建设的主体力量,但当前针对农民的宣传教育力度还不够,加上富裕起来的群众改善居住条件的愿望迫切,使得农民群众对保护历史文化遗产的认识反而比较模糊。乡和村两级是历史文化的直接管理者,有些同志的思想认识不到位,认为可有可无,甚至觉得是负担,或觉得是封建迷信,使得一些恶意拆毁古建筑、摒弃有益民俗活动的行为得不到有效的制止。

五、培育和弘扬杭州民俗文化的原则及对策建议

要推进杭州乡村民俗文化保护工作,就需要各级政府增强融入大局的意识、主动作为的意识、求实创新的意识,服务农村工作和农民群众。

(一)杭州民俗文化保护应注意的几个原则

民俗文化保护与发展的原则是尊重保护民之意愿,切不可只许"州官放火""秀才发酸"。

1. 保护传承与创新发展,以保护传承为主

在民俗保护过程中,应用辩证的眼光来看待传承与创新发展的关系。除保留本土民俗民风、文化根脉外,还应服务于和谐文化建设,制订出传统文化的保护规划,明确保护范围和保护重点,并认真付诸实施。创新发展要因地制宜,因项目内容而异。以桐庐县江南镇荻浦村为例,它积极做好古村落保护与新农村

建设相融合，重点开发了“古孝义”“古树”“古戏曲”和“古造纸”四大文化遗产。2012年，荻浦村旅游参观人数比前几年同期翻了三番，并成功入选第二批省非遗旅游景区（民俗文化旅游村）。

2. 政府与民间，以民间为主

目前，杭州许多民俗由民间团体举办，如元宵钱王祭、钱江观潮、新叶三月三等，淳安秀水节、西溪花朝节、吴山庙会、临安太阳东平王庙会等在内的民俗活动都是由政府操办。径山茶宴、九姓渔民习俗、西兴祝福等能否由杭州商会之类的新社会组织来承办？这样，资金根本不成问题，也用不着“买票入场”了。杭州商会遍布全国，应该发挥其优势。政府不主办并非政府不管理。总体方案尤其是安全方案等的制订、审定直至落实，政府都是责无旁贷的。不主办无非是从“主角”的位置退下来，成了“管理者”。这样，才能既保证民俗活动的“民间”性、多样性，又能保证其健康性、安全性。

3. 精英与草根，以草根为主

精英文化与民俗文化，自成体系又相互依存，代表着源与流的关系。杭州不仅要有西泠印社等雅文化，还要有周雄、罗隐等信仰文化。在民俗保护传承衍变过程中，以知识分子、艺术家等为代表的社会精英要尊重“民俗”本质、本真，尊重民众的习俗，尊重民俗文化的“土”与“俗”。

4. 营利性与非营利性，以非营利性为主

民俗活动是一种在民间长期形成并保留传承至今的“精神家园”。以杭州全市普遍存在的开光戏为例，开光戏不是一般的“娱乐”，而是一种带有一定“神圣性”的“娱神”仪式。这种带有“娱神”内涵的民俗活动，千万不要“产业化”，将其变成纯粹的商业活动。民俗文化有很多派生的目标，促进经济发展只是其一，但最根本的目标是为人服务，为构建人的精神家园服务。

（二）加强领导，认真谋划，深入推进乡村民俗保护工作

传统文化的延续和健康发展必然有社会群体的有力支撑，核心动力在于广大社群的文化自觉和文化实践。杭州今天进行的美丽乡村建设，也应该从梳理农村传统文化根基开始，努力寻找现代工业文明与农村传统文化的契合点，做好社群的价值引导工作，构建起适应新形势的新农村文化，将优秀传统文化与当代生活对接，使其既从乡土的土壤中萌发，又能在一定程度上指导新农村建设、提升农村居民素质，助推社会主义新农村建设。

1. 立足乡村的实际情况，建立农村优秀传统文化传承体系

丰富多彩、各具地方特色的传统民俗文化都保存着中国乡村传统文化因素，

展现出具有传统文化特色的价值和魅力。2013 年,杭州出台了文件《关于建设美丽乡村精品线路和精品区块的实施意见》和《关于开展历史文化村落保护利用的实施意见》的通知(市委办发〔2013〕9 号),提出了从 2013 年起至 2015 年,在培育建设 193 个中心村、250 个精品村、21 个风情小镇的同时,在全市农村重点建设 28 条左右美丽乡村精品线路和 14 个左右美丽乡村精品区块的目标任务。从实际情况来看,杭州地域文化源远流长,各地的差异很大。差异大,也就存在着有别于他人的特点和优势。各地只有紧紧地抓住这些特点和优势,量体裁衣,扬长避短,才能形成自己的特色。

对乡村民俗遗产来说,保护保全永远是第一位的,是无条件的;开发利用是第二位的,是有条件的。在解决如何传承这个问题上,首先要考虑与群众的日常生活紧密结合,与提升群众的文化素质紧密结合,充分发挥群众的积极性和创造性,根据群众的承受能力和意愿尽力而为,量力而行,循序渐进。其次要摸清家底和盘查梳理,分类指导,按照优先发展原则,对具有浓厚文化特色的资源进行转化,对一般性具有发展可能的文化不宜匆忙开发,以确保乡村原有文化的平衡。

2. 充分利用特色文化资源,积极组织好乡村民俗文化活动

文化就是生命力的张扬,表达自己的愉悦,表达自己的悲愤。那些民众自己参与的文化才算是彻头彻尾的公共文化。发掘民俗文化,传承乡村非遗,开展具有本地特色的文化活动,对建设社会主义和谐社会有着十分重要的意义。在组织农村基层的文化活动中,要充分利用各地的特色文化资源,开展具有本地特色的民俗文化活动,要注意统筹兼顾,做好组织协调工作。在服务对象上,要体现"以人为本"的服务理念,工作重心要下移。在活动形式上,要动静结合,广泛开展群众性活动,推出一批群众喜爱的品牌节目。要通过大规模的、持久的宣传教育,使之成为全社会的共识,成为全体公民的自觉行为,这样,非物质文化遗产保护工作才有雄厚的基础,才能做到可持续发展。

第一,尊重农村的文化习俗,尊重农民的精神追求,是加强党对农村基层工作领导的重要内容之一。开展具有本地特色的文化活动,挖掘、弘扬传统文化资源和非物质文化遗产,就是尊重农村的特色文化,尊重民风民俗,从而使党的领导获得有效的工作载体。

第二,开展具有本地特色的民俗文化活动,有利于促进农村传统文化的继承和创新。开展具有本地特色的文化活动所需的文化资源,如名人文化、民俗文化、民间艺术、人文景观、生活习俗等,挖掘和甄别这些传统文化资源,取其精华,去其糟粕,使优秀的传统文化得到继承和弘扬,村民足不出村就能得到先进文化的熏陶，使他们看得见，摸得着，家喻户晓，喜闻乐见。

第三，开展具有本地特色的文化活动，可以为地方文化创建品牌搭建平台，促进文化产业的形成和发展。通过特色文化的创作、演出、展示，可以为当地的经济发展注入新的元素，从而为农民群众增加收入拓展新的渠道。像桐庐的合村绣花鞋、余杭区中泰的竹笛、建德的倒笃菜等，都具有合理开发利用并发展为文化产业的基础，杭州应该积极引导农民群众，发展相应的产业。

第四，文化要走出去。文化只有在你展示了，别人接受了、认同了，你才能获得自豪感、自信心。据说“桐庐剪纸”“临安水龙”在国外表演时让老外都很疯狂，这种疯狂也渐渐反过来点燃国内对民俗的热情。这恰恰传递一个信号：最民俗的反而是最时尚的。

3. 加强文化人才队伍建设，保障乡村民俗的可持续发展

乡村民俗文化保护工作作为农村公共文化体系建设的重要组成部分，面临的困难很多，经费短缺、人才匮乏，都是客观因素。但是，事在人为，首先是人的精神状态、队伍的精神状态。如何克服困难，如何解决问题，如何发挥优势、因地制宜，这些东西是很值得大家思考和学习借鉴的。有为才能有位，文化建设、文化活动要摆上各地党委、政府的位子。首先，要让当地的党委、政府在决策当地重大社会建设、经济建设项目的过程中充分考虑到文化的作用和应有的地位。其次，要通过培训进一步扩大文化工作者的视野。很多工作，事先没有准备，到时候就可能错失良机，要弥补就非常困难。再次，要在其位谋其政，敬业爱岗，才能把事业做大，把事情做好。

人才队伍建设是乡村民俗文化保护工作可持续发展的根本保障。村级文化员队伍是农村文化建设的主力军，也是农村基层文化工作的生力军。杭州要充分发挥村级文化员队伍的积极性和创造性，为他们开展工作创造有利的条件和平台。今后，杭州要在民俗文化保护方面进一步发挥村级文化员的作用，继续抓好培训工作，组织优秀村级文化员的选拔推荐和表彰。进一步深化培训指导，根据工作需要和活动内容的需要，不断加大培训力度，提高培训深度，使他们不仅能完成基础性的服务工作，还能掌握当地的民俗资源，对民俗资源的发掘利用能提出建设性的意见和建议。

4. 依托文化大礼堂建设，打造群众薪火传承的精神家园

农村文化礼堂建设，是省委立足于进一步丰富农村精神文化生活，打造农民群众的精神家园，推动实现“两富”现代化浙江目标的重要抓手。文化礼堂建设的关键在于把政府建设文化礼堂的外部推动力转化为村民普遍的文化认同和内在需求。把文化礼堂从物质的外部形态转化为村民观念中精神和情感要素，这就要求在文化礼堂建设中提升精气神。通过两次全省美丽乡村保护工作中非遗保护工作现场经验交流会，在王淼同志带领下的浙江非遗人深刻认识到：建设文化礼堂，核心内容在于“文”，以文为灵魂，引领内涵发展；持久动力在于“化”，以“化”为功用，传递真善美；关键要素在于“礼”，以礼为规范，提升群众素质；重要特征在于“堂”，以堂为阵地，建设精神家园。

在文化礼堂建设中，杭州要把握机遇，乘势而上，把美丽非遗融入文化礼堂建设作为今后一个阶段杭州民俗文化遗产保护工作的重要内容和主要任务，积极打造各村的非遗展示馆，或在文化礼堂建有文化展示厅，通过美丽非遗与文化礼堂的融合，大力推进农村民俗文化保护工作的深入开展，将文化礼堂建成非遗文化遗脉薪传的主阵地，使各地优秀传统文化得到充分彰显和弘扬，使美丽非遗让美丽乡村更美丽。

5. 做好与旅游结合文章，使民俗文化更好地服务于社会经济

文化是旅游的灵魂，旅游是文化的重要载体。乡村旅游是在工业化、城市化、市场化“躁动”中生活的人们，对曾经有过且日渐消失的那种自然的、宁静的、传统的农耕文明的怀念、留恋与向往。“围城”中的人试图逃离“躁动”的城市，到乡村寻找宁静，寻找心灵寄托，接触“自然”、品尝“本味”、采风“乡土”、体会“民俗”、感悟“敬畏”、敬畏“自然”。民俗与旅游的结合，有助于推动民俗的传承保护，有助于扩大民俗的影响力，有助于促进旅游产业转型升级，有助于拉动内需促发展。重视和挖掘民俗文化的传承，不仅是建设“美丽乡村”的需要，也是拓展乡村旅游空间的需要。不仅是外在形态的改善和建设，更要重新唤起人们对自己家园的记忆和认同，实现传统乡土文化在当代文化环境中的复兴，建成传统文明和现代文明有机结合的美丽乡村。

当前，杭州民俗文化保护事业发展面临新的战略机遇期，杭州要充分抓住大有作为的黄金发展期，赢得未来发展主动权，着力推进民俗文化保护事业的“二次创业”“二次跨越”。杭州要紧紧抓住这个历史性的机遇，振奋精神，开拓创新，推进乡村民俗文化保护工作成果和成效，为杭州历史文脉的保护传承和弘扬光大做出更大的成绩。同时，也衷心祝愿陶渊明诗中“暧暧远人村，依依墟里烟。狗吠深巷中，鸡鸣桑树颠”的意境在杭州的美丽乡村随处可见。

参考文献

[1] 童芍素. 流淌的母亲河：浙江新农村建设中的民俗文化传承[M]. 杭州：浙江人民出版社，2007.

[2] 连晓鸣.保护温州拦街福的本真性[J].温州大学学报:社会科学版,2010(6).
[3] 高丙中.作为非物质文化遗产研究课题的民间信仰[J].江西社会科学,2007(3).
[4] 黄丹丹.论城市化进程中的民俗文化变迁[J].神州民俗:学术版,2010(1).
[5] 毛海莹.浙江地方民俗文化与外来文化互融研究[J].中共宁波市委党校学报,2005(4).
[6] 陈华文.论浙江民俗的演变轨迹及其特点[J].民俗研究,2008(2).
[7] 袁瑾.民俗场所精神的重建——记杭州清河坊历史文化街区保护[J].民间文化论坛,2005(4).

(本文写于2013年12月,系2014年《杭州蓝皮书·文化卷》第九篇的原始稿件,曾获浙江省文化厅非物质文化遗产调研报告优秀成果一等奖。)

杭州市非物质文化遗产宣传展示体系建设研究

非物质文化遗产虽然是无形的文化遗产，但必须通过有形化的载体来表现。本文概要总结了建设非物质文化遗产宣传展示体系之于杭州的意义，杭州非物质文化遗产场馆建设的基本特点、社会参与建设情况以及存在的不足，并提出了若干进一步加强杭州市非物质文化遗产宣传展示体系建设的建议。认为杭州非遗宣传展示体系的完善和建成，可以更加完整、系统地呵护杭州的特色文化，可以更加有效地改善民族艺术和文化遗产的生存环境，让非遗与生活更加紧密，进一步惠及寻常百姓。

一、前言

什么是非物质文化遗产？根据联合国教科文组织通过的《保护非物质文化遗产公约》中的定义：非物质文化遗产是指被各群体、团体，有时为个人视为其文化遗产的各种实践、表演、表现形式、知识体系和技能及其有关的工具、实物、工艺品和文化场所。

近年来，非物质文化遗产（如无特殊情况，以下均简称非遗）保护迅速在杭州全市形成热潮。非物质文化遗产的形成，归根结底来自于为了使生活更美好，民众日常生活审美化需求的选择。这在传统生活中随处可见，如喝茶有茶艺、茶道；饮食讲风味、菜系。非物质文化遗产保护是文化建设的基础性工作，是公益性文化事业的重要组成部分，是国家文化战略和中国特色社会主义文化发展道路的重要内容。因此，保护好非物质文化遗产，就是传承好民族文化的文脉。

《老子》有云："惚兮恍兮，其中有象。恍兮惚兮，其中有物。窈兮冥兮，其中有精，其精甚真。"非物质文化遗产虽然是无形的文化遗产，但必须通过有形化的载体来表现，同时也一定要依附于某一活动场所或空间。这一活动场所或空间就成为非遗设施。非遗设施一般可以定义为：通过展示、交流、传习、培训等方式开展非物质文化遗产保护、传承、利用的活动场所和空间。非遗设施存在非物质文化遗产馆、专题展示馆（中心）、传习所、茶馆（书场）、剧场、主题公园、历史文化街区等多种形态。

在我国加入《保护非物质文化遗产公约》11周年之际，非遗设施对非物质文化遗产的保护，无论是理论还是实践都有了很大的发展和不同的尝试。构建具有现代意义的非遗宣传展示体系对于推动杭州建设国际风景旅游城市、共建共享与世界名城相媲美的“生活品质之城”具有至关重要的意义。同时，非遗宣传展示体系的构建是项综合性工程，它的主体任务就是在城市现代化的发展中，通过整合非遗保护基础设施资源，延续这一活态文脉，让城市使我们的生活更美好。这是一个急需解决的，比静态的物质文化遗产保护和传播似乎更为紧迫的问题。

非物质文化遗产保护是千秋万代的事情。保护工作的长远性，决定了我们要采取稳健扎实的、与人民群众的生活生产密切结合的发展方针。我们不能设想非遗保护再有10年或者20年就保护得很好，这是不可能的。党的十八大以来，习近平总书记关于继承弘扬优秀传统文化发表了一系列重要讲话，强调要“让居民望得见山、看得见水、记得住乡愁”“让收藏在博物馆里的文物、陈列在广阔大地上的遗产、书写在古籍里的文字都活起来”“要像爱惜自己的生命一样保护好城市历史文化遗产”。习总书记关于传统文化高屋建瓴的论述，为我们保护、传承、弘扬和传播非遗指明了方向。

非遗宣传展示体系的构建，一个很重要的途径，就是要以人为本，注意城市化发展中，对与人相依的非物质文化遗产生存和延续可能带来的各种障碍危害的消除和有利其发展机制的修复弘扬，关注其在城市的变迁中合理变异带来的传统重构或创造。因此，建设好非物质文化遗产的宣传展示体系，构建以人为本，孕育构建现代与活态遗产和谐共荣的生存空间，做好非物质文化遗产的保护、传承和传播工作，将是一个重要课题。

鉴于非遗设施对于非遗保护事业的基础性作用，本文仅从非遗设施角度探讨杭州市非遗宣传组宣传展示体系的构建。

二、建设非物质文化遗产宣传展示体系的背景和意义

保护非物质遗产就是保护一个国家的民族文化特性，进而保护人类文化的多样性。尤其在工业化进程中，在全球化日益加速的情势下，保护非物质文化遗产的迫切性不言而喻。近几年，随着世界范围内对非遗保护问题的重视，大家对其关注和热情日益高涨。我国非遗保护工作仍处于起步阶段，国家政府已出台了一系列的保护措施。2011年2月25日全国人大常委会正式通过《非物质文

化遗产法》，标志着我国的非遗保护事业进入了新的高峰，我国非遗保护已经形成了全方位多层次这样一个格局。

鉴于非物质文化遗产的独特性，其保护方法得到学术界普遍认可的主要有两种：一是在其产生的原始氛围中保持它的活力，主要通过保存非物质文化遗产最核心载体的“人”对它的“使用”来延续非物质文化遗产的存在——在实际保护工作中，体现为“传承人”这一概念；二是将其转变为有形的形式，即从无形化到有形化，也被称为“记忆工程”，用录音、录像、文字记载等方式将非物质文化遗产的内容加以记录存档，并进行长久保存。目前，建设非遗博物馆来保护非遗资源的方式在全球广泛使用，我国从省到市再到县几乎都有自己的非遗博物馆。

各地的非遗馆有如散落的珠子，随地乱滚，非遗宣传展示体系就是那根柔弱又强韧的细丝。做好非遗宣传展示体系建设是履行联合国教科文组织相关义务，信守国际承诺的具体表现；是贯彻党的十八大提出的“建设优秀传统文化体系”精神，加大公益性文化基础设施建设的实际行动；同时，它也是落实国家非物质文化遗产保护相关政策，提升我国非物质文化遗产保护水平的关键举措。

为此，各级政府层面对建设非遗设施都做了一定的引导工作。在国家层面，《中华人民共和国非物质文化遗产法》、国务院办公厅《关于加强我国非物质文化遗产保护工作的意见》（国办发〔2005〕18号）和国务院《关于加强文化遗产保护的通知》（国发〔2005〕42号）等文件都要求“提供活动和表现的场所和空间，促进非物质文化遗产的传承”。为指导各地加强非遗设施建设，国家发展改革委联合文化部等部门编制了《国家“十二五”文化和自然遗产保护设施建设规划》（发改社会〔2012〕1549号）和《国家非物质文化遗产保护利用设施建设实施方案》（发改办社会〔2014〕949号）。在省级层面，《浙江省非物质文化遗产保护条例》《浙江省非物质文化遗产保护“十二五”规划》《浙江省公共文化设施建设“十二五”规划》等都针对建设非遗设施做了明确要求。

而在我市层面，《杭州市政府办公厅关于加强我市非物质文化遗产保护工作的意见》（杭政办函〔2006〕217号）指出：“充分发挥图书馆、群艺馆、文化馆、博物馆、科技馆等公共文化机构的作用，有条件的地方可设立专题展示中心。”“各公共文化机构及经政府文化行政部门授权的有关单位可以征集非物质文化遗产实物、资料，并予以妥善保管。要采取有效措施，防止珍贵的非物质文化遗产实物和资料流出境外。”

城市是人的寓所，是人的精神家园，单纯追求精心打扮的外观美，并没有真正触及城市形象的内在本质。城市之间在经济、科技等所有领域的竞争，最终起决定性作用的是城市文化。衡量一座城市发展是否健康的标准首先并不是规模，而是保持城市文化特色的程度。在美丽杭州建设中，部署和推进非物质文化遗产宣传展示体系建设，至少有这样四方面的重要意义：

一是加强非遗馆建设，有利于优秀传统文化的弘扬与传承。通过非遗馆建设，集中保存和展示当地的优秀非物质文化遗产，可以弘扬一地的优秀传统文化，让广大公众在参观学习中认知、感受非物质文化遗产的魅力，有利于增强群众的文化认同感，唤起民众的保护与传承意识。

二是加强非遗馆建设，有利于提升区域文化软实力。实践证明，一座设计良好、展示丰富的非遗馆，能让民众在最短的时间内直观地了解当地历史、文化，成为展示区域文化形象的亮丽名片，在社会产生广泛的影响，成为一地文化软实力的重要标志。如桐庐县的民间艺术剪纸馆，充分利用场地优势和资源优势，做足、做透、做精地方非物质文化遗产项目的展示，成为桐庐县对外宣传的窗口和城市文化名片。

三是加强非遗馆建设，有利丁推动当地经济的发展。河坊街和余杭区双溪禅茶文化一条街，已经成为促进当地乡村旅游业发展的重要支撑。临安市诸如山核桃体验馆、鸡血石雕艺术馆、钱王根艺馆等一批非物质文化遗产展示馆群，与当地特色经济发展紧密联系，扩大了对外宣传。淳安县三百六十行老物件文博园与千岛湖旅游融为一体，增强了旅游的文化内涵，为旅游业注入了活力。

四是加强非遗馆建设，是传承优秀传统文化，建设文化大市，实施共享文化发展成果的文化惠民工程的具体体现。非遗保护的根本出路在于唤醒全体国民的文化自觉。非遗宣传展示体系的完善是民众参与保护传承活动，共享文化成果的必然要求，是促进杭城人文素质提高和精神文明建设的有效手段。

总之，杭州非遗宣传展示体系的完善和建成，可以更加完整、系统地呵护杭州的特色文化，可以更加有效地改善民族艺术和文化遗产的生存环境，让非遗与生活更加紧密，进一步惠及寻常百姓。同时，它必然也是杭州民族艺术走向世界，生动展示杭城形象的金名片。

三、杭州市非物质文化遗产宣传展示基地建设概况

杭州历史悠久、人文荟萃、百工兴盛，文化底蕴深厚，非遗资源非常丰富。2007 年 11 月，市政府部署了全市非物质文化遗产普查工作，13 个区、县(市)及西湖景区和下沙开发区近 16000 名普查员，按照“四不漏”(不漏线索、不漏种类、不漏村镇、不漏艺人)的要求，依靠“五老”(老干部、老教师、老工匠、老艺人、老土地)，经过近一年的努力，共摸排非遗线索 428966 条，调查登记项目 30168 项，其中新发现项目 18542 项，登记重要传承人 12869 人，征集到非遗实物 4165 件，汇编普查资料文字档案 714 卷，音像档案 2486 盒，照片 15686 张，录像 1729 盒。

同时，在非遗资源普查的基础上，杭州市建立完善了人类、国家、省、市、区县(市)五级非物质文化遗产名录体系。现有人类非遗名录3项，分别是“中国篆刻”，作为“中国蚕桑丝织技艺”子项目的“余杭清水丝绵制作技艺”“杭罗织造技艺”，以及作为“古琴艺术”子项目的“浙派古琴艺术”；国家级非遗名录44项，居全国同类城市第一；省级名录167项，遥居全省榜首；此外，还有市级及区、县(市)级名录703项，其中杭州市级名录334项。杭州也正是因为丰富多彩的非遗资源，才有了个性生命的搏动。

在市委、市政府的领导和重视下，杭州非遗宣传展示基地得到长足推进。据不完全统计，各地已建有不同类型的具有一定规模的非遗展示场馆53个，初步形成了非遗展示馆网络。还有一些地方正在积极筹建，如桐庐县合村乡正在积极筹建绣花鞋馆，占地2400平方米，将成为合村乡的集镇新区和游客参观购物的一个新景点。此外，杭州还拥有国家非遗研究基地1个，国家非遗生产性保护示范基地1个，省高校非遗研究基地6个，市非遗生产性保护示范基地17个，以及传承教学基地10个。非遗设施已成为杭州各地地方非遗资源集中展示的空间、非遗项目活态传承的基地，成为弘扬优秀传统文化的重要载体、大中小学生爱乡爱国教育的课堂、城乡居民寄托乡愁的精神家园，也成为现代社会文明进步的重要标志。

(一)杭州市非遗场馆基本特点

杭州市非遗场馆在建设理念、建设类型、建设途径以及布展手段、运作管理、功能发挥等方面，呈现出了四个鲜明的特点：

一是类型多样。既有如杭州市非物质文化遗产展示中心、杭州市工艺美术博物馆、江南水乡文化博物馆这样的综合场馆，也有如中国茶叶博物馆、中国丝绸博物馆、中国印学博物馆这样的专题馆，以及临安青柯鸟笼馆、钱王根艺馆、余杭纸伞展示馆这样的专项馆。有展馆面积在四五千平方米的大型场馆，也有占地仅一二百平方米的微型陈列室。位于滨江奥体中心的杭州市非物质文化遗产展示中心，规划面积3.32万平方米，投资4.15亿元，将建成全国领先的非遗文化体验、传承和创意基地。

二是主体多样。各地非遗馆建设主体，有政府投资举办的，有企业投资创办的，有村级集体经济建设的，还有个人设立的。由政府主办的诸如苏东坡纪念馆、岳王庙、京杭大运河博物馆等；由企业创办的诸如江干区万事利非遗展示基地、杭罗展示厅，下城区都锦生织锦馆、小巷三寻土布生活体验馆，临安山核桃文化体验馆，建德市江南亲传统榨油技艺展示馆、严东关五加皮酿酒技艺展示馆；由乡(镇)村集体创办的诸如临安青柯鸟笼馆、板桥镇上田村非遗展示馆，淳安鸠坑茶博馆、王阜八都麻绣馆，余杭仓前宋家山非遗展示馆，富阳“活金死刘”民俗馆等；个人设立的则有富阳市陈志贤竹刻艺术馆、杭州十竹斋艺术馆等。

三是门类多样。杭州的各级各类非遗馆，展示主题鲜明，内容丰富，涵盖了非物质文化遗产保护的全部十大种类，特别是已列入国家级、省级保护名录的项目均有不同方式展现。民俗风情馆、戏剧曲艺馆、手工技艺馆、工艺美术馆、中医文化馆等等不一而足，它们紧紧围绕非物质文化遗产的形态特征建设布展，从不同角度阐释了非物质文化遗产的绚丽斑斓和多姿多彩。还有不少展馆立足当地实际，凸显地域特色，如桐君中医药文化展示馆、中国三百六十行老物件文博园、华宝斋中国古代造纸印刷文化村、洞桥镇大溪农耕馆、张绍富骨科陈列馆、百姓书场等，成为杭州非遗基地建设中的亮点。

四是功能多样。在杭州已经建立的非遗展示场馆中，有以保存资料为主的，如朱炳仁铜雕馆、钱王根艺馆、杭州萧山南宋官窑艺术馆、天石微雕艺术馆；有展示和展演并举的，有教育和研究功能相融合的，如桐庐民间剪纸艺术馆、王星记扇传承展示中心；也有由行业协会创办，有行业交流、产品发布等功能的场馆，如萧山区萧然花边艺术馆等。这些展示馆充分运用了普查的大量第一手资料，展示内容不仅史料实物丰富，而且图片音像精彩，在面向社会大众弘扬优秀传统文化，共享民族精神家园上发挥着很大的作用。

（二）社会力量参与非遗基地情况

社会力量参与非物质文化遗产保护，是建设优秀传统文化传承体系不可或缺的重要力量。近年来，杭州积极推动社会力量参与非遗保护事业，鼓励社会力量根据自身条件参与非遗保护，建设非物质文化遗产展示馆（室）和传习所、开展非遗会展和创作非遗影视等。以余杭区为例，目前拥有社会力量举办的非遗展示馆（室）15 个，总投资 1218.5 万元，与非遗项目相关的民营生产性企业 151 家，总投资 6240 万元，民间非遗传承作坊 56 个，恢复省级民营老字号企业 3 家；社区、村建立优秀非遗项目传承基地 17 个，学校创办的非遗传承教学基地 10 个；拥有非遗业余传承骨干团队 348 支，16300 余人，各级非遗传承人 97 名，非遗保护志愿者和民间骨干 1300 多名，形成了人人都是文化遗产主人的良好氛围。比如，余杭区有一位原经营轻纺业的民营企业主，将企业经营所积累的 700 多万元资金投资建造非遗展示馆，并出资近百万元，走遍运河沿线城市和乡村，收集民间糕模 1500 余件、民间生产生活桶具近百件，创办了“江南民俗糕板馆”，弘扬地域文化。

又如杭州本土发展起来的企业华立集团，它位列中国企业集团竞争力 500 强、全国民营企业 500 强。毗邻西溪湿地三期的华立科技园占地 600 亩，经过集约化使用，尚有空置场地200余亩。根据市里的意见，华立集团拟将相关区块打造成工业用地提升改造的典范，计划根据各非遗项目的需求特点，量身定制融合传承、传播、培训、商务、教育、旅游等功能于一体的非遗博览园，立足杭州，放眼全国乃至世界，以此来打造以非遗为核心的文创产业服务平台，为杭城增添一张金灿灿的城市名片。在杭州非物质文化遗产保护中心的牵头下，余杭区非物质文化遗产办公室、杭州十竹斋艺术馆、陈水琴大师工作室、杭州利民服装厂、杭州福兴丝绸厂等多家单位与华立集团举行了对接会，共商如何利用社会力量的资源，为非遗传承破解缺乏场地和服务平台的课题。

2014年6月，为充分发掘和合理利用优秀非物质文化遗产资源，积极拓展社会各界参与非物质文化遗产保护事业建设的渠道，推动杭州市非物质文化遗产宣传展示载体建设，杭州市文广新局开展了第一批杭州市非物质文化遗产宣传展示基地申报认定工作，并在10月初公布了杭州十竹斋艺术馆、桐君中医药文化展示馆等20个基地。同时，市文广新局针对不同建设理念、建设类型、建设途径的非遗馆采取相应的引导和规范措施，进行分类指导，进一步完善非遗宣传展示体系。

社会力量参与非遗宣传展示基地的建设，不仅有效保护了非遗本身，同时也使一大批民间艺人进一步得到社会的尊重，形成了非遗主体回归的生动局面。同时也促使我市非遗保护职能部门由“包办型”向“服务型”转变，进一步推进了非遗保护事业的社会化。

四、杭州市建设非遗宣传展示体系存在的不足

近几年杭州之所以出现非遗设施建设高潮，一方面与我国综合国力增强有关；另一方面，也与十五大以来，党和国家对文化事业发展的大力推动有关。值得注意的是，现在各地政府虽然加大了对文化设施建设的投入，但非遗馆为什么要建、如何建、建成什么样，往往由政府决定。而且由于缺乏科学和长远规划，“买得起马备不起鞍”，重建设轻经营，缺乏专业人员和经费的运营，一些非遗馆成了装点门面的摆设。非遗馆建设还有许多需要摸索的地方，还需要我们进一步探索和实践。

(一)综合性的场所缺乏

近年来，市政协委员戚晓光等提出了“建设非遗博览园”的提案，认为我市急需建设一座面积大、容量大、功能全、品位高的综合性非遗展示场所，作为补充现有大型公共文化服务体系的设施，受到多位委员附议。从全市层面看，综合性非遗展示场馆方面，仅有市文广新局正在筹建的位于滨江奥体中心裙房的杭州市

非物质文化遗产保护展示中心。扣去车库和库房，实际展示面积不到18000平方米。而杭州市现有44个国家级名录项目当中，至少有21个项目没有展示平台，167项省遗中，没有展示平台的比例则更高。即使有展示平台的非遗项目，大部分也是以单个项目为主的专题馆形式出现，规模小，内容少，缺乏特色。场地的局限性造成展示项目的局限，更多能代表杭州文化的项目很遗憾没能展示。作为世界手工艺之都的杭州，建设综合性非遗设施有其必然需求，可以有效提高杭州全方位的竞争力和杭州人对自己的文化认同。

(二)建馆容易守馆困难

目前，许多非遗馆经营面临建馆易、守馆难、发展更难的困局。一是资金短缺。由于缺少财政支持，许多非遗馆只能依靠自己运作，一些非遗馆维持正常运转都比较困难。有大企业支持的可能会好一些，但大部分乡村非遗馆、个人办的馆都处于自生自灭的状态。二是没有身份界定。大部分非遗馆现在仍没有统一的身份界定，面临着私人收藏到公益文化的角色转化。它们藏品的所有权和来源可能都是非法的；但法律又鼓励私人收藏，并允许它们本身作为收藏机构的存在。如江南民俗糕板馆、余杭纸伞展示馆、钱王根艺馆等，它们都是作为企业形象推广需要或者依靠传承人文化情怀建立的，就场馆而言并没有独立的法人，因此无法享受税收、土地等方面的优惠政策。三是缺乏技术支撑。一些地方往往建馆热情有余，对经营风险认识不足。建设的非遗馆不具备规模效益、不够专业水准、不适应观众需求，日常所需的维护、管理等都存在较大困难。

(三)社会教育功能缺失

一个非遗馆的经营状况不在于收藏多少东西，不在于研究水平如何，关键在于是否鼓励公众参与学习，以及在传播知识方面发挥的效力如何。在杭州，许多非遗馆经营理念上有一个误区，即主要扮演“文物仓库”的角色，工作重心是非遗实物的收藏，对如何为社会和公众服务往往不够重视。所以，虽然每年举办的展览和体验活动数量不少，但其所提供的文化产品质量都明显偏低，再加上整体的展览水平低，部分展览学术味太重，老百姓不感兴趣，也看不懂；很多非遗馆的展览常年不换，观众随人流匆匆转一圈，依次将陈设的展品看过去，是什么、叫什么、有什么用途，过目即忘，进去一次后不再想去第二次。此外，各地非遗馆普遍存在“重展不重教”的问题，应配合展览和研究开展拓展性的教育活动，形成与学校、社区长效性、规模化的教育联动机制，充分发挥“第二课堂”的功用。

(四)运行缺乏成熟模式

社会发展中的，家园感是通过集体记忆来加以维系的，它依赖于种种仪式性的表演、躯体动作和纪念活动来维系。非遗馆的展示，要见物，更要见人，还要见精神。这是非遗的特性所决定的，这也是非遗馆与文物馆的本质区别。因此，非遗馆建设，就是要营建一种安宁舒适和谐的家园感，只有通过深入挖掘特定历史感和认同感的文化基因，才能凸显差异，避免重复，建构独特形象。现代城市的公共空间大多数已经不适合非物质文化遗产存在。在非物质文化遗产的保护中，需要了解生态环境与民众的情感联系，而不只是这些泛泛的普及性知识介绍。非物质文化遗产一旦脱离了原有的、整体性的文化结构，就会成为缺乏深层意义和内在逻辑联系的文化碎片。非遗馆，要大量策划特展，从选题到内容到形式，根据观众的兴趣，结合社会热点等设置特展主题。每个展品背后都有一段传奇历史，观众在博物馆走马观花并非对历史不感兴趣，关键要用通俗、生动的讲解方式让游客感兴趣。

(五)专业人才严重缺乏

非遗馆不是建一个房子就完事，有着很强的专业性，需要专业人才队伍支撑和经营。但目前非遗专业人员仍以保管和研究为主，非遗展示教育和创意型人才严重缺乏。整个非遗事业的发展和人才之间有四个不适应。一是人才及从业人员的数量与博物馆建设的数量不适应。每年培养的专业人才的数量远远不能满足非遗馆数量快速增长后对从业人员数量上的要求。第二，非遗保护从业人员的专业素质和技能不能满足非遗保护事业的发展需要。目前非遗中心很多从业人员都是半路专家，缺乏专业知识，甚至不少中心主任都是文化馆等其他部门的领导转任的。主任尚且如此，更何况其他普通员工。三是从业人员的专业素质和所培养的人才的专业素质不能适应非遗馆宣传教育等功能的转换。四是招聘非遗专业人员被纳入事业单位统招统考，从业人员专业素质更是难以保障。

五、关于进一步加强杭州非遗宣传展示体系建设的建议

各地博物馆建设，已经有了比较成熟的模式的规范，而非遗展示馆建设，相对是一项比较新的工作任务，总体上还缺乏比较明晰的模式和规范，还需要在实践中积极探索。

(一)加强认识，摆上重要议程

各地要增强非遗展示馆建设的责任感、紧迫感和使命感，要把非遗馆等基础设施作为“十二五”期间非遗保护工作的一项重要建设任务，与文化馆、图书馆、博物馆建设放在同等重要的地位，融入经济社会发展的大格局之中。各地文化部门要积极争取，当好党委、政府的参谋，做好规划设计和可行性报告，积极推进

非物质文化遗产展示馆建设。以项目保护单位和传承主体为依托，在非物质文化遗产密集区、旅游开发区、国家级文化生态保护实验区规划建设一批综合展示传习中心，以满足非物质文化遗产保护对设施建设的迫切需要。通过实施建设规划，推动非物质文化遗产生产性保护，探索非物质文化遗产保护利用设施运营管理的新模式，建立健全相关政策法规和工作机制，使非物质文化遗产在加快经济发展方式转变、促进农村劳动力就业、带动现代服务业发展、培育国民经济新的增长点等方面，发挥更大作用。

(二)分类研究，注重地方特色

对于非遗设施建设，非物质文化遗产的载体空间塑造是重要内容。杭州应该进一步加强非物质文化遗产的分类研究，通过科学的评估体系，建立完善的非物质文化遗产载体空间设计方法。各地在建设非遗展示馆建设中，要突出本地和本区域特色，从非物质文化资源的分布状况出发，从各地实际出发，兴办一批特色鲜明、主题突出的专题非遗展示馆，要围绕特色，提升现有非遗展示馆的水平，立足本土，在"特"字上下功夫，在"专"字上做文章，在"新"字上求突破。在展示内容上，各地要有各地的特色，要最大限度地考虑非遗展示馆的功能发挥。在建筑设计上，要注意与非遗展示馆主题相协调，实现建筑美观和功能实用的有效统一。

(三)探索创新，形成多元格局

非遗馆建设是一个探索性的课题，缺少现成的模式，各地要在建设的体制、机制、运行模式、保障等方面，进行大胆的探索和创新，不断提高服务社会的能力和水平。要积极鼓励和支持其他行业和民间资金参与非遗展示馆建设，形成多元发展的格局。非遗馆建设，既要有一定的规范与标准，又不强求一律。总的来说，市、县级提倡建设综合性的展示馆，有一定规模，有一定的场所，充分发挥历史街区、城市雕塑、城市公园的作用。积极鼓励和扶持乡镇街道、村(社区)建设专题性的非遗展示馆。同时，应以文化礼堂建设为契机，积极推进非遗馆建设。乡村文化礼堂建设，是浙江近几年公共文化服务体系建设的重点之一，杭州要把优秀的传统文化融入文化礼堂，成为构建社会主义核心价值和对广大群众进行思想道德教育的重要场所。

(四)增强体验，提升场馆作用

非遗展示馆建设的目的是为了更好地发挥非遗展示馆在传播、传承、弘扬中的独特作用，服务于经济社会发展，服务于人民群众精神文化生活需要。各地要积极探索非遗馆建设的长效管理机制，在提升非遗展示馆硬件建设水平的同时，把合理利用、完善内部功能，放在更加优先的位置，不断增强展示馆的吸引力、亲和力和感染力；要广泛征集展品，不断丰富展示内容；要经常推出一些主题鲜明的专题展览，尽可能地满足群众的多方面需求；要坚持知识性与娱乐性相结合，非遗藏品与历史故事相结合，陈列展示与现代科技相结合，让枯燥的非遗专业知识生动化，创造一个亲切、随和的展示氛围；要强化群众的参与性和互动性，使观众身临其境、参与其中，将展览与观众之间、传承与传承人之间，成为互相交流的“双向”互动，提升非遗展示馆的社会关注度，充分发挥非遗展示馆的社会教育、传播、弘扬功能，发挥丰富人民群众精神文化生活的积极作用。

（五）形成网络，提高服务水平

文化是旅游的灵魂，旅游是文化的载体。非遗旅游的融合，扩大了优秀非遗项目的影响力，让更多的观众和游客感受乡风民俗，也充实和丰富了旅游的内容，让旅游景区（景点）洋溢和散发独特的魅力。可以将非遗展示馆带入旅游项目。杭州应进一步把非遗展示馆形成网络，重点开发双溪禅茶文化一条街、塘北村蚕桑生产民俗生态区、合村绣花鞋馆等非遗旅游项目，把乡村非遗展示馆串联起来，打造非遗旅游精品线路，围绕线路推精品、树品牌、抓宣传、强服务。要从参观者心理出发，对非遗馆的内容与产品体系进行有机创新，增加参与性、体验性设计，生产寓教于乐、喜闻乐见的产品。强调保护以物为本、服务以人为本，增加人性化服务提高非遗馆的服务水准。

（六）发挥优势，建立造血机制

非遗馆一般都占有重要的文化资源、设施资源和区位资源，这些资源在免费服务观众的基础上，即在不占用公共文化产品供给的前提下，利用非遗知识、历史知识、文化知识、科研成果为资本，吸纳商业财团、企业集团、社会各界组织和人士到非遗馆的经营中来，可开展拍卖、会展（临时性展览）、场地出租、图书出版与销售、纪念品开发与经营等活动。在此基础上，在主题餐饮、特色购物方面创造吸引力，重新开辟和融入面向外地游客的旅游市场之中，增加非遗馆的商业化收入，所得利润用于购买更多藏品和对旧有藏品进行维修保养与体验性展示。

参考文献

[1] 关于印发国家非物质文化遗产保护利用设施建设实施方案的通知，发改办社会〔2014〕949 号.

[2] 王淼.借鉴安吉模式，加快乡村非遗馆建设——在非遗展示馆建设安吉现场会上的讲话，风生水起——浙江省非物质文化遗产保护的生动实践[M].杭州：浙江人民出版社，2012.

[3] 吕倩，葛幼松.城市景观特色视角下的非物质文化遗产保护探索[J].小城镇建设，2009(10).
[4] 叶丽宝.创建非物质文化遗产馆的必要性和紧迫性[J].兰台世界，2012(8).
[5] 黄卫琴.安吉县倾力打造“没有围墙的乡村非遗馆”[J].大众文艺，2011(5).
[6] 焦雯，苏唯谦.浙江步入文化“四馆”时代[N].中国文化报，2014-02-24.

（本文写于2014年12月，系2015年《杭州蓝皮书・文化卷》第一篇的原始稿件。）

杭州市传统工艺发展现状及对策建议

作为百工之乡，传统工艺事关杭州文化的战略格局。杭州应将城市的发展与保护传统工艺建立起一种相互依赖的协调关系，使传统工艺成为杭城无可替代的重要财富，成为“美丽杭州”建设重要的基础，成为城市可持续发展的文化资本和动力。本文系统介绍了杭州传统工艺的发展现状、面临的问题和挑战，并对进一步做好传承和复兴杭州传统工艺提出了一定看法。

传统工艺是指世代相传，具有百年以上历史以及完整工艺流程，采用天然材料制作，具有鲜明民族风格和地方特色的工艺品种和技艺。工艺美术，则是传统工艺之花，凝聚着传统工艺最高的技艺和人文价值。作为非物质文化遗产的重要组成部分，传统工艺已成为国家文化事业的一个重要组成部分和具体实践领域。

传承与复兴传统工艺，事关百工之乡杭州的文化战略格局，对于文化遗产的保护、文化创意中心的打造，以及产业的转型升级等都具有积极的意义。如何以文养文，以文兴文，促进传统工艺保护和发展的良性循环是当下文化领域的重要课题。有鉴于此，杭州市社科院受市决咨委委托，对杭州传统工艺复兴与传承这一重大课题进行了深入调研，并形成了此报告。

一、杭州传统工艺发展沿革

杭州文化底蕴深厚，传统工艺历史悠久，在几千年的历史进程中，杭州先民们留下了极其丰富而优秀的传统工艺遗产，其总类之繁，数量之多，内容之丰富，形式之多样化和创造性之高，在我国乃至世界工艺史上也是独树一帜的。

（一）新中国成立前：影响深远

七八千年前的跨湖桥和四五千年前的良渚，杭州的先民们就以自己的聪明才智，制作出了精美的玉雕、黑陶、瓷豆等。南宋时，设在开封的官办作坊，携带先进的设备与技术迁至杭州，名噪一时的文人、艺术家与各行业高手会集于此，创造了繁荣的南宋文化。明清时期，杭州传统工艺得到了持续发展，不但开拓了新的生产领域，而且也成功地转变生产方式。除丝绸业和茶叶业外，以杭扇、杭线、杭粉、杭烟、杭剪等五种杭州传统手工业产品为代表的“五杭”最为著名。

经过千百年的流传，杭州传统工艺文化积淀深厚，以其技艺精湛、品种丰富、独具民族神韵和地域特色而享誉国内外。比如杭州素有“丝绸之府”的美誉，历来是中国丝绸的设计、生产和商贸中心。作为中国最著名的茶叶产区之一，西湖龙井茶位居中国十大名茶之首。作为“南宋官窑”瓷的生产、集散中心，官窑位居宋代“官、哥、汝、定、钧”五大名瓷之首。同时，杭州拥有一大批百年老字号品牌（企业），为国家培育了众多的工艺美术大师，如都锦生织锦、西湖绸伞以及王星记扇子、张小泉剪刀等。此外，杭州还拥有中国历史上第一个印学社团“西泠印社”。

在杭州的街巷中，至今仍留有许多老地名，为我们记录了当年传统手工作坊集中分布的区域。如鼓楼附近有“打铜巷”，当年是一条铜铺林立的小巷，尤以“响铜”出名。“盔头巷”原在官巷口东边，是戏剧盔头的生产经营集中地。此外，还有“团子巷”“珠宝巷”“锦绣弄”“缸儿巷”“染坊弄”“扇子巷”等，为我们勾画出一幅昔日杭城手工艺的繁荣图景。

（二）新中国成立后：步入轨道

新中国成立后，杭州市委、市政府对传统工艺行业热心扶持，招回了民间艺人，采用提供原料、加工订货、技术指导、低息贷款、税收优惠等多项措施，帮助行业恢复。即使在三年国民经济困难时期，市委、市政府对有特长的艺人也十分关心，参照对待高级知识分子的生活待遇，对他们的生活予以特殊照顾。

改革开放以来，杭州传统工艺在继承传统技艺的基础上又有新的发展，如铜雕；一些传统工艺焕发了青春，如万缕丝（萧山花边）等；部分曾经失传的传统技艺得到恢复，如南宋官窑瓷、丝绸画缋等；也涌现了一批采用高新技术开发的新的传统工艺品种，如金铂装饰画等。

20 世纪 90 年代杭州传统工艺经历了整个行业的低落，经济体制改革、产业结构调整，企业面临着新的机遇和挑战。许多企业在激烈的市场竞争中，出现了经营萎缩、技术队伍老化，一些企业破产甚至关停并转。不经意间，许多承载着杭城情感和记忆的手工艺悄然间从生活中消失了。

（三）新时期：焕发青春

2002 年以来，杭州市二轻系统所属国有工艺企业陆续进行改制。杭州王星记扇厂、浙江美术地毯厂、杭州工艺美术研究所等通过企业改制，重新展现了活力。以杭州金星铜工程有限公司、华宝斋富翰文化有限公司、杭州中纺技术开发有限公司、萧山抽纱花边有限公司、杭州敦煌工艺品厂等为代表的一批民营企业迅速崛起，在市场竞争中发挥其体制优势，充满活力。民营企业异军突起，已经成为杭州传统工艺行业的新兴力量。

同时，2000 年以来，通过非物质文化遗产保护这个平台，杭州传统工艺领域的保护、搜集、整理和研究工作被提升到了一个更高的理论和学术层面，民间艺人的社会地位也得到大幅提升。

二、杭州市传统工艺的基本现状

今日，杭州在国家战略层面的地位日益凸显。不仅有“4＋6”的国家战略举措，而且在“一带一路”、长江经济带等国家战略布局中具有不可替代的地位。目前，工艺美术已经列入杭州十大特色潜力行业，西湖绸伞、昌化鸡血石雕、杭绣、织锦、萧山花边、毛笔、铜雕等 33 个项目被列入杭州市传统工艺美术的重点保护品种和技艺。除了以上工艺品种外，萧山萝卜干、东坞山豆腐皮制作、青溪龙砚、青柯鸟笼、临安竹盐、建德倒笃菜等众多影响力相对较小的传统工艺也列入了非物质文化遗产名录。传统工艺约占非遗总数量的 40%，各级非遗名录中传统工艺的比例如表 1 所示。

表 1　各级非遗名录传统工艺比例

级别	非遗数量	属于传统工艺范畴	比例
国家级	44	17	38.6%
省级	167	71	42.5%
市级	289	123	42.6%

(一)产值及分布情况

目前，杭州工艺美术竞争力排在全国前十的位置。2014 年，杭州工艺美术行业的产值近 140 亿元，约占杭州 GDP(9201 亿元)的 1.5%。全市范围内已形成了花边、扇艺、刺绣、织锦、窑瓷、陶瓷、石雕、铜雕、木雕、剪纸等门类比较齐全的民间传统工艺精品体系，竹纸、竹笛、殿堂壁画、传统医药、传统餐饮、名优特产等链条较为完善的非遗产业集群。在大杭州范围内，现有 3 个历史街区、2 条特色公益街、50 多个非遗场馆。初步形成了以“鼓楼—大井巷—安荣巷—杭州市工艺美术特色园地”为主的工艺美术展示、销售、创作的主要集聚地。而从地区看，仅余杭区目前就有与传统工艺相关的民营生产性企业 151 家，民间非遗传承作坊 56 个，省级民营老字号企业 3 家。中国黄页网对杭州工艺美术品制造业的 694 个企业进行了统计，分布区域如图 1 所示。

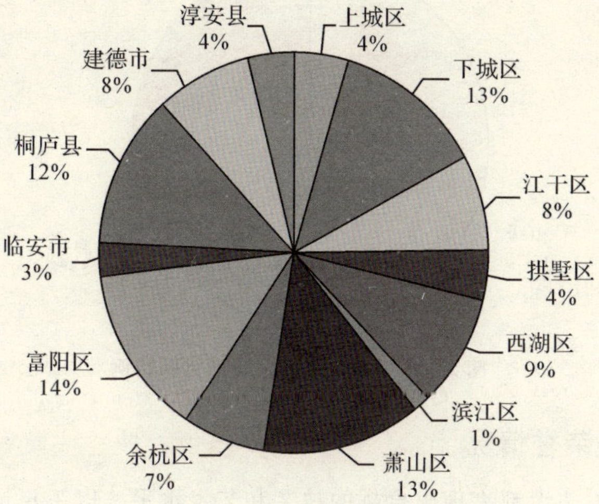

图 1 杭州工艺美术品制造业企业分布

在行业内部，不同门类的传统工艺发展状况差距较大，存在一定的不平衡性。有些门类如木雕、越窑青瓷、鸡血石雕等，因收藏热等原因，其产品能获得很高的社会回报，从业人员收入很高。相比之下，有的门类如剪纸、泥人、面塑、蓝印花布、风筝等，难以靠自身的商品价值获得基本的发展。

(二)人才培养情况

杭州传统工艺行业拥有朱炳仁等一大批在国内外有影响的工艺美术的领军人物。截至 2013 年底，杭州已有各级工艺美术大师 84 位。其中，国家级工艺美术大师 6 位、省级工艺美术大师 28 位、市级工艺美术大师 50 位。各级工艺美术大师比例如图 2 所示。同时，具有中、高级工艺美术技术职称的技术人员 280 名。2013 年还开展了“国大师带徒的薪火计划”，共有 5 位中国工艺美术大师向全社会公开招收徒弟达 24 名。全市 260 位市级以上(含市级)传承人当中，125 位属于传统工艺的项目门类，共占总传承人数的 48%。为加强对传承人的保护，杭州市出台了《杭州市工艺美术人才培养和引进三年行动计划》《杭州市工艺美术产业五年行动计划》《杭州市非物质文化遗产代表性传承人专(兼)职学徒考核办法》《关于“生活品质之城”城市品牌研究推广和管理工作的若干意见》和《杭州市工艺美术产业发展五年行动规划》等一系列政策性文件。

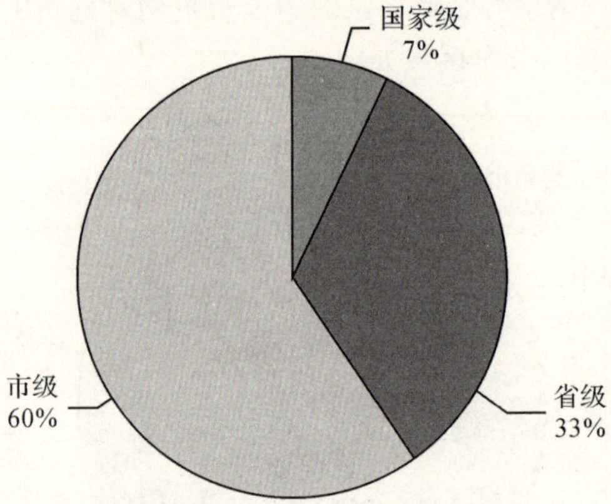

图2 杭州市各级工艺美术大师比例

(三)获得荣誉情况

杭州传统工艺大都表现出卓越的技艺和艺术水平。以王星记扇子为代表的杭扇、杭州刺绣为代表的织绣工艺、西泠印社为代表的篆刻技艺，以及嵇锡贵为代表的越窑青瓷技艺、刘小平为代表的根雕技艺、吴松江为代表的石雕技艺、康春梅为代表的鼻烟壶内画技艺等较具优势的传统工艺品种，都为杭州争得了许多荣誉。比如嵇锡贵大师曾参与了毛泽东主席用瓷釉下彩“梅竹”成套餐具(即7501餐具)的设计制作。杭州市工艺美术大师曾连续3年获得了9个中国民间文艺最高奖“山花奖”。2008年11月，世界手工艺大会暨世界手工艺发展国际论坛在杭州成功举办。2012年4月，杭州成为以“工艺与民间艺术之都”加入“全球创意城市网络”的城市。2014年，杭州市朱炳仁铜雕、王星记扇子入选国家非物质文化遗产生产性保护示范基地名单。

(四)政策扶持情况

2004年1月，根据国务院《传统工艺美术保护条例》和《浙江省传统工艺保护办法》，杭州市人民政府颁发了《关于印发杭州市传统工艺美术保护规定的通知》。2005年，杭州市人民政府办公厅下发了文件《关于加强我市非物质文化遗产保护工作的意见》(杭政办函〔2006〕217号)。2015年，杭州将工艺美术等列入十大特色潜力行业。杭州对传统工艺保护的专项投入一直在持续增加。从1998年开始，市财政每年拿出200万元专项资金奖励杭州工艺美术大师，2009年工艺美术专项保护资金增加到1000万元。从2004年到2010年，市级非遗保护资金从80万增长到1000万。

三、杭州市传统工艺复兴与保护过程中的问题与挑战

近年来，杭州传统工艺的保护与发展取得了一定的成效。但是，与政府和人民的期待相比，与杭州传统工艺的历史地位和潜在价值相比，杭州传统工艺复兴与保护这篇文章做得还不够，还存在着不少问题和挑战。

(一)整体实力不强，竞争优势不明显

与省内外先进地区相比，杭州传统工艺整体实力存在着一定的差距。一是综合实力上的差距。目前，杭州传统工艺美术行业销售产值排在台州、宁波等之后。二是区域特色上的差距。2003 年 9 月，中国工艺美术协会命名了我国首批 14 个“中国工艺美术行业特色区域”。浙江有 6 个，分别是“中国毛笔之都”湖州市、“中国工艺品之都”台州黄岩区、“中国工艺礼品之都”仙居县、“中国工艺礼品城”仙居县工艺品生产加工园、“中国龙泉青瓷之都”和“中国龙泉宝剑之乡”龙泉市，而传统工艺源远流长、资源丰富的杭州市竟然榜上无名。三是产业集聚的差距。由于受到规划缺位、用地紧张等因素影响，至今没有出现与东阳木雕城、东莞家具城、苏州刺绣基地等媲美的产业集聚区。工艺布局分散，家庭作坊生产方式普遍，无法形成有效的规模和品牌效应。造成杭州刺绣与苏州刺绣发展悬殊的原因之一，就是杭州从事刺绣人数(基数)太少。四是深加工上不足，质量与其他地区存在差距，能占领世界传统手工艺市场的产品不多、数量甚少。

(二)行业竞争力不强，市场需求遭遇调整

杭州传统工艺企业基本属劳动力密集型企业，厂老人多，企业负担重，传统优势正在减少或消失。一是传统工艺及其延伸形式，机器化、现代化、智能化程度普遍较低，劳动效率相对较低，而占用土地或厂房空间相对较大。在土地、房租、劳动力等成本不断上涨的当下，这一问题更加严重。二是市场环境发生变化。不少传统工艺产品的需求市场遭遇深刻调整，被其他更能满足市场消费主体功能需求和带来更好消费体验的现代工业产品所替代。此外，当今是统一的大市场，传统工艺产品没法卖价太高，或者是其高售价、高附加值产品的市场顾客群体规模较小，企业盈利能力不强。三是出口贸易壁垒不断增多。反倾销、技术壁垒、价格优势丧失、绿色壁垒等，造成杭州传统工艺国外市场进一步缩减。目前，王星记、张小泉、万事利等大部分传统工艺企业在国外名声很大，但国外销售量却还不到国内的 10%。四是税赋较重。由于其原料很大部分来源于天然产品和农副产品，不能形成税收抵扣，以致其税赋要远高于其他行业的产品，企业实际负担较重。

(三)从业者综合素质不高,后继乏人

传统工艺是企业的核心竞争力,作为传统工艺承载主体的从业人员是传统工艺企业的第一资源。尽管杭州近年来不断加大传统工艺人才的培养力度,但仍面临着突出问题和严峻挑战。从现实看,传统工艺从业者的文化程度可以从市非遗传承人队伍中窥见一斑。市非遗传承人当中,42.8%的传承人是初中以下学历,大专以上只占到18.6%。文化素质整体较低,同时又缺乏培训,这支队伍的经营管理才能和创意能力比较欠缺。概言之,传统工艺从业者的综合素质总体不高。在传统工艺企业的发展越来越有赖于企业产品的创意和企业的经营管理,越来越倚重于综合性人才的当今时代,这种现状无疑对传统工艺的复兴和发展构成了极大的制约。从未来看,传统工艺产业的人才队伍也面临着后继乏人的严峻挑战。杭州现有的6位国家级工艺美术大师,平均年龄在70岁以上,慢慢都已淡出生产创造一线,而新一代缺乏能够接班的领军人物。这一事实也从一个角度表明杭州的新生代传统工艺人才还未形成人才辈出的局面。更重要的是,由于当今时代的就业选择机会多,而传统工艺从业人员却面对着学习时间长、工作回报低的残酷现实,由此使得传统工艺企业普遍面临着招工难的问题,使得传统工艺面临着产业生力军急剧减少的威胁。以杭州具有代表性的重要传统工艺品丝绸生产为例,目前整个丝绸行业遇到诸多难题,其中之一便是劳动力短缺、招工困难。丝绸的制作过程很复杂,从蚕茧开始,到收烘、煮茧、缫丝、烘丝、裁剪、缝制、装饰修正等,再到制成成品,一个流程下来,要花费几十道工序。现在即使开出月工资4500—5000元,也招不到一个熟练工人。生产成本极大的提升,相关产业向中西部转移,杭州丝绸生产企业的赢利空间进一步缩小。

(四)侵权现象不绝,工艺价值难以体现

传统工艺属于知识产权的范畴,是传统工艺企业的核心竞争力。从现实来看,杭州传统工艺产业的侵犯知识产权现象并不少见。一是假冒伪劣现象。例如,据王星记负责人介绍,现在各旅游景点和网上销售的"王星记"产品,有一半多并非正宗"王星记"生产。二是不正当竞争问题。这主要集中在从业人员内部,如把别人的作品稍加改动变成自己的作品,以此谋求物质利益、荣誉和奖项;弄虚作假,进行商业欺诈,编造和散布有损同行的不实信息,损害同行的形象和利益;侵犯其他传统工艺的技术秘密、商业秘密等。三是商标保护问题。国字号、老字号的传统工艺经过悠久的历史沿革,品牌价值是毋庸置疑的,但也因此容易被一些投机者盯上。2013年,一家从事贸易的民营企业注册资本100万元抢注了"知味观"商标。知味观为了保护"知味观"商标就花了100多万。所有这

些都使得传统工艺的独特艺术价值得不到充分体现，传统工艺的市场价值得不到足够回报，而这必然威胁到传统工艺的复兴和传承。侵犯知识产权现象屡见不鲜，既有整个中国市场诚信体系建设滞后这一大环境的因素，也与侵犯传统工艺的知识产权行为相对难以科学鉴定有关。

（五）电商份额偏低，网络监管体系不够健全

传统工艺与电子商务融合早已成为一种不可阻挡的发展趋势。传统工艺产品的电子商务应有广阔的未来发展空间，但如今杭州传统工艺产业的电商销售份额偏低的事实，显然与此不相适应。据王星记负责人介绍，早在 2004 年，王星记扇子就开始尝试电子商务，但到 2014 年线上营业额占总销售的比例还不到 15%。据浙江省老字号天竺筷负责人介绍，天竺筷在网上年销售量还不到 30 万元。此外，杭州传统工艺信息化过程中除自身改变经营理念，迎合网络营销的特点，也需要规范的网络环境和相关的法律法规保障。一是涉及网络产品检测问题。以方回春堂药馆为例，保健食品在网上一旦售出，如果任何一个环节出现安全问题，遭遇退货的保健食品不可能再次销售，企业风险不小。二是仓储问题。传统工艺对仓储物流环节要求较高。传统工艺企业本身的能力有限，不可能直接对仓储物流环节进行全程监督。三是品牌权益问题。很多没有经过授权的淘宝卖家进行囤货、降价，对品牌形象有很大的损害，同时也破坏了市场。

（六）产品缺乏创意，年轻消费群体基础薄弱

在一定意义上说，许多传统工艺都是当时最先进、最时尚的产品。在年轻人成为消费主力、注意力经济日趋繁荣的当今时代，传统工艺的复兴和传承同样需要高度重视产品的时尚创意，唯此，才能抓住年轻消费人群的心，才能吸引年轻消费者的眼球。从调查来看，杭州有些传统工艺企业在这方面的表现还不错，例如天竺筷在保留了传统原材料和传统工艺的基础上，增加了生肖、星座等元素的外观设计，小巷三寻用土布设计制作了适用于长辈为新生小孩庆贺的催生包以及年轻人常用的电脑包、手机包。但整体而言，杭州传统工艺在样式、风格等方面与现代趣味，特别是年轻人追求快节奏、时尚与个性的审美要求差距甚远。这一方面跟这些传统工艺企业观念保守有关，没有认识到传统工艺可以跟时尚设计结合兼容，时尚设计不仅不会放弃传统工艺，反而是为传统工艺增光添彩。另一方面，也跟这些企业的从业人员很少接受创意之类的教育培训有关，没有擅长时尚创意的人才，自然也就难以生产出时尚创意的产品。

四、复兴与保护传统工艺必须正确处理的若干关系

传统工艺具有经济和文化的双重属性，肩负着保护与发展的双重任务。基

于广泛的调研，课题组发现以下几种关系深深地困扰着传统工艺从业者及有关政府部门，极大地影响着传统工艺企业的保护与复兴，因而必须正确处理。

（一）正确处理继承与创新的关系

历史长河中，传统工艺总是不断上演着新旧交替，推陈出新。传统工艺作为非物质文化遗产，创新而不忘原本，保持技艺的手工温度，不遗余力的构建非遗生态圈，这是传统工艺不可推卸的历史使命。同时，传承中不断推陈出新，以博大精深的文化底蕴为依托进行创意性的艺术创作，是传统工艺不断发展的原动力，更是传统工艺生命长青的基石。当下，新工艺、新材料及综合应用技术的开发，新品种的不断形成成为新一代传统手工艺的基本特征。既沿袭继承传统文化精髓，又能吸收现代元素，不断适应社会的审美情趣和消费需求，这是创新的题中之意，更是创新中求发展、发展中求突破的关键。

（二）正确处理物质与非物质的关系

传统工艺的创作是人与自然的和谐统一，创作手工艺品的过程，就是人与自然交流、涵咏自然、品味人生的过程。优秀的传统工艺大师应该一半是哲人，一半是匠人，学养厚重者方能走上大师之路。因此，传统工艺体现的是技以载道，技艺离不开人的承载，人是核心要素。器物坏了可以再造，人消亡了就全没了。同时，技艺又不能脱离作品，无其器则无其道，器是最直观的评价。因此，传统工艺的保护要做好物质性和非物质性的结合。《史记·货殖列传》的末尾，司马迁举了大量的例子，不管是卖浆的，要把戏的，还是种田的，虽为“小业”，但只要能做到“诚壹”，就能“致富”而比肩王侯。“好人才有好东西，把技艺做到极致”，这就是巨匠的生存哲学。

（三）正确处理保护与开发的关系

传统工艺是造物的艺术，在手工业时代，它是主要的产业形式之一。日常生活中，传统工艺潜移默化地发挥着教化作用，润物无声，却传递着物化的观念、审美标准，也包括对制作使用的材料、工艺、形态的认识。当前，传统工艺的复兴更多的是文化上的一种思潮，虽然经济产值并不大，但却是城市文脉之所在。其存在不容许中断，一旦中断就不可能重新恢复。行业的特殊性决定了必须站在全局性的高度来思考和谋划长远发展战略，从偏重传统工艺经济发展转向经济和文化并重，突出文化发展，以形成相互促进、共同繁荣的局面。把社会效益放在首位，文化事业和文化产业并举，协调发展，这是杭州应该坚持的方向。

（四）正确处理政府与市场的关系

政府应当在传统工艺的保护中负起责任，但不是负起全部的责任。因为政府不是任何一个文化的主体，不能替代一个文化的传承者。通过政府行政手段制造出来的次生文化背景，注定缺乏生命力。同样，保护传统工艺不能依赖情结的美好浪漫。无论历史进程还是世界发展，终究由生产力与利益来决定和推动。成熟市场的建设是保护发展的传承基础。在当代市场经济大环境下，只有提高行业创新能力、建立完善的市场体系、培养成熟的市场消费结构，才能改善和保证传统工艺的生存状况，才能做到技艺的增值和文化的附加，使保护更纯粹，使发展更健康。

五、复兴和传承杭州传统工艺的思路和对策

当今正处于一个日益开放的社会，宽松活跃的环境为人们提供了选择艺术的多种可能。从宏观看，杭州传统工艺主要呈现出三个趋势。一是经济进入新常态后，结构调整加快和产业转移，传统工艺作为传统制造业的一部分，在经济版图中的比重将进一步缩小。二是传统工艺对保持杭城特色程度，展示文化形象和加强对外文化交流的作用将进一步凸显。三是随着个人创造和个性需求的兴起，传统工艺不同类别此消彼长，注重匠人制造的精神和情感的传统工艺项目将迎来更多的发展机遇。

(一)总体思路

杭州未来促进传统工艺复兴和传承应坚持如下总体思路：坚持以产业运作和活态传承为主渠道，以市场需求为主要导向，以人才为第一资源，打好“工艺与民间艺术之都”“双世遗城市”品牌，推动传统工艺与互联网、现代科技、文化创意深度融合，实现传统工艺产业发展特色化、集群化、品牌化。更快更好地将杭州地域性元素融入传统工艺设计中，创作更多具有国内和国际先进水平的创意产品和文化艺术精品，让全体市民在各个层次上分享保护成果。

(二)具体对策

基于杭州实际，根据总体思路，针对上述问题，课题组提出如下十条复兴和传承杭州传统工艺的具体对策。

第一，结合国际旅游城市要求，搭建支撑平台。

杭州传统工艺规划必须充分体现现代化国际风景旅游城市要求和按照地区间资源优势互补的原则。一是对于杭州市区而言，由于城市的人口规模、产业用地规模受到了严格限制，应通过建设集展览展示、学术交流、展销互动、教育传承、现场鉴赏等功能为一体的非遗博览园，创建全国性工艺美术产业基地，展示传统工艺的深厚文化底蕴，激活城市的“文化核裂变”。二是对于淳安、建德、桐

庐、临安（尤其是昌化、於潜）等地，从通勤距离（城市的平均上班距离）看远离杭州都市圈，经济总量占大杭州比例也小，发展特色工艺文创产业大有可为，应着力于培育地域性工艺美术产业基地。应根据传统工艺的地域性和群体性特征，巧妙利用当地自然资源进行合理规划，提出符合实际的保护措施。强化传统工艺原材料资源保护，建立鸡血石等储备制度，严禁盲目开采。三是要加快工艺美术产业专业村（镇）建设。制订规划，加强协调服务，推进传统工艺进村入户，进一步扶持发展以家庭经营为基础、以市场为导向、以村镇为依托、以“能人”为骨干的工艺美术专业村。

第二，建立公共服务平台，服务传统工艺产业发展。

公共服务平台建设，是加快资源整合、优化信息处理的必由之路。杭州应进一步加快传统工艺公共服务平台建设，实现技术、知识和市场信息的快速传递。一是加快传统工艺专业化和高端市场建设。根据工艺美术品的艺术特性，开发高端市场。加强工艺美术市场营销体系建设，组织引导企业在国内外大中城市和旅游城市设立工艺品专卖店、专柜。二是建立健全产品认定识别体系，完善鉴定、仲裁、拍卖、公证等服务体系，加大产权、专利、版权保护力度，严厉打击假冒伪劣行为，营造良好消费环境。三是加强培训力度，建立信息交流平台，及时发布和传递相关政策、规划信息，引导资本市场的参与。四是整合权威的专家，成立第三方的工艺美术鉴定评估机构或评估委员会，树立行业权威，促进行业自律。五是结合旅游业发展，积极引导企业和大师创作特色旅游纪念品，建立相对集中的专业化、特色化旅游产品市场，开放一些条件比较好的工作室、作坊，构建覆盖全国的诚信旅游购物系统。六是举办专业会展，以会展品牌推动产业发展。举办杭州大型工艺美术品专业会展、博览会，组织工艺美术企业参加国内外工艺美术专业展及相关博览会，拓宽杭州工艺品在国内外市场的发展空间，扩大工艺品的销售。

第三，建设传统工艺特色小镇，促进传统工艺产业集聚

在杭州萧山、余杭、富阳以及临安、桐庐、建德等县、市（区）的农村地区，都分布着传统工艺比较集聚的乡（镇）村，如临安的光辉村（农民画）、桐庐的合村乡（绣花鞋）、富阳的金竺村（纸伞和毛笔）等。杭州多个特色小镇快速发展的事实表明，特色小镇可以有大作为，可以发展为大产业。针对杭州传统工艺产业小、弱、散的问题，杭州应该在交通比较便利、靠近旅游线路、土地面积较大的区域规划建设传统工艺特色小镇，为杭州的各类传统工艺企业统一“筑巢安家”，提升杭州传统工艺产业的集聚水平，促进杭州传统工艺产业的配套，形成规模效应和品牌效应，此外，由于传统工艺特色小镇与杭州旅游景区相邻相融，这也会带来旅游资源增加、旅游线路丰富以及消费人群增加、传统工艺产业繁荣的双赢结果。

杭州应配合旅游西进战略和创新小镇建设，在浙大紫金港校区至临安市区这块区域之间，通过规划建设“传统工艺创新小镇”，促进生产要素向区域优势企业集聚，企业向园区聚集，实现资源优化配置与共享。积极对接“文创西进”战略、拓展发展“新蓝海”等战略布局，为传统工艺特色小镇的传承，人才培养和产业发展开辟新路。

第四，拓宽教育培养渠道，实现杭州传统工艺人才辈出

传统工艺的可持续发展关键在于人才培养。在社会转型期，如何重新构建传统工艺美术人才培养体系是急需解决的问题。从生产转向创作，从实用为主转向审美为主，传统工艺美术领域需要亦工亦文的新型人才。在师傅带徒弟这般的家庭教育之外，还特别需要重新建立社会教育的渠道。只有社会教育形成高、中、低三级人才基础，加上家庭教育的辅助，才能保证各工艺美术品类有可观的人才基数。一是调整优化专业结构。鼓励支持有条件的高等学校和中职学校根据杭州传统工艺产业发展需要和各地产业发展特色，进一步调整优化专业结构，重点发展产品造型设计、雕塑艺术设计等产业发展急需专业，拓宽专业培养方向，加强艺术造型、彩绘、木雕、石雕、瓷塑等专业设置，培养工艺美术特色产业急需的专业人才。二是鼓励校企联合创建开发基地。鼓励工艺美术企业将院校作为技术来源和智力支撑，努力形成院校、学术机构与企业间一体化发展的格局。三是打造传统工艺职业经理人与经纪人队伍。吸收国内外工艺美术产业经营的先进理念，聘请具有丰富经验的管理型人才作为杭州传统工艺发展的顾问，为杭州传统工艺向产业化、精品化、高端化方向发展提供咨询意见。

第五，增强自主创新能力，提升产业层次

只有依靠现代科技与艺术，传统工艺才能提升国民素质和生活品质的产业，一个不依赖廉价劳动力、资源消耗小、附加值高、综合效益好的产业。一是应升华传统“正宗”的师承观念，增强科学技术对于提升传统工艺美术水平的能力，在“实用品艺术化，艺术品实用化”道路上走得更快更远。二是鼓励企业在产品设计、生产制造等环节采用先进信息技术，探索新材料，提升设计水平，大力推广应用先进制作技术。三是鼓励传统品种创意转化成自主知识产权，加强知识产权保护力度。增强业内的知识产权保护意识，提倡有序竞争，加快完善法制环境，以法律手段保护创新。四是加快建立以企业为主体、市场为导向，产、学、研相结合的技术创新体系。加快发展创意产业，建立一批原创大师工作室，促进传统工艺产业的发展。五是坚持走国际化道路，把握国际传统工艺产业发展的最新动态，研究开发满足世界各国人民需要的新产品，提高世界市场中的份额。六是主体建设要创新。杭州应鼓励老字号企业从家族企业向现代企业制度转变，从作坊式企业向现代化企业转变。

第六，拓宽融资渠道，加大资金投入

加快传统工艺产业发展，要坚持以企业为主、政府扶持和市场化运作相结合的方式，多渠道筹集资金，扩大产业技术研发资金支持范围，并给予适当倾斜。一是建议设置传统工艺保护基金，用于提升工艺水平，引进先进的经营理念与渠道资源，帮助传统手工艺者改善生活条件，更好的保护与传承传统手工艺。二是加强传统工艺产业集群与各类金融机构的对接与合作，搭建传统工艺产业集群新型融资平台。鼓励传统工艺企业进行“众筹”与互联网金融方面的有益探索。鼓励和支持传统工艺企业上市融资，探索利用风险投资加快发展创意产业。三是各级财政进一步整合财力，优化支出结构，形成支持合力。制定传统工艺企业税收优惠政策，使企业为研究开发新产品、新技术、新工艺所发生的技术开发费可以在税前据实扣除。

第七，加强对外交流，提高知名度

传统工艺是中华民族优秀文化的结晶，广受其他国家、地区和民族的民众的喜爱。传统工艺也需要在发展和传播中获得持续的生命力。杭州要创新传统工艺参与国际文化交流与合作机制，拓展对外文化交流渠道、提高对外文化交流的质量和水平。鼓励传统工业企业拓展国外市场，重点扶持大型文化企业开展国际合作。鼓励开展服务贸易，从而达到与世界经济接轨的目的。一是要继续办好亚太手工艺博览会、中国（杭州）非遗博览会、中国杭州工艺美术大师精品博览会、中华老字号博览会等，依托这些展会平台，进一步提升杭州传统工艺的知名度，不断扩大杭州传统工艺的交易规模。二是经信委、文广新局等政府部门以及相关行业协会也应积极组织杭州的传统工艺大师到国内外学习交流，与有关国家、地区、城市合作举办传统工艺展示活动，展出珍品、名品、精品，展示精湛技艺，进一步提高传统工艺在境外的知名度。三是政府部门在文化交流与公务往来活动的礼品采购中应带头使用具有杭州特色的工艺，鼓励对外接待场所、主要宾馆的装饰摆设采用具有地方特色的工艺美术品。鼓励出版传统工艺各种资料，介绍杭州传统技艺，宣传、交流、普及传统工艺知识。

第八，借力电子商务，拓展杭州传统工艺产品市场

电子商务可以突破消费市场半径的限制，可以极大地拓展消费市场。传统工艺产品普遍具有特色鲜明、流通方便的特点，电子商务正可使之如虎添翼。杭州本有电子商务的良好基础，杭州跨境电商试验区的建设更为杭州电子商务的发展提供了难得的历史机遇。基于此，杭州应在传统工艺产业广泛播种互联网基因，推动“互联网＋传统工艺”战略的落地，使传统工艺从传统营销向网络营销转变，从销售商品向输出文化转变。具体说，一方面，经信委等政府有关部门应组织传统工艺企业负责人及销售部门负责人普遍开展电子商务培训；另一方面，

政府有关部门也可通过资金补助补贴的方式，支持传统工艺企业入驻天猫、淘宝等阿里巴巴的旗舰电商平台。三是应尝试跨界整合，与金融机构、各行业协会等紧密合作，开展定位于高端客户的大师个展和各门类工艺品精品展。联合互联网媒体，发出传统工艺互联网的时代最强音。

第九、培育龙头企业，打造工艺美术品牌

加快结构调整，推进资产重组，依靠科技进步，加强创意创作，培育拥有自主知识产权、核心竞争力的集团企业和龙头企业。一是培育传统工艺龙头企业。积极培育关联度大、带动性强的龙头企业，发挥其产品辐射、技术示范、信息扩散和销售网络中的“领头羊”作用。推动企业开展产学研合作，鼓励具备条件的企业设立博士后工作站，支持企业上市融资，使工艺美术重点企业成为引领行业发展的龙头。二是对成长性好、市场潜力大、具有出口创汇前景的民营企业，进一步给予政策扶持，不断提高自身发展实力，壮大企业规模，带动相关产业发展。三是大力创建工艺美术品牌。积极组织申报国家级非遗生产性示范基地，支持传统工艺品申请国家地理标志产品及商标保护。鼓励企业积极参与制定王星记扇子、西湖绸伞等特色工艺美术产品地方标准，并按标准组织生产。

第十、对濒危传统工艺进行抢救性保护

保护、抢救濒危的传统工艺，是弘扬民族优秀文化遗产，做好传统工艺保护发展的基础性工程。一是深入调查和全面摸清杭州传统工艺的现状，建立人才、技艺、特有资源档案库，作为实施分类保护措施的依据。在此基础上，对传统工艺和传承人进行登记、分类、整理、出版，将相关结果系统化、规范化、档案化、信息化。二是制定和实施《杭州市传统工艺保护办法》，开展传统工艺技艺的认定工作。确定保护名录，并设定不同的保护级别。三是完善传统工艺保护办法。鼓励民间传统手工艺人家庭传承或带徒传艺，积极拯救和振兴濒临失传的艺术价值较高的杭州传统工艺美术技艺和品种。采取有力措施，以重组、整合、租赁、股份合作、小额贷款等多种方式，将闲散的艺人、技术人员及技工组织起来，恢复和扩大传统工艺品的生产。

六、深入推进传统工艺保护工作的保障要求

杭州要充分认识非遗生产性保护工作的重要性，以等不起的紧迫感，坐不住的责任感，慢不得的危机感，认真总结以往发展过程中的经验教训，理清工作思路，切实推进传统工艺保护工作。

(一)转变观念，提高认识，营造良好的社会氛围

传统工艺凝聚着先人的智慧和心血，作为传统文化的代表与象征，它反映着

特定的时代与环境造就的特有价值观和审美观。由于没有意识到发展传统工艺的重要性，杭州还存在将促进传统工艺发展与“文化名城”建设分隔开来，将弘扬传统文化与促进地方经济分隔开来，将保护传统工艺美术品种（技艺）与帮助解决城市（城镇、农村）富余劳动力的工作分隔开来等现象，导致全社会对发展传统工艺的重要性认识不足。甚至某些政府管理部门对传统工艺的发展产生误解，将工艺美术大师视作普通匠人而非艺术家。首先，从政府层面来说，应将“政绩诉求”上升为政治诉求，从建立历史文化名城和文化大市的高度来看待传统工艺保护工作。其次，加强对保护传统工艺重要性的宣传，树立保护意识，形成全社会关心支持保护传统工艺的良好氛围。加强中小学生第二课题建设，从小培养年轻人对传统工艺的兴趣，从小种下传承复兴传统工艺的种子。再次，要树立社会导向。提高工艺美术大师和非遗传承人的地位，可在人大代表、政协委员中适当配备一定的名额，以视对他们的精神关怀和鼓励。鼓励大师以技艺人股创业，吸引更多优秀人才创业。

（二）精心组织，加强领导，建立健全保障体系

杭州有关部门要把发展传统工艺产业集群作为推动转变经济发展方式的重要途径。不断加强传统工艺保护的探索和实践，切实承担起组织和领导责任。一是要加强组织领导。市级层面应成立一个非常设机构，统筹政府相关部门政策手段，加强对传统工艺发展的宏观管理、规划引导和协调服务，形成共同扶持传统工艺发展的合力。二是要加强宏观指导。杭州市应结合实际，认真研究谋划传统工艺的文化产业培育策略。加快制定传统工艺发展的指导性文件，统一思想，明确责任；在这一纲领性政策的指导下，制订若干具体实施政策。组织研究制定区域重点传统工艺产业集群发展战略和规划，优化发展布局，明确发展重点，统筹区域协调发展。三是要拓宽渠道。鼓励社会力量广泛参与非遗保护传承，鼓励建立社会中介组织，努力拓展社会各界支持的渠道、平台和方式。鼓励老字号企业从家族企业向现代企业制度转变，从作坊式企业向现代化企业转变。

（三）加压奋进，形成合力，不断完善长效机制

传统工艺保护工作任重道远，杭州要在自我加压的基础上，形成广泛的合力，切实做好传统工艺的保护工作。一是加强调查调研工作。通过深入调查研究，寻求破解企业介入模式不顺、发展合力不强等制约瓶颈，推动创意人才培养和区域特色文创产业发展。二是要发挥工艺美术大师、非遗代表性传承人的引领作用。山羊走路跟头羊，群雁高飞看头雁，工艺美术大师的骨干作用不可或缺。同时，传承人的湮灭，意味着传统文化的断层。杭州要充分发挥他们的骨干

引领和示范带动作用。三是要发挥专家作用。鼓励专家结合传统工艺保护工作实际开展理论研究和实践研究,充分发挥专家的指导、咨询和参谋作用,为传统工艺保护提供学术支持和实践指导。四是要充分发挥老字号协会等已有行业协会的积极作用,进一步完善服务职能,强化服务意识,提高服务质量和水平,为加快工艺产业发展创造良好环境。鼓励成立相关行业协会,通过行业自律和行业监管,推动传统工艺健康发展。

(四)攻坚克难,务实创新,有序有区别的推进

当下,文化变迁的速度和力度超越以往任何时代。杭州传统工艺也处于有机的更新当中。杭州传统工艺品类繁多,现代化对它们的冲击程度也是不一样的。杭州要做到具体问题具体分析,善借外力,攻坚克难,有序有重点地推进。一是处于濒危状态和传承困难的非遗项目,如西湖绸伞等,保护以资料性的抢救挖掘为主;二是天竺筷、张小泉等偏向“工”范畴的项目,鼓励其开展生产实践,同时,在为提高和改善人民的生活方面发挥其积极作用;三是王星记、越窑青瓷、微雕、杭绣等偏向“艺”范畴的项目,鼓励他们在继承传统基础上,发扬光大,不断探索艺术境界;四是传统工艺的发展品种,与传统工艺的个人、作坊、小规模生产相反,传统工艺的发展品种如玩具、工艺礼品、艺术陶瓷、抽纱刺绣等类行业在适应国内外市场变化,不断创新的基础上得到快速发展。

参考文献

[1]龚勤茵.保护发展创新——对杭州传统工艺美术产业的几点认识[J].美术大观.2008(08)

[2]徐艺乙.当下传统工艺美术的问题与思考[J].贵州社会科学.2014(03)

[3]侯杰.关于传统工艺美术的发展思考[J].网友世界.2013(24)

[4]陈建林.思考·对策——从浙江工艺美术的发展说开去[J].装饰.1991(03)

[5]杨明贤,李刚.浙江省传统工艺美术保护发展的调研与思考[J].浙江工艺美术.2003(04)

[6]梁玲琳,朱麒宇.再论中国传统工艺传承中的要素整合创新[J].包装工程.2011(12)

[7]吴秀梅.浅析杭扇的历史与现状——以“王星记”扇业为例[J].电影评介.2012(06)

(本文写于2015年8月,承接的是杭州市决策咨询委课题《杭州市促进传统工艺复兴与保护建议》。)

杭州市非物质文化遗产产业化平台建设的实践与探索——以富阳为例

有效保护和合理利用相结合，使非物质文化遗产造福子孙后代，是保护工作可持续发展的必由之路。“生产性保护”是当前我国非物质文化遗产保护的基本方式之一，也是使非物质文化遗产融入当代社会生产生活实践的最直接和现实的途径。近年来，富阳市以非遗文化元素产业化平台的建设为抓手，结合当地实际开展了富有地域特色的非遗生产性保护尝试。即通过将文创产业与本地非物质文化遗产的保护与传承工作紧密结合，发挥政、产、学、研等各界力量，为未来培养人才，也为非遗进市场铺路搭桥，让传统文化在产业化过程中得到活态传承，也让文创产业真正做到“不跟风”“不流俗”。

众所周知，浙江省有“百工之乡”的称号，杭州更是有“世界传统手工艺之都”的美誉。传统手工艺层出不穷，民间绘画、陶瓷、剪纸、刺绣、染织、编织、灯彩和建筑等杭州传统手工工艺所表现出来的古朴、原始和精美绝伦，在省内外享有盛誉。党的十八大提出，要大力推进生态文明建设，努力建设美丽中国，实现中华民族的永续发展。加强非遗保护工作是美丽乡村建设的题中应有之义。它不但有利于拓宽农村文化事业发展领域，丰富美丽乡村的内涵，也为农村文化产业的发展提供了丰富的资源。

富阳市是杭州市的西郊门户，全市有276个行政村，农村在富阳未来的发展中占有举足轻重的地位。非物质文化遗产最可贵的就是它的本土性、独特性。在富阳市看来，非遗与本地旅游教育有机结合起来，可以有效解决人才选拔、场地配套、师资培训、资金扶持等现实问题。而一旦与旅游市场成功对接，这些颇具特色的非遗文化定会大放异彩。因此，近年来，富阳市积极探索实践非遗产业化平台建设，即打造非遗文化元素产业化平台，利用现有的学校教育资源，结合文创办政策、信息优势，促进非遗文化传承，加强文创培养，推进产业发展。整项工作由党委宣传部门牵头，召集党委口、政府口有关部门和社会力量来共同实施。在各方的努力下，目前已经取得了积极进展。

一、打造非遗文化元素生产性保护平台意义重大

富阳市非遗产业化平台建设是项综合工程，牵涉到非遗如何活态传承，如何发展文化产业，以及如何发展县域文化等重大课题。富阳非遗产业化平台建设，是基于非遗生产性保护，在更大维度和广度展开的探索。从资源合理配置和有效使用的角度讲，丰富的非物质文化资源都需要进行合理而有效的开发和利用。强调开发和利用非物质文化遗产经济价值进行生产性保护具有重要的现实意义。

（一）进行非物质文化遗产开发和利用的生产性保护，有利于对文化资源的合理配置、有效传承和文化资本的不断积累

由于非物质文化遗产是以人为载体的知识技能的传承，因此它比物质文化遗产更易失传。而对富阳乡村非物质文化遗产进行生产性保护则是对其文化价值的发挥和积累，从而有利于使富阳乡村非物质文化遗产资源通过投资与经营而形成非物质文化资本。尤其是在世界经济发展模式日新月异、文化经济越来越受到重视的今天，高度重视非物质文化遗产的经济价值，对有着丰富非物质文化遗产的中华民族来说，具有重要的现实意义。

（二）进行非物质文化遗产开发和利用的生产性保护，符合节能降耗少污染的可持续发展要求

从国家层面看，我国正处于以重工业为主的发展阶段，以及新一轮国际经济结构调整，已经显现出无论是今后国内进一步发展的主导产业，还是国际产业转移的产业，在未来20年内，仍然以机械、造船、汽车、化工、钢铁、电力、建材等行业为主。而这些产业均是高能耗、高污染产业，由此带来的环境压力显而易见。而文化产业是典型的环保产业，其特性更加符合可持续发展的要求。同时，非物质文化资源的可再生性和可重复利用的经济特征，本身就意味着非物质文化资源生产性保护及生产性保护链，具有永续发展的特质和潜力。

（三）进行非物质文化遗产开发和利用的生产性保护，有利于形成新的行业及衍生产品，延长产业链，使第三产业比重得到提高

加快非物质文化遗产的生产性保护步伐，使各种民俗活动、少数民族服饰文化、民间技艺文化、民间文学艺术、民间舞蹈、歌曲、口承文学、历史传说、消费习惯、交际礼节、节日庆典、娱乐游戏、艺术技能以及饮食文化等知识和技能的价值不断得到增值，以吸引更多的人去不断挖掘，不断传承。例如，富阳此次的先行

计划“富春山居宴”，就是将传统文化进行生产性保护，使之资本化并得到传承和保护。所以，对这一文化遗产进行生产和保护时，很自然会带动传媒、演艺、美术、服饰、会展、旅游、出版等行业形成互动发展格局。产业链间的形成进而带动信息、餐饮、房地产、交通等行业的发展。可见，只有将非物质文化遗产进行生产性保护转化为文化生产力，形成规模经济效益，才能有更多的资金反哺非物质文化遗产的保护和发展。

二、富阳打造非遗产业化平台的现实基础

(一)领导重视，是非遗产业化平台建设的思想支撑

目前，富阳市委、市政府着眼长远促转型，大力发展现代服务业特别是总部经济、现代物流、商贸旅游、教育科研、文化创意、运动休闲、高新技术等产业，逐步构建“3＋1”现代产业体系。各乡镇街道、各级部门都已开始统一思想认识，高度重视文创产业发展；企业为了谋求进一步的发展，也开始逐步重视文创产业。针对非遗产业化平台建设，市委宣传部牵头，建立机制，提供了思想保证。一是构建工作机制。把文广新局、教育局、经信局、文创办、有关乡镇街道、文化企业、学校和非遗文化传承人组合起来，构建非遗文化元素生产性保护平台，明确工作目标，成立领导小组，确立工作机制，提供资金补助。二是成立专家团队。成立了由非遗文化传承人、相关高校专业的老师以及文化产业专业人士组成的非遗项目传承及生产性保护专家，定期到学校、基地进行培训辅导。三是建立产业化基地。中共富阳市委办公室下发了《关于成立富阳非遗文化元素产业化平台建设工作领导小组的通知》，并且充分发挥党、政、产、学、研各界的力量，搭建当地非遗文化生产性保护平台。

(二)山水毓秀，是非遗产业化平台建设的区位支撑

富阳位于长三角经济圈南翼，处在沪杭甬“金三角”交会的黄金点上，为杭州西部副中心，横贯全境的富春江一川如画，成就了“天下佳山水，古今推富春”的绝世美景。富阳的地理位置优势和独特的山水资源决定了它不可能成为一座工业性城市。“四个一”战略体系和六大新城、十大综合体城市发展规划等一系列完善的战略规划体系引擎，富阳已具备了良好的发展基础。正如富阳市委书记徐文光所说的：“富阳不仅要卖产品，更要卖‘山水’，要走山水路、建山水城、打山水牌，这就是特色之所在，这就是未来的方向。”所谓一方水土养一方人，一地文化塑一地人。非遗的传承靠的是天长日久，靠的是熏陶滋养，让更多的人参与、经营、传唱，富阳人才能更好地实现“生活富裕、生命阳光”，富阳的山水也会因有

文化而更灵动。

(三)资源丰富,是非遗产业化平台建设的物质支撑

富阳有着丰富的非物资遗产项目,现有5批次的78个县市级以上的非物质文化遗产项目,其中的竹纸制作技艺、张氏骨疗法是国家级的非遗项目,传统木船制作技艺等13项是省级非遗项目。传统工艺方面,二胡制作技艺、竹编、朱记裱画、土烧酒酿制技艺、箍桶制作技艺、灰汤粽制作技艺、索面制作技艺、安顶云雾茶制作技艺以及许多民间传统手工艺,这些项目具备文创发展的优势。表演艺术方面,古亭锣鼓、梅花锣鼓、孙权传说、富春江渔歌等,都可以由文化资源转为经济资源。而从非遗产业化平台建设看,无论是大众消费的非遗项目,如东坞山豆腐皮、香囊制作等,还是高端产品如根雕制作、富春山居宴等,无不体现了富阳非遗资源的丰富性。

(四)民间资本,是非遗产业化平台建设的项目支撑

富阳市文化产业"八大行业"发展势头良好,涌现出后劲十足的行业、企业。如:信息服务业:富通光纤基地、富阳论坛、新闻网、网通富阳信息港、富春论坛、大富阳论坛等;印刷出版业:华宝斋、一鸣包装等;设计服务业:飞鹰豪华游艇、金富春服务设计、新登龙舟等;现代传媒业:富阳传媒公司、焦点传媒、富阳电视台、富阳日报社、富阳华数网通信息港有限公司、富阳数字电视有限公司等;艺术品业:新南滕编工艺公司、百丽威玩具;教育培训业:青少宫青少年兴趣培训、金仕堡健身中心等;文化休闲旅游:龙门古镇青少年活动基地、富春山居高尔夫球场、永安山庄滑翔基地、金都网球中心、野生动物园等;文化会展业:富春江运动节、半山桃花节、七羽艺术中心、里山开茶节、白鹤柿子节等。在当前转变经济发展方式、提升产业结构、大力开展节能减排的大背景下,在市委、市政府的大力引导下,相信势必有更多民间资本投入到非遗产业化平台建设在内的文化创意产业当中。

三、富阳非遗产业化平台建设的探索实践

近年来,富阳通过非遗生产性保护平台建设,积极探索非遗生产性保护。一是与旅游、造纸等相关产业的发展相结合,打造运动休闲之城;二是与开展健康有益的文化体育活动有机结合起来,不断拓展保护利用新领域;三是对非遗资源进行有机整合,培育非物质文化生产性保护基地。紧抓生产和销售两个环节,既要商业化,又要提炼文化元素。正是找准了定位,富阳非遗生产性保护平台品牌之路才能越走越畅。

(一)富阳市根雕文化创意产业园建设

富阳市根雕文化创意产业园的实施方案如下:产业园总部设在富阳市职高,重点建设根雕产品展示与销售中心、名家作坊、教育培训中心、创业孵化基地;产业园生产加工基地分设在常安、胥口、万市等地,借永安山旅游开发的优势,扩大对外宣传,提高知名度。此次建设步骤分两个阶段进行。第一阶段:富阳市职高产业园总部基地建设与常安镇生产性保护基地建设。富阳市职高首先启动根雕产品展示与销售中心、名家作坊和教育培训中心项目。常安镇产业基地首先启动李再春个体户生产性保护基地,让其成立根雕生产公司,争取相关部门的支持,形成初具规模的生产加工基地。第二阶段:富阳市职高建立创业孵化基地,鼓励教师学生从事根雕创业,建立生产基地。预计成效:(1)建成根雕非遗项目保护、传承与生产性保护一条龙体系。(2)建立富阳市根雕艺术生产性保护基地,并形成一定的规模。(3)建立根雕艺术传承人与从业者的培训基地。(4)努力打造富阳根雕艺术品牌。

(二)非遗文化形象代言人培养基地建设

项目建设目标力争用2—3年的时间,做好古亭锣鼓、梅花锣鼓、孙权传说、富春江渔歌等四个非遗项目的传承和发展工作,同时把富阳市职高打造成以上四个非遗项目为特殊才艺的非遗文化形象代言人培养基地,使学校成为富阳市现代服务业的人才库。建设步骤主要包括:收集四项非遗现有的资料,选拔优秀学生作为传承人,购买专项器材,开辟非遗项目传承教育教学场地,聘请老传承人担任导师开展教育工作,传承人对外巡演等。

(三)“富春山居宴”产业化应用和推广平台建设

打造“富春山居宴”产业街,力争用2—3年时间,把富阳市“富春山居宴”产业街打造成以生产加工、文化交流、研发展示、销售体验、教育培训等功能为一体的浙江省一流的“富春山居宴”文化创意产业街。产业街总部放在富阳市技工学校,重点建设“富春山居宴”作品展示与销售中心、名家工作坊、教育培训中心、创业孵化基地。建设步骤包括以下几点,第一阶段:富阳市技工学校总部基地建设与东洲街道生产性保护基地建设。学校首先启动作品展示与销售中心、名家工作坊和教育培训中心项目。东洲街道产业基地成立个体户生产性保护基地,让其首先成立“富春山居一条街”。第二阶段:富阳市技工学校建立创业孵化基地,鼓励教师学生从事“富春山居宴”创业。通过财政投资,力争经过2—3年努力达成如下成效:(1)建成“富春山居宴”非遗项目保护、传承与生产性保护一条龙体系。为富阳其他非遗项目的保护、传承与生产性保护提供借鉴。(2)初步建成

“富春山居宴”生产性保护基地，并形成一定的规模。(3)建立起“富春山居宴”传承人与从业者的培训基地，确保后备人才的供给。(4)努力打造富阳“富春山居宴”品牌，为富阳文创做出应有的贡献。

(四)香囊制作传统技艺开发创新建设

香囊历史悠久，蕴含着丰富的内涵，特别是礼仪作用愈加凸显，为传承这份文化内涵，其工作设想如下：第一阶段，展示香囊。寻找传承人制作不同的香囊，并深入挖掘其中所蕴含的意义，在学校技艺保护和传承项目的启动仪式上进行展示和简介，进行非遗文化的宣传，并成立制作传统技艺的传承社团。第二阶段，制作香囊。购买专项器材，建立场地，聘请传承人手把手地传授社团师生制作香囊技艺。第三阶段，认识香囊。传承者以授课的形式围绕香囊从分类、起源、风俗礼仪、佩戴讲究、加香技巧等方面进行讲解、宣传。第四阶段，营销香囊。结合学校电子商务专业的师生，在端午节前后进行营销香囊，实现成功地跨越。第五阶段，文化香囊。深入了解香囊的人文、艺术特点与传承要点，整理编写、拍摄香囊制作传统技艺相关资料，如校本教材、PPT、图片、视频等，成立香囊文化展览室。第六阶段，创新香囊。组织新生力量开发香囊新功能。

四、富阳市打造非遗文化元素生产性保护平台的展望

非遗生产性保护发展是保护传承非遗的一条有效途径。富阳文化资源丰富，非遗生产性保护平台建设是实施“文化强市”战略的有益尝试。富阳非遗生产性保护平台建设，面临的问题都将是发展的问题，没有多少可以借鉴的经验。面对重重困难，富阳就必须积极谋对策，寻找出路。为了提升文化发展空间，更好地服务于美丽中国建设，尽快使富阳非物质文化遗产资源开发形成完整的生产性保护链条，富阳必须内练一口气，外练筋骨皮。除了政府和相关部门要为其快速发展提供一系列的服务之外，在发展之路上应做进一步思考：(1)因地制宜，发展独特性。要按照富阳乡村非物质文化遗产的地域性和群体性特征，进行合理规划，使富阳能够按其独特的非物质文化遗产资源进行规模化、品牌化开发，提升产品的附加值和影响力。(2)大力扶持能够深刻挖掘文化内涵、增强文化吸引力的项目。通过生产性保护经营，以切实可行的市场运作，完成对文化遗产的保护及其潜能的开发，并逐步使产品面向国际市场，从根本上推进富阳乡村非物质文化遗产的可持续发展。如富春山居宴的先试先行。(3)以文化资源开发机构为载体，为富阳非物质文化遗产资源开发提供服务平台。即提供公共技术服务、人才培训、对外宣传、国际交流、产品评估咨询等平台。同时，以指导、协调与整合为目标，构建文化衍生产品开发生产性保护集群。以资源的有效配置和整

合，提高文化生产性保护的核心竞争力，为富阳乡村非物质文化遗产的生产性保护发展提供有力保障。(4)要加强文化生产性开发的知识产权保护。应加快建立健全知识产权保护体系，加大知识产权保护宣传力度，在富阳乡村营造尊重和保护知识产权的法治环境，为文化生产性保护发展创造一个良好的外部环境。

值得一提的是，2012年，杭州市的文化创意产业总量突破了千亿元！“文创西进”成果已经初现——五县市实现文创产业增加值142.59亿元，增长11.9%。其中，富阳市增加值最大，达51.61%！富阳市非遗文化元素产业化平台所构建的富阳非遗文化保护、传承与产业化一条龙体系，既传承了传统的非遗技艺核心和文化蕴涵，又在符合文化发展规律的情况下有效促进了当地社会经济的发展。它是杭州文化创意产业创千亿，以非遗生产性保护为抓手，大力推进生态文明，建设美丽中国的一个创新案例。俗话说：人类往往会高估一年后发生的事情，低估十年后发生的事情。其成效到底如何，令人憧憬。

参考文献

[1] 中共浙江省委办公厅.浙江省人民政府办公厅关于加强历史文化村落保护利用的若干意见.

[2] 李强.保护历史文化“活化石”　打造美丽乡村“金名片”[J].今日浙江，2012(10).

[3] 金兴盛.丰富美丽乡村的文化内涵[J].今日浙江，2012(23).

[4] 李富祥.非物质文化遗产保护的产业化运作及其悖论——以富阳竹纸制作技艺为例[J].非物质文化遗产研究集刊，2012(4).

[5] 徐晓杭.让非遗文化得到活态传承[N].杭州日报，2013-4-8.

[6] 谭宏.对非物质文化遗产生产性方式保护的几点理解[J].江汉论坛，2010(3).

(本文写于2013年5月，曾在“美丽中国与美丽非遗”第二届中国非物质文化遗产保护(余杭)论坛暨2013年良渚论坛征文比赛中获二等奖。2015年2月，富阳市撤市建区，成为杭州第九区。)

江海文化背景下的杭州文化遗产保护传承现状及对策建议

杭州城市形成发展过程中江海文化所起到的作用至关重要。本文概要总结了江海文化之于杭州的意义，以及杭州江海文化遗产的主要形态、保护现状等，并提出了若干进一步提升江海文化遗产对杭州发展促进作用的建议。认为江海文化遗产既是杭州优秀历史文化和代表性文化，也是杭州社会经济发展核心竞争力所在和重要文化支持，具有旺盛活力并获得现代性巨大发展和突出成就，应充分重视并深入研究。

杭州地处长江三角洲南翼，杭州湾西端，其发展多得益于自身丰富的水系，其扬名与深厚的水文化密不可分。钱塘江是杭州最初兴起的主导因素，京杭大运河是杭州早期发展和城市形成的重要原因，西湖则是杭州后期声名远播的关键所在。杭州的历史，就是一部因水而生、因水而立、因水而兴、因水而名、因水而强的历史，无论是自然资源、独特的生产生活方式还是人文景观，都深深地打上了江海文化的印记。

党的十八大报告首次提出“建设海洋强国”战略，建设海洋强国需要先进的海洋文化支撑。2013 年 10 月，习近平总书记访问东盟国家时提出了建设 21 世纪海上丝绸之路的宏伟设想。面对新形势新任务，我们抢抓机遇，立足现实，深入挖掘和研究杭州江海文化，为建设海洋经济发展示范区提供精神动力和智力支持，这必将是一个重要而又紧迫的课题。

一、江海文化对杭州的意义

(一)杭州陆地的形成得益于水

钱塘江杭州段岸线的变迁与城市区域的形成发展有着密切关系。杭州远古时代是江海之地，钱塘江进入杭州湾的河口段，涌潮冲击和淘刷疏松细致的沙质土壤。同时上游夹带的泥沙和海潮卷来的沉积物，不断堆积使得如今的城区逐渐变为陆地。水,造就了杭州。水是杭州经济、社会、文化发展的摇篮,是杭州城市最显著的特色和最具代表性的资源。

(二)杭州的文明孕育于水

杭州所处的钱塘江流域,水源充足,气候湿润,土地肥沃,便于灌溉,有利于农耕,为以农业为基础的古代文明创造了有利的生态环境。同时,水域物产丰饶,鱼类资源丰富,便于渔猎事业的发展。自杭州段运河自开凿出来之后,钱塘江两岸便成为国家贡赋的主要来源地,杭州区域的经济、政治影响力不断加强。以其运河之便,杭州历来是海外贸易的中转大港。北宋在杭州建立了市舶司,成为北宋对外贸易的三大口岸之一。元代,全国仅指定杭州、泉州两处市舶司施行官本船贸易制度。配合着优越的自然地理环境,其文化吸引力日渐显著,诞生了多姿多彩的水文化。同时还衍生出了桥文化、水景观文化以及闻名于世的特色酒文化、特色茶文化等,并逐步凝聚了一个以钱塘江、运河为脉,杭州及其周边为活动范围的文化空间,不断地生产着各种各样的精神产品。时至今日,江海为后世留下的这些丰厚的文化遗产仍在哺育着后人,不断地激发着更多优秀文化产品出现。

(三)杭州发展的潜力在于江海

杭州建城至今已有 2229 年,吴越王钱俶时杭州就确立了老城区"三面云山一面城"的城市格局,西湖时代已经至少延续了一千多年。近年来,杭州的城市格局基本上没有变化。南宋时,杭州就有 124 万人口,而萧山、余杭撤市设区前,杭州市区也不过 180 万人口。随着城市人口的急剧增加和城市化进程的逐步加快,围绕西湖发展的狭小空间,在老城区"螺蛳壳里做道场"的局面严重制约了中心城市集聚辐射功能的进一步增强。跨入新的千年,面对新的发展要求,杭州市委、市政府确定了"城市东扩、旅游西进,沿江开发、跨江发展"的战略,发展思路也从"西湖时代"转向"钱塘江时代",钱塘江由此历史性地成为新千年杭州城市新发展的前沿阵地。

(四)江海文化遗产是杭州文化大市建设的重要组成部分

杭州文化、杭州精神也离不开江海,江南水乡特定的区域环境,依水而居、靠水而作的生产生活方式造就了特色的杭州文化。江海文化遗产是杭州文化的本源,杭州人民兼有农耕文明和海洋文明的文化特质,锤炼了兼容并蓄、励志图强的生活气度,砥砺了厚德崇文、创业创新的精神品格。江海文化是杭州文化的重要组成内容,建设浙杭州文化大市必须加强对江海文化的研究、挖掘、传承、发展,在新形势下融入时代特征。

二、杭州江海文化遗产的主要形态

钱塘江流域文坛精英荟萃，有着深厚的文化积淀。乾隆皇帝曾四下江南观潮，历代名人如白居易、苏东坡等都曾游历钱塘江，观潮赏景色，留下了脍炙人口的诗文。总的来说，杭州江海文化遗产生成和存在的样态将海洋文化遗产分为了三类："一类是通过人工技术创造的，其主要样态为打造品、建筑物，如船舶、航具、渔具、港口、灯塔、庙宇、馆所遗存，是为物质文化遗产；一类是通过赋予文化内涵创造的，其主要形态依然是自然物，是为自然文化遗产；还有一类是通过社群传承所创造的，其主要样态与前两类空间形态不同，主要表现为口头、仪式、行为等时间形态，如信仰、意识、制度、艺术，是为非物质文化遗产或称无形文化遗产。"

(一)物质文化遗产

钱塘江的开发与治理始于春秋战国，海塘工程结构复杂，具有重要的历史价值和较高的工程技术水平，与长城、运河并称我国古代三大工程。在两岸海塘中，以钱塘江口北岸一带海塘工程最为险要，为历朝历代修治重点，是保护杭嘉湖平原安全的重要屏障。明清古海塘的遗存主要位于江北段，大致西起西湖区转塘街道狮子口村，经梵村、闸口、南星桥、碑亭边，再沿秋涛路、杭海路一直到九堡、乔司，并与海宁段相接。目前江干区四季青碑亭及古海塘为市级文物保护点，备塘路一线目前仍有许多海塘遗存，伴生大量的堡、埠、闸、老街等历史文化资源。此外，还保留着与海塘和钱塘江潮有关的历史文化遗存，如六和塔、白塔、海潮寺等；沟通京杭大运河和钱塘江的重要枢纽，如三堡船闸；还有钱塘江大桥、之江大学旧址、围垦遗迹等一大批重要的文保单位。

(二)自然文化遗产

钱江潮以其潮势雄伟壮观奇特而著称，是世界上最大的涌潮之一。潮头来时，最高可达 3 米，蔚为壮观。萧山的南阳观潮城誉为"中国潮都"，是观潮的绝佳胜景，成为中央电视台数次直播钱江潮涌的主要取景点。运河在三堡船闸处汇入钱塘江"双流奇会"，钱塘江一至九桥雄姿耸立，堪称一景。紧邻钱塘江南岸三江口的湘湖景区保护开发步伐也日益加快，已成为杭州休闲文化生活中不可或缺的精彩元素，并先后承办了多届世界休闲博览会。此外，美女坝、三堡、七堡、九堡等沿江地带也有许多观潮绝佳之地。

(三)非物质文化遗产

生活在钱塘江畔的百姓依江而居，因水而生，在与潮涌的朝夕相处中，过着

"饭稻鱼羹"的生活，经过数千年的磨砺，创造了丰富多彩的江海文化。沿岸船民与渔民形成了独特的婚娶风俗、取名习俗、过年风俗、祖师菩萨、奇异的"招魂葬"、筷子风俗、招魂、桐江鱼俗、船民"捞死不捞活"、船民与"开口亭"、放草船、烧香船等等风俗，在与江潮共生中形成了独特的生活方式。而沿岸百姓历来有观潮、"抢潮头鱼"的习俗，如祀拜潮神风俗、弄潮儿的习性、善商贾的传统等。最终形成了"奔竞不息，永立潮头"的地域人文精神，即潮的精神。南星桥的钱江放排，江干红五月的逆流围垦都记录了一段独特的历史，今天的九堡仍然生活着一批钱塘江渔民。以钱江上游三江交汇的建德市梅城镇（旧严州府府治）为中心，还形成独特的相对封闭的"九姓渔民"文化（是明朝时被朱元璋贬为贱民的一个特殊群落）。

各种因江海而生的以水为题材创作的神话传说、诗词歌赋、音乐戏曲等都是我国优秀的非物质文化遗产。民间传说有"严子陵传说""钱王射潮""六和镇江""文潮与武潮""梅城传说"等，诗词歌赋有"云起有时吟水涸，一时风雨满钱塘""还将梦魂去，一夜到江涨""终日楼船萧盛，晚来还听棹歌声""微风画艇逐鸥鹭、迟日扁舟采芰荷"等，音乐戏曲有运河水上的"欢歌渔唱""朱三与刘二姐""九皇斗""杭州小调"等。

杭州江海非物质文化遗产与宗教存着密切联系，许多非物质文化遗产深深地印有宗教的痕迹或本身就是宗教文化的组成部分。例如，桐庐的畲族民歌、淳安的排八仙和魁星舞、建德新叶的村古建筑群的营造技艺、玉皇山的道教音乐等等都属于道教文化范畴。周雄（钱塘江水上人家的保护神）、陈贤（船工保护神）、伍子胥（前潮神）、文种（潮神）和张夏（俗称张老相公，潮神之一）等众多的地方俗神信仰是道教结合中国本土原有神明形象和职能而创造出来，为充满凶险和挑战的涉海生活提供精神护佑。钱江龙王信仰、观音信俗、弥勒信俗、径山茶宴、萧山浦阳江中元水灯会等则来自佛教。同时，江畔诸如彭埠跳白神、余杭元帅庙会、吴山庙会、钱王祭等许多民俗节庆活动与宗教存在密切联系。宗教文化对杭州海洋非物质文化遗产产生了深刻的影响，包括衣食住行、语言、文学、艺术、节庆等各方面。人们借此祈求海洋给人以丰富馈赠和安康，也赋予沿海人群崇尚力量的品格和崇尚自由的天性。

随着近百年来中国社会的急剧变迁，在历史发展演变过程中，逐步产生的钱塘江、运河风俗习惯在传统到现代的转型中大部分都销匿无闻，或是成为历史故纸堆里的旧闻。不过，一些与民众生活息息相关的、带有娱乐观赏性质的传统风俗还是被保留下来，例如龙舟竞渡、运河元宵灯会、钱江观潮、钱王祭、吴山庙会等。

三、杭州江海文化遗产保护现状

江海文化贯穿于大杭州的“三江两岸”，它拥有丰富的文化基因，其特殊文脉是传承历史文化的珍贵资源，也是加快经济社会发展的宝贵财富，对推动杭州从“西湖时代”迈向“钱塘江时代”，发展沿江特色产业具有十分重要的意义。作为杭州这座国家历史文化名城的管理者，杭州市政府历来高度重视对历史文化遗产的保护和宣传工作。2011 年，杭州市委、市政府推出杭州历史上最大的生态修复和城乡统筹工程——“三江两岸”生态景观保护与建设工程。2014 年 6 月，杭州运河申遗成功，杭州为此坐拥运河、西湖两个世界遗产。在此背景下，杭州市相关职能部门积极做好江海文化文脉的挖掘、整理、塑造、传播和发展工作。

(一)依靠申遗推动保护工作

特别是迈入新世纪以来，杭州在探索中总结，在实践中完善，形成了一整套具有杭州特色、符合杭州实际的历史文化遗产保护理念，并在保护实践中发挥了积极作用，取得了令人瞩目的成绩。目前杭州共有国家重点文物保护单位 38 处，世界文化遗产 2 处，国家级非物质文化遗产 38 个，人类非物质文化遗产 3 个。钱塘江海塘(余杭段)、吴越钱氏海塘、明清钱塘江海塘、北海塘、西江塘已先后被公布为文保单位(点)。以申遗推动保护是杭州一条重要的经验。申遗不但提高了杭州的知名度，也提高了杭州全方位的竞争力和杭州人对自己的文化认同。

(二)历史文脉挖掘不断加强

2006 年和 2007 年，杭州市组织人员对海塘遗址进行考古发掘和系统调查，已基本了解海塘的范围和走向。杭州市 2011 年成立了钱塘江学研究会，编印了论文集，出版了《浙江学刊》钱塘江学专刊。2012 年，西湖、桐庐、富阳、建德等区、县(市)完成沿线非物质文化遗产的调查。制定西湖莼菜采制技艺、上泗竹马、九曲红梅制作技艺、横村庙会、桐庐剪纸等多个非物质文化遗产的保护方案。编纂“三江两岸”系列文化丛书，整理历史文化名人故事，赋予“三江两岸”应有的文化内涵。挖掘生态文化与历史文化、农耕文化与地域文化遗存，使散落的文化碎片串珠成链。

(三)遗迹民俗保护赧然成效

生态景观保护与建设中，彰显“三江两岸”的文化特色，融入现代文化元素，体现生态文化旋律，展示乡土文化风貌，建设一批充分体现地方民俗特色和文化元素的乡镇风貌风情小镇。复建了浙江第一码头，建立了展示钱塘江围垦、七甲渡口等的雕塑和主题墙；以古海塘遗址、四季青碑亭、钱塘江大桥等文物保护和《钱塘江传说》、《钱塘江板盐制作技艺》等非物质文化遗产名录保护为主体，收集、整理有关实物，加大对遗存遗迹、民俗民风的保护力度。挖掘钱塘江的潮文化，恢复了抢“潮头鱼”、“放河灯”等民俗活动。

(四)文化休闲活动初具规模

当前，杭州不断强化钱塘江已经具有的先发优势和区位优势，以机制、制度、项目、工程、活动为抓手，加快推进钱塘江沿岸休闲旅游文化的融合发展。以钱江新城城市阳台为核心的沿钱塘江休闲带初步形成，观潮等民俗活动方兴未艾，横渡钱塘江活动具备了较好的群众基础，成功举办了三届钱塘江国际冲浪邀请赛等，现代体育休闲活动吸引了全球眼光，文化休闲活动已成为文化与旅游深度融合的有效载体。结合江景楼盘的建设，以观江揽园为核心积极营造楼宇文化，使楼宇文化成为钱塘江休闲旅游的一个组成部分。

(五)人文旅游活动方兴未艾

对沿线自然景观旅游资源进行保护和开发，对沿线历史文化、历史文物特别是农村历史文化建筑进行挖掘、保护与利用，打造一条以生态文明为主线的黄金生态旅游线。加快“黄金水道”建设，沟通钱塘江中上游区域水运交通，加快沿线码头和综合作业区建设，优化港口码头船闸设施配置，充分发挥内河航运功能。实施景观串联，通过点、线、面相结合的生态景观综合整治，使“三江两岸”地区沿江城市节点、自然景观、人文景观、沿江公园、游船码头、农家乐成为集生态保护和景观美学的有机统一体。

(六)保护研究机构日臻健全

2012 年，杭州市非遗保护机构实现了全覆盖，市本级和各区、县(市)均成立了专职工作的当地编办核准的保护中心，全市非物质文化遗产保护工作进入全面展开和快速推进阶段。钱塘江管理局对相关文化的挖掘整理也做了大量工作。此外，相继成立了古都文化研究会、钱塘江学研究会、皋亭山文化研究会、运河研究会等保护研究机构，为海洋学、考古学、文学、艺术学、社会学、旅游学和经济学等领域的专家学者与技术人员搭建交流平台，不断扩大海洋文化遗产的研究队伍，从而推动江海文化研究向纵深发展，不断扩大江海文化的影响。同时，不断涌现出一批专、兼职从事钱塘江文化研究的学者和骨干，研究出一批有价值的文化理论成果。

四、杭州江海文化遗产面临的挑战和危机

文化擦亮城市面孔、思想决定城市战略。城市之间在经济、科技等所有领域的竞争，最终起决定性作用的是城市文化。衡量一座城市发展健康的标准首先并不是规模，而是保持城市文化特色的程度。当前，对杭州江海文化遗产进行抢救性保护、实现可持续发展已经到了紧要关头。

（一）区域城市化与发展带来的挑战

钱塘江、运河沿岸，文化遗存如繁星点点，灿若星辰。随着经济社会的发展，河道、沿河风貌和人民生活都发生了很大变化，当前又面临着城市现代化建设、农村城镇化建设和市政设施建设的严重挑战。

（二）维护管理存在危机

杭州现存钱塘江古海塘中，除了西江塘仍作为一线海塘发挥着防洪的重要作用外，其余基本随着新中国成立后的治江围垦“退居二线”。随着维护管理慢慢缺位，有些建筑、码头、闸涵、碑刻等文物已经分别受到了不同程度的破坏。

（三）生产和生活方式改变的危机

海塘施工机械化程度提高，人工劳作减少，塘工号子等海塘文化逐渐消失。临塘、临江而居成为时尚选择，渔业捕捞、旅游的不当开发等对江海文化遗产保护产生不利影响。

（四）缺乏系统性的保护规划

物质文化遗产和非物质文化遗产两方面的研究和保护应相协同，充分保证文化遗产的“完整性”“原真性”“永续性”。杭州江海文化遗产还存在“千城一面”问题，缺乏保护的长远规划，应进一步考虑到周边的整体环境，加强专题性、系统性研究。

五、进一步提升江海文化遗产对杭州发展的促进作用的建议

当今时代，文化与经济已密不可分，经济的发展需要文化为其提供精神动力、智力支持和价值引导。进一步提升江海文化遗产对杭州发展的促进作用，就是要全力弘扬钱江潮精神，高举开发与保护并举的战略，从文化导向上突出江海文化，不断提升杭州江海文化的层次，以此来实现杭州江海文化遗产的保护性开发。新的杭州江海文化，应该是高扬社会主义主旋律、突出地域个性的多元一体

的文化。它立足传统而不显守旧,兼收博采而不显芜杂,融中外精华于一体,呈江海文化之特色。

(一)制订好科学的规划和战略构想

发展江海文化,要从杭州全面发展的战略高度出发,科学地构想江海文化发展的战略,制定长、中、近期发展规划,用于指导整个文化事业的发展。要跳出狭义的文化圈子,从全局上考虑。要跳出类同的思维定式,从特色上考虑。要认真总结、吸取国内外文化发展的经验教训,有所为,有所不为。在传统文化和创新文化上各自延伸,并有机结合,以此来形成江海特色文化。要跳出单一的办文思路,从整体上考虑。要把社会力量办文化纳入文化发展的总体规划之中,只要在国家意识形态政策许可的范围内,鼓励社会力量经营文化企业,鼓励社会和个人对文化事业投资,允许跨地区、跨部门、跨所有制的收购与兼并进行资本运作。

(二)进一步做好抢救性保护工作

杭州江海文化遗产是线性文化遗产,为保持其完整性,有必要提升保护级别。一是挖掘遗迹遗存。五代吴越海塘、明清海塘,是中国海塘建筑史上最具代表性的实物遗存。尤其是钱氏海塘的兴筑,对杭城的发展具有决定性的意义。应进一步做好古海塘修缮,避免因技术原因而导致遗产遭到损害。可参考上海元代水闸遗址博物馆的建设形式,开挖一部分钱氏海塘遗迹建立博物馆对公众进行展示。二是建设古海塘文化公园。历史上,塘湾村位于钱塘江险工段,出于镇潮护塘的目的建造海塘时嵌入石兽头。目前,原有的近十处石兽头已经仅剩两处,再不抢救就将消失。若能结合规划古海塘公园,可使这些珍贵的遗迹得以保护,同时也将提升城市文化品位。三是设立遗址标识。龙山闸、浙江闸虽已湮没在历史中,但作为钱塘江与运河沟通的最早工程,仍具有划时代的意义。如在原址设立遗址标识,也是对文化遗产的一种保护措施。四是申报更高级别的文化遗产。八月十八潮,壮观天下无,钱塘江大潮号称“天下第一潮”。杭州应抓好将钱塘江海塘列入第八批全国重点文物保护单位工作和钱江观潮申报国家级非物质文化遗产名录工作。

(三)积极做好保护开发文章

做好江海文化遗产的保护性开发,可以有效加强对内对外的辐射能力和服务能力,成为持续发展的一个支柱产业和强劲动力源。一是采用多种形式进行保护性开发。如海洋文艺类非物质文化遗产可以通过文学艺术、影视音像、新闻出版、体育娱乐、信息咨询、设计策划、文物工艺等领域进行文化产业开发。二是在广泛参与中进行传承性开发。业以人兴,艺靠人传,可以动员社会力量广泛参与，将更多的江海文化遗产通过商业渠道来寻找传承人。三是进行包括江滨旅游业、休闲渔业、庆典会展业、民俗文化产业、工艺品行业等在内的旅游式开发。四是围绕杭州特色江海文化进行品牌化开发，如积极举办旅游节庆活动，打造一批具有国际影响力的江海节庆品牌。

(四)加大杭州江海文化遗产的宣传力度

提高全体市民的思想文化素质，强化江海文化意识是杭州文明建设、实施文化发展战略的一项基础工程。要加大江海文化遗产知识的宣传教育力度，努力形成保护江海文化遗产的社会环境和舆论氛围，使江海文化真正内化为人们的自觉行动。积极发挥钱塘江博物馆、杭州中国水利博物馆等阵地作用，加强对江海文化的系统研究和普及工作。积极做好相关书籍的编撰出版工作。新闻媒体也应当积极地加入到宣传江海文化遗产保护工作的队伍中来，切实加大宣传力度。

(五)注重历史文脉与现代文化的融合

城市建筑，是凝固的音乐、有形的语言、立体的绘画、实用的雕塑，承载着民族、地域和时代的丰富的文化内涵。在钱塘江文化休闲带规划的基础上，应精心设计沿江大道的休闲设施、游步道、观景台等人文景观，特别要设立展现钱塘江文化如钱塘江围垦、七甲渡口等建筑雕塑、主题墙、主题文化角等。从“大文化”角度把各地的文化要素串联起来，使山水景观和文化景观融为一体；开快进度建设景观文化展示工程，开展生态文明示范工程和历史文化展示工程建设，争取早日建成建设生态文明展览馆、“三江两岸”文化展览馆和之江船工业遗址公园。

(六)打造休闲旅游文化系列品牌

钱塘江是杭州的母亲河，文物景点密布，民俗风情独特，休闲旅游文化资源十分丰富。在继续办好横渡钱塘江等群众性活动的基础上，应积极开发适合市民大众的、有杭州特色的如江钓大赛、龙舟赛等时尚的运动休闲项目。在举办国际冲浪活动的基础上，应进一步加大国际交流合作力度，积极引进国际时尚的体育极限水上项目。加快打造九溪至九桥段得天独厚的国际马拉松赛道和公路自行车赛道；充分利用钱塘江运河水系相通及沿江亮灯的优势，开发水上运动基地、漂流运动等水上休闲系列产品。积极开发农耕、人文、民俗、美食和创意等系列产品，实现3+1现代产业体系的融合发展。

参考文献

[1]王文洪.关于舟山海洋文化发展策略的思考[J].浙江海洋学院学报(人文科

学版),2002(3).
[2]杨玉泉.丰富的水资源形态突出展示杭州城市水文化特色[J].科技资讯,2009(6).
[3]张志荣,李亮.大运河杭州段水文化遗产的内涵与价值[N].中国文化报,2012-08-16(14).
[4]姚倩.钱塘江文化渊源及特质研究.钱江新城门户网站,2011.
[5]刘玲.宁波海洋非物质文化遗产的保护与开发利用[J].宁波经济(三江论坛),2012(8).
[6]苏勇军.浙江海洋宗教信仰文化的旅游价值及其可持续发展研究[J].渔业经济研究,2008(6).
[7]王巧玲.海洋文化中的道教文化研究——以浙江省为例[J].浙江万里学院学报,2012(5).
[8]钱塘江古海塘遗址上将建博物馆两年后揭开神秘面纱[N].浙江在线,2014-9-16.

(本文写于2014年8月,曾获第三届中国非物质文化遗产保护(舟山)论坛征文二等奖。)

传承篇

一次次出发，一次次迎着人类文明发展不可阻止的城市化浪潮，试图挽留那些悠远的弦歌和乡愁……知得愈多，爱得愈多；爱得愈多，愈感时不我待。浙江非遗开拓者王淼曾说："非遗的发生和流传植根于人们的文化情怀，从某种程度上说，抢救濒危非遗项目与医护人员救死扶伤是一样的，同样责任重大，使命光荣。世界上最远的距离：说与做。我们的责任是，缩短愿景与使命、理想与现实、思考与行动、说与做的距离。事业无止境，探索无止境。"

这是非遗工作者的无奈和焦虑，也是他们的使命和担当。本篇章以传承为视角，围绕当前非遗保护的主要工作，诸如非遗校园传承、数据库、非遗档案、政策法规等7个专题展开探讨杭州的非物质文化遗产该如何传承的问题。

杭州市非物质文化遗产传承现状及对策建议

非物质文化遗产是活态文化，其最大的特点是无形性，传承人是非物质文化遗产的重要承载者和传递者。非物质文化遗产保护的关键和核心，是对传承人的保护。这个观念是在保护工作实践和理论研究中逐渐形成和逐渐被认同的。因此，如何加强作为文化重要主体的传承人在文化传承和发展中所起的作用，是现今杭州非遗保护实践中需要思考和研究的重大问题。本文采用统计学的方法，对其群体特征进行量化，以直观找出杭州非遗传承人队伍建设过程中存在的问题，并在田野调查的基础上，探讨保护传承人的科学机制。

党的十七届六中全会强调，要“建设优秀传统文化传承体系”，指出“优秀传统文化凝聚着中华民族自强不息的精神追求和历久弥新的精神财富，是发展社会主义先进文化的深厚基础，是建设中华民族共有精神家园的重要支撑”，并特别提到要“抓好非物质文化遗产保护传承”。

在经济全球化和我国加速城镇化发展的背景下，保护和传承非物质文化遗产，已成为文化遗产保护事业新的重要课题。中央领导近年高调表态，把非遗定位提升到“民族文化的精华、民族智慧的象征和民族精神的结晶”。有学者敏锐地指出，非遗保护工作是新中国成立以来，政府与民众共同找到的契合点之一。正是在多重政策背景下，《非物质文化遗产法》在非遗保护工作起步不到五年的时间内就出台。

传承人是非物质文化遗产的承载者和传递者，保护传承人是保护非物质文化遗产的核心内容之一。传承人作为非物质文化遗产的动态表现，是非物质文化遗产的继承者和承载者，因此对传承人展开研究，可以在一定程度上反映非物质文化遗产保护的现状。现今非遗传承人大多年事已高，随时都有人亡艺绝的危险。为加强对传承人的保护，2006 年以来，文化部、省文化厅、市文广新局各自先后认定了三批非物质文化遗产项目代表性传承人，并出台了各层级的认定办法和管理办法。2011 年，《非物质文化遗产法》的正式实施，标志着非物质文化遗产保护工作进入了有法可依、有法保障、依法保护的阶段。

为加强保护传承人，杭州先后公布了《杭州市文化广电新闻出版局杭州市非物质文化遗产代表性传承人申报与认定办法》（杭文广新社文〔2008〕6号）、《杭州市非物质文化遗产代表性传承人（民间老艺人）补贴实施暂行办法》（杭文广新发〔2008〕13号、杭财教〔2008〕504号）和《杭州市文化广电新闻出版局关于印发杭州市非遗传承人技艺和生存状态调研方案的通知》（杭文广新社文〔2009〕24号）三个政策性文件。对已经认定的代表性传承人，通过记录整理技艺资料，提供传习场所，资助开展传习活动，组织宣传与交流，征集并保管代表作品，建立档案等方式，积极支持传承人开展传承活动。然而也必须看到，由于杭州开展非遗保护工作的时间较短，缺乏经验，加上遗产保护工作牵涉面广，情况复杂，运作中也存在不少亟待解决或需要逐步改进的问题。

如何加强作为文化重要主体的传承人在文化传承和发展中所起的作用，是现今杭州非遗保护实践中需要思考和研究的重大问题。《易经》贲卦有云："关乎天文，以察时变；关乎人文，以化成天下。"在非物质文化遗产正遭受日益严重的冲击濒临消亡的现实情况下，对非遗传承人的实际情况进行调研，进而对如何培育非遗传承人提出相应的措施，这对加强杭州非遗保护工作，塑造杭州的文化形象，助推世界手工艺之都建设都具有深远的意义，其重要性显而易见。

本课题采取田野调查、文献研究相结合的方法。而就具体的研究方法而言，选择具有典型性的研究对象，并对研究对象进行归纳总结，采用统计学的方法，对其群体特征进行量化，以直观找出杭州非遗传承人队伍建设过程中存在的问题，并在田野调查的基础上，探讨保护传承人的科学机制。

一、杭州市非遗传承人的队伍特征研究及启示

（一）问卷调查概况

问卷调查从9月初开始，至10月中旬结束，为期一个半月。对传承人的调查主要从传承人的基本情况、传承谱系、传承地点、传承方式、传承情况、参加对外活动情况等几个方面进行。调查对象是除桐庐县以外，列入市级以上（含市级）的代表性传承人（若不特别指出，以下均简称为"传承人"），调查人数共195人，其中国家级传承人8人，省级传承人90人，市级传承人97人，调查人数占整个传承人71.16%，详见表1。同时，用分析统计软件SPSS对问卷情况进行了统计分析。

表 1　发放问卷人数的分布

传承人级别	传承人数量(人)	参加本次调查人数(人)	参加调查百分比
国家级	15(3 人已故)	8	53.33%
省级	122(5 人已故)	90	73.77%
市级	137	97	70.80%
合计	274	195	71.17%

(二)杭州市非物质文化遗产传承基本现状

1. 传承人分布情况

(1)年龄分布情况。如图 1 所示,在排除缺失的变量之后(样本数 180),参加本次调查的人群年龄均值为 65.3 岁,年龄最大的为 90 岁,最小的为 18 岁,全距为 72,峰值在 70—75 岁,基本服从正态分布。70 岁以上传承人占到 43.9%,45 岁以下的传承人仅占 4.4%。非物质文化遗产主要依靠传承人的口传心授来传承,传承人年龄绝大多数已逾半百的现象,既说明世代先人创造的无形财富后继无人或面临濒危的现实,也彰显了保护工作的紧迫性和重要性。

而从性别构成看,杭州国家级传承人共计 15 人,均为男性。而在 180 个有效样本中,女性传承人只占到总传承人数量的 18.3%;省级传承人中,女性占到 21.6%;市级传承人中,女性占到 16.5%。其比例数值较为接近,说明了女性在杭州各级传承人体系中构成相对稳定,女性比例不高。

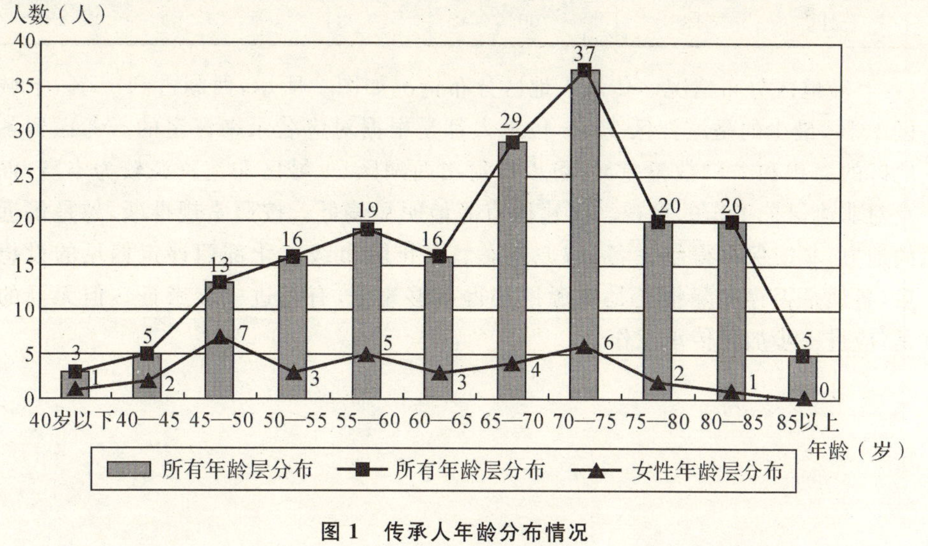

图 1　传承人年龄分布情况

(2)项目类别分布情况。再来考察下传承人在非遗十大门类中的分布情况。如表2所示,杭州非遗传承人在传统技艺类别中最集中,数量占总人数的35.9%。传统技艺、传统美术和传统医药三个类别传承人数量占到总传承人数量的49.2%,这与杭州作为世界工艺与民间艺术之都的地位相符。而从性别比例看,传统戏剧类,女性占总人数第一,为38.5%;传统医药、民间文学和传统体育、游艺与杂技三项,竟然无一女性,其中原因应予以关注和研究。

表2　传承人在项目类别中分布情况

类别	频率(人)	百分比(%)	女性频率(人)	女性所占百分比(%)
传统技艺	70	35.9	16	22.9
传统医药	9	4.6	0	0
曲艺	15	7.7	1	6.7
传统音乐	13	6.7	1	7.7
传统戏剧	13	6.7	5	38.5
传统体育、游艺与杂技	11	5.6	0	0
民间文学	9	4.6	0	0
传统舞蹈	22	11.3	2	9.1
传统美术	17	8.7	4	23.5
民俗	16	8.2	5	31.3
合计	195	100.0	34	

(3)地区分布情况。传承人地区分布情况如图2所示,西湖占到15%,上城区13%,最少的是滨江区1%。传承人都是根据对应名录来评定的。考虑到各地区的面积和人口数量差异,可以折射出西湖区、上城区非遗资源较为丰富,以及对非遗保护工作的重视。而建德市等地明显偏低。按照常规推断,越是偏远的地方,非遗保存得越完备、越原生态。在排除市级文化部门评定偏见的设想后,各地是否存在漏报还是资源挖掘得不够充分,有待进一步考证。但无疑的是,应进一步加强传承工作。

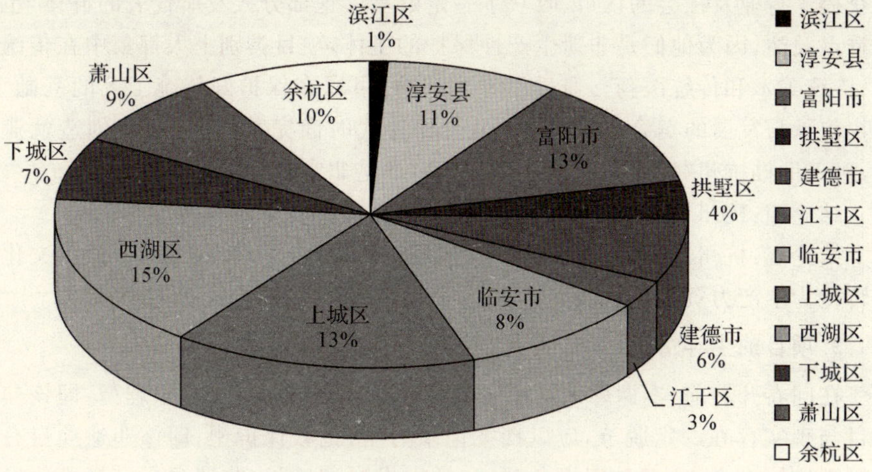

图 2　传承人地区分布情况

结论一：杭州传承人年龄总体偏大，保护传承人工作形势紧迫。

结论二：女性比例低，若干门类无女性传承人，需要关注和研究。

结论三：部分地区非遗资源有待挖掘，传承工作应进一步加强。

2. 传承人生存状况

从传承人的收入情况看，年收入在 1 万元以下的约占 21.5%，3 万元以下占到 48.7%，5 万元以下占到 69.3%，而 10 万元以上的占总数的 6.7%。从传承人的医保社保情况看，5.1%的传承人没有医保，14.4%没有社保，10.8%的人既没有医保也没有社保。从传承人的文化程度看，有 42.8%的传承人文化程度是初中以下，大专以上只占到 18.6%。可见杭州非遗传承人整体经济生活状况不佳，文化程度不高。

探其原因，非遗主要是农耕文明的产物，是在小农经济的基础上发展而来的。大多数的非物质文化遗产不具有明显的经济效益，只能作为一种精神生活消费品。因而传承人在经济地位上缺乏认同。尤其在农村，很多传承人在生活上出现困顿。值得注意的是，本课题统计的都是经过文化部门认定的非遗传承人，他们是非遗传承群体中的优秀代表。经认定的非遗传承人尚且如此，那些不为所知的未被认定的传承人总体上生活更为艰辛。初步估计，全市从事非遗直接或间接相关职业的人群达数十万之多，如此数量的人群，如若处置不好，将会成为社会的不稳定因素。

而辩证地看，有 30.7%的传承人年收入达到 5 万元以上，6.7%的传承人甚至达到 10 万元以上。考虑到他们平均年龄 65.3 岁的事实，可以看到不少传承人获得了行业及社会的认可，收获了一定财富。这部分人及所代表的群体，也应该重点关注，因为他们是非遗生产性保护的主体，项目类别上大都集中在传统技艺、传统美术和传统医药。通过引导和扶持，可以在保护好传统工艺的基础上，寻找传承与发展的契合点，将传统工艺和现代时尚完美结合，对于创造就业机会，对于助推杭州"世界手工艺之都"建设，都是非常有意义的。

结论四：杭州非遗大部分传承人收入和文化程度整体不高。

结论五：杭州部分传承人所代表的非遗项目适合生产性保护，可以由文化资源转化为生产力资源。

3. 项目的生存情况

在问卷开展前，本课题定义了三种生存状况，分别为：保存整理型，即该非遗项目与现实存在一定脱节，应以档案记录为主；抢救保护型，即该非遗项目有一定的现实社会意义，并处于濒危状态；活力发展型，即该非遗项目有规模化发展趋势，适合生产性保护。9.2%的传承人认为自己所在的项目属于保存整理型，51.3%传承人认为自己所在的项目属于抢救保护型，活力发展型的占到38.5%，缺失值占1%。

从身体状况看，91.8%的传承人表示自己身体状况良好，可以带徒传艺；8.2%的传承人表示自己身体状况不太理想，无法正常履行职责。

从带徒数量看，17%的传承人没有带徒弟；带徒数量1—3个的最多，占总传承人数的41%；4—10个的占到23%；10个以上的占到19%。

对传承人所在项目生存状况和传承人身体状况进一步分析，结果如表3所示。可以看出，身体状况不佳的传承人多集中在保护整理型和抢救保护型的项目上。原假设为传承人所在项目的生存状况和传承人身体状况不存在显著相关性。而计算结果可知，Sig＝0.009，设显著性水平 $\alpha=0.01$，因为 $Sig<\alpha$，所以拒绝原假设。因此可以排除个体状况的随机差异造成的波动，传承人所在项目的生存状况和传承人身体状况存在显著相关性。

表3　身体状况、传承人所在项目的生存状况

		传承人所在项目的生存状况				合计
		保存整理型	抢救保护型	活力发展型	缺失值	
身体状况	良好	15	90	72	2	179
	不太理想	5	9	2	0	16
合计		20	99	74	2	195

对比身体状况和带徒数量，可以发现部分身体状况良好的传承人却没有带

徒，在排除传承人主观的情况下，说明部分项目面临徒弟难招的窘境。一个具体的非遗项目能否生存，传承人的个体数量有个阀值，低于这个数值，传承的群体灭绝就会发生。为避免人绝艺亡，带徒数量少于 3 个的和身体状况不是很好的传承人，杭州应该重点关注。

调查当中，还发现了一个值得思考的现象，即有固定单位、现在还在职的传承人均得到了较好的传承机会；而较早离开工作岗位的已经退休的传承人，基本没有固定的传习场所，传承技艺靠个人的自觉行为。因此，传承需要一定的载体。

结论六：非遗项目的生存状况和传承人的身体状况显著相关，对于身体状况不好的传承人应格外关注。

结论七(1)：部分非遗传承人面临徒弟难招的困境。

结论七(2)：传承群体低于阀值，非遗项目将处于濒危状况。

结论八：非遗传承需要一定的载体。

4. 承习情况

在调查学艺初衷时，有 25.7％的传承人表示为了继承家业；29.8％的传承人表示受生计所迫；44.5％的人是由于兴趣爱好。除兴趣爱好这部分人外，大致可以认定非遗是超过一半传承人的生活依托。虽然时过境迁，但还是可以得到启示，那就是非物质文化遗产与民众的生活息息相关，一方面它为满足人们的生存需要提供技术手段，在不断实践的过程中推动了生产力的发展，推动了人类社会前进的步伐，另一方面它为创造者带来了财富和地位。对于有市场潜力的非遗项目，应该积极引导扶持，为创造就业机会、改善生活、构建和谐社会做出应有的贡献。44.5％的人是由于兴趣爱好，说明时代虽然在变，但几十年前和现今一样，有许多人对非遗感兴趣，愿意掌握一两门技艺。非遗因为承载了民族文化基因，故价值是亘古恒新的。

在调查传承方式时，41.2％的传承人表示是师徒习得(拜师或者师傅公开招收徒弟)；22.5％的传承人表示是家族习得(在家庭中进行，在有血缘关系的人们中间进行传习，一般不传外人，有的甚至传男不传女，主要是由长辈传述给子女或晚辈)；23.6％的传承人表示是社会习得(在一定的地域文化范围内进行的传习活动，一般没有拜师，而是常听多看艺人表演、操作，无师自通而习得)；有 12.6％的传承人表示是群体习得(在同一族群的文化区范围内，社会人群共同参与传习某一种非物质文化遗产的形式，显示了组成这个群体的共同的文化心理和信仰)。

考察下两者的相关性。原假设为该传承人当初从事这项非遗工作的初衷与该传承人属于哪种类型的传承人不存在显著相关性。SPSS软件分析知 Sig=0.001,设显著性水平 $\alpha=0.05$,因为 $Sig<\alpha$,所以拒绝原假设。因此该传承人当初从事这项非遗工作的初衷与该传承人属于哪种类型的传承人存在显著相关性。即传承人学艺初衷和该非遗项目的传承方式有显著关系,情况和事实相符。继承家业的大多以家族习得进行传承,生计所迫的大多以师徒习得进行传承,兴趣爱好的则以社会习得和群体习得为主,部分通过师徒习得进行传承。

按照大类分,非遗可以分为三大门类,即手工技艺类(含传统技艺、传统美术和传统医药)、表演艺术类(含传统戏曲、传统舞蹈、曲艺和传统音乐)和民俗类(含民间文学、传统体育、游艺与杂技、民俗)。从表4可知,手工技艺类主要以师徒习得和家族习得为主,分别占到51.6%、32.6%;表演艺术类主要以师徒习得和社会习得为主,分别占到46.8%、29%;民俗类主要以社会习得为主,占到50%。故应针对非遗不同的门类和传承特点,制订不同的保护策略。

表4　门类项目

			该传承类型(注:此为多选项)				门类人数总计
			师徒习得	家族习得	社会习得	群体习得	
门类项目	手工艺类	计数(人)	49	31	13	11	95
		门类项目内的百分比	51.6%	32.6%	13.7%	11.6%	
		总计的百分比	25.4%	16.1%	6.7%	5.7%	49.2%
	表演艺术类	计数(人)	29	7	18	10	62
		门类项目内的百分比	46.8%	11.3%	29.0%	16.1%	
		总计的百分比	15.0%	3.6%	9.3%	5.2%	32.1%
	民俗	计数(人)	6	7	18	8	36
		门类项目内的百分比	16.7%	19.4%	50.0%	22.2%	
		总计的百分比	3.1%	3.6%	9.3%	4.1%	18.7%
		计数(人)	84	45	49	29	207/193/100%

百分比和总计以响应者为基础。a.值为1时制表的二分组。

结论九:非遗价值亘古恒新,与生活息息相关,是许多人的生计所在。

结论十：对于不同的非遗门类和传承特点，应制定不同的保护策略。

5. 其他相关性分析

表5考察了传承人级别、所在项目的生存状况、传承人文化程度和年收入之间的相关性。设显著性水平 $\alpha=0.01$，由上表可知，Sig＜0.05，可以得出如下结论：所在项目生存情况、年收入和文化程度三者各自显著相关；而传承人级别与其他要素不存在显著相关性。由此可见，传承人自身文化素质越低，年收入越低，所在项目生存状况越是濒危，反之亦然。而传承人级别主要是社会对非遗项目的价值判定，故不能单纯以雅俗或经济的角度衡量一个非遗项目的价值。

表5　各要素间的相关性分析

		级别	所在项目的生存状况	文化程度	年收入
级别	Pearson 相关性	1	0.023	0.006	−0.131
	显著性(双侧)		0.745	0.939	0.073
	N	195	195	194	189
所在项目的生存状况	Pearson 相关性	0.023	1	0.204**	0.198**
	显著性(双侧)	0.745		0.004	0.006
	N	195	195	194	189
文化程度	Pearson 相关性	0.006	0.204**	1	0.460**
	显著性(双侧)	0.939	0.004		0.000
	N	194	194	194	189
年收入	Pearson 相关性	−0.131	0.198**	0.460**	1
	显著性(双侧)	0.073	0.006	0.000	
	N	189	189	189	189

**. 在.01水平(双侧)上显著相关。

结论十一：所在项目生存情况、年收入和文化程度三者各自显著相关。

结论十二：不能单纯以雅俗或经济的角度衡量一个非遗项目的价值。

二、杭州市非物质文化遗产传承人队伍建设面临的若干问题

(一)现有管理体制有待改进

依据现有管理办法，国家财政2010年(含)之前，每年每人补助8000元，

2011年始,每年每人补助10000元。省级财政对省级补助标准为65—69周岁,每人每年补助3000元,70周岁以上每人每年补助4000元,对列入国家级的传承人继续补助。杭州的补助标准为60—70岁,每人每年补助2000元,70岁以上每人每年补助1500元,对列入国家级和省级的传承人不再继续补助。每年各级财政补助金额不同,主要由补助人数不同造成,如个别传承人去世、新公布一批传承人和新增部分传承人达到补助年龄等。近三年来,杭州传承人接受各级财政补助情况如表6所示。目前,全国上下争论的不是补不补的问题,而是该如何补的问题。

表6　2009—2011年度国家、省、市三级财政补助我市传承人情况

年度	国家财政（万元）	补助人数（人）	省级财政（万元）	补助人数（人）	市级财政（万元）	补助人数（人）
2009	15	12	25.3	68	4.9	28
2010	14	11.2	26	70	10.1	59
2011	14	14	29	78	15.05	86

可见,目前国家、省和市发放的模式都没有考虑差异性,如城乡差别、地区差别,以及年龄的差别、身体状况的差别等一系列因素。这种模式,本身还有个问题。每个传承人背后都有个传承群体(濒危项目除外),在补助金发放时,十取其一甚至百取其一的补贴模式,势必也会影响到传承群体的原有和谐。此外,补助金类似于津贴,即使不履责或无法履责,传承人也照样可以领到。相关方面缺乏长效机制,是当前非物质文化遗产保护中亟待解决的问题。这就需要杭州制定出一个既能帮助传承人有序传承,又不会对非物质文化遗产及其原生环境造成"保护性"破坏的政策,这才是问题的关键。

(二)社会认知存在较大差异

目前,虽然社会总体上对非遗保护的价值和意义认识不断提升,但决策者、投资者、专家、市民的价值观是存在差异的。即使在政府部门、专家学者内部也因文物、规划、建设、交通、市政、园林、国土、旅游等不同角度存在差异;市民中也因产权人、非产权人,利益相关者、非利益相关者等不同立场而存在差异;不同人群的认识和利益要求相互矛盾甚至尖锐对立。在城市建设中对一些非物质遗产保护的问题上,对是否需要在日趋紧张的土地资源中分出部分提供给非物质遗产及保护工作也存在着争议。这些状况导致了非遗保护工作中的许多问题,因为缺乏共识而难以顺利开展。

此外,2011年对在杭高校大学生做了个认知调查,结果显示:愿意参加非遗宣传活动的人只有22.9%,知道文化遗产日的只有19.4%。非遗保护的根本出路在于唤醒全体国民,特别是广大青少年的文化自觉。年轻一代认知如此,不得不引起非遗保护工作者们的警觉。

(三)缺乏综合性的传承场所

目前,许多项目缺乏传承载体和传承场所,处于自生自灭的状态。非遗作为一种无形资产,从一定意义上讲,都是金字招牌,一个地方非物质文化遗产项目的多少,是一个地方潜在的文化竞争力,甚至综合竞争力的一种体现。以非遗场馆为载体,打造品牌,打响品牌,对于建立优秀传统文化传承体系,提升区域竞争力,打造城市名片都具有重要意义。杭州现虽有中国刀剪剑博物馆、中国扇博物馆、中国伞博物馆等非遗专题馆,也有作为三馆活态补充的非遗活态展示馆,但是有几点明显的不足:其一,杭州市现有44个国家级名录项目,有展示平台的不到一半,即使有展示平台的,也是以单个项目为主的专题馆形式出现,规模小,内容少。其二,活态展示馆由旧厂房改造,场地的局限性造成展示项目的局限,更多能代表杭州文化的项目很遗憾没能展示。其三,三馆等建馆初衷是服务于运河申遗,体现出浓郁的运河两岸特色,而无法全面体现全杭州的风貌。其四,作为世界手工艺之都,综合展示平台和宣传窗口是内在需要。其五,建设综合馆可以有效破解传承人缺乏场所的问题,可以起到集聚效应。因此,杭州亟须建成一所集收藏、研究、展示及产业开发等功能于一体的综合性非遗展示场馆。

(四)传承链条面临断裂危机

现今社会日趋多样化,价值观日趋多元。以农村民俗活动为例,随着经济社会的发展,生活节奏的加快,特别是电视、网络等现代传媒的普及,人们可选择的文化娱乐方式增多,以往的传统的民俗文化活动逐步远离了人们的视野。由于缺少资金支持,参与群众自办民俗活动不但没有补助性收入,反而要投入相应的时间和金钱,使得年轻人不愿参与其中。参与的人群里绝大多数是老同志,虽有激情,却比不上年轻人的时代意识和体力,缺少年轻活力的参与,质量也难以提高。对于非遗传承来说,人的传承是第一位。由之前分析可知,杭州非遗传承面临徒弟难招的困境,后继乏人堪忧。如果不把传承人掌握的传统技艺及时用各种方式存留下来,最终会人亡歌息,人去艺绝,造成无法估量的损失。传承人若生活条件艰苦的话,本身也缺乏自觉传承的动力。应进一步提高他们的生活水平和社会地位,增进他们自觉传承动力。同时要想留住年轻人的心,需要更多从就业创业、自我价值实现等利益需求的角度考虑。

(五)生存发展环境不容乐观

杭州当前非遗的传承普及仍主要是自发推广,即传承人通过自己努力在市场经济中传承宣扬非遗。纯市场机制的传承不适合非遗保护,非遗行业大多生产精神及文化产品,但其极高的"生产成本"却常被社会忽视,而文化精神类产品在杭州当前居民消费中仅占据极小比例,这使得非遗从业者举步维艰,行业发展极其缓慢最终必然消失。

再次,当前许多地方加大非遗保护工作,只是因为看到了非遗的经济效益。在实际工作中,更多考虑的是怎样实现经济利益最大化。为了获得经济效益,传承人被当作宣传地方的一个工具,他们被限定在固定的表演格式与套路里,周而复始地工作。他们的传承活动从文化整体中被剥离出来,甚至被肢解,只保留对宣传有益的部分。这种急功近利的做法,并不符合传统文化的精神内涵,非物质文化遗产的商业化包装往往带来更大程度的破坏,甚至造成文化空间的严重破坏。非遗赖以生存的文化空间一旦遭到破坏,将带来真正意义上的灭绝。

(六)现有机构队伍无法胜任

努力提高非遗工作者队伍的综合素质和业务水平,是加强杭州非遗传承工作必不可少的一环。现有非物质文化遗产保护工作的队伍素质还无法匹配这一工作的有效开展。在市级层面,首先,行政层面缺乏非遗保护的职能处室。目前,统一协调落实全市非遗保护工作的是市非遗保护工作领导小组,办公室设在市文广新局。由于领导小组办公室只是个临时性协调机构,没有固定的工作人员,造成行政工作大量下压到市非遗中心。作为新成立的业务指导单位,市非遗中心现有在编人员 6 人,人员少,工作量大,工作职责亟待理顺。目前,全省 11 个设区市里,已有 6 个市编委批准挂牌成立非遗职能处室,而杭州还没有专门的非遗处室,影响了工作的有效开展。其次,专家的思想素质和业务水平参差不齐,影响了非遗保护工作的有效开展。杭州非遗专家库中,共有专家 28 人。从构成看,高校等科研单位专家比例不到 60%,女性只有一位,岁数基本上都超过 55 周岁。专家队伍目前作用还停留在评审和论证层面,虽然整体上学识渊博,但思想偏向保守,不利于理论的创新和方向的总体把握。再次,全市也没有非遗社团组织,无法有效吸纳有关学术研究机构、大专院校、企事业单位和社会团体等各方面力量参与。而在区、县(市)层面,除了相当一部分区级保护工作机构尚未建立或健全外,许多地方尚没有专门的工作人员,工作无法正常开展。比如,目前江干区没机构也没编制,上城区有机构无编制,已有的非遗保护队伍普遍存在着流动性大和专业基础薄弱等问题,工作人员的整体素质和能力,还远远不能适应保护工作的需要。因此，在大力推进非遗保护机构建设的同时，杭州要全面加强队伍建设和专家队伍建设。

三、关于进一步加强杭州市非物质文化遗产传承人队伍建设的对策建议

非物质文化遗产的传承，"既是连接民族情感纽带、增进民族团结和维护国家及社会稳定的主要文化基础，也是维护世界文化多样性和创造性，促进人类共同发展的前提"。保护好这些传承人，是文化遗产保护的题中应有之义，是政府部门以及有关社会各界的共同历史责任。下面将重点围绕十二条结论，从营造良好氛围和创新管理机制两个方面着手，提出进一步加强杭州非遗传承工作的几条建议。

（一）营造良好氛围，维护好杭州文化生态

非遗保护的根本出路是唤起民众的文化自觉。只有当人们具有了文化自尊以后，保护才能成为自觉的行动，才能更好地利用。杭州只有将非遗视为自尊，才能达到保护的最高境界，最好的境界。要做到这一点，杭州还有很长的路要走。

1. 进一步提高全社会的认识

结论一：杭州非遗传承人年龄总体偏大，保护传承人工作形势紧迫。

结论九：非遗价值亘古恒新，与生活息息相关，是许多人的生计所在。

过去的生活就是今天的文化；今天的生活就是未来的文化。非遗代表了过去和传统这个维度，是现今生活汲取创意创新的源泉。在当前非遗保护工作中，采取有效措施，抢救与保护濒危的传承人是迫在眉睫的重大问题。

非物质文化遗产代表了过去和传统这个维度，是现今生活汲取创意创新的源泉。杭州非物质文化遗产资源非常丰富，要使杭州的广大市民认识到：非物质文化遗产保护工作不是若干领导、政府几个部门、社会中少数成员的事情，而是全体社会成员的共同职责；保护非物质文化遗产，不是少数人发思古之幽情，不是少数专家学者的专业癖好，不是少数政府部门的特殊利益，更不是传承人的工作，而是全体社会成员，整个城市的长远利益、根本利益之所在；非物质文化遗产不是城市的包袱，而是城市不可再生的财富；非物质文化遗产传承人不是"麻烦制造者"，而是城市精神、社会效益的守护者。大部分非遗传承人身上有着浓厚的优秀传统文化积淀，充满人文励志精神，是一部部微缩版的奋斗史诗，通过倾听、理解、比较、感触，可以有效提高整个城市的文化形象和市民的文化素养。杭

州要举全市之力，解放思想，创新思路，做好非物质文化遗产传承工作。

2. 注重非遗传承群体的保护

结论七(2)：传承群体低于阀值，非遗项目将处于濒危状况。

在政府层面评定代表性传承人既是对传承人个体的一种肯定，也能对其所代表的群体起到示范导向和先进引领的作用。但是，这批人数量有限，即使政府层面再怎么呵护，也只能是温室里养花朵，鱼缸里养金鱼的效果。杭州文化丰富多样，底蕴深厚，能被评为传承人并真正享受到政策优惠的，只是其中的一些代表，大量存在于基层的民间艺人仍是少人问津。非遗保护工作要达到的效果"不是欣赏盆景，而是观看风景。不是梅花一枝孤自芳，而是春色满园关不住"。杭州应尽快建立非遗协会、传承人之家、非遗志愿者队伍等非遗保护社会组织，通过积极发挥他们的作用，最大限度地促进社会参与。同时，应努力确保创造、延续和传承非物质文化遗产的社区(乡村)和群体的最大限度参与，通过政策咨询、知识推介、发展设计等方式协助传承人找到发展之路。有效利用传承人自身的环境与经济社会基础，创造一种整体性的保护氛围，使传承人更好地担当起传承使命。

3. 发挥国民教育基础性作用

党的十七届六中全会强调，要"建设优秀传统文化传承体系"，并特别指出"广泛开展优秀传统文化教育普及活动。发挥国民教育在文化传承创新中的基础性作用，增加优秀传统文化课程内容，加强优秀传统文化教学研究基地建设"。非遗进校园不仅仅为趋势或潮流，更是非遗的传承弘扬与学校教育形成良性互动的有效举措。一是建议在党校、行政学院开设文化遗产保护课程。使广大公务员，特别是领导干部，接受较为系统的相关培训。在当前法制尚不健全的情况下，提高领导干部非遗保护意识至关重要。二是建议非遗保护从小做起、从学生做起。即在中小学开设非遗保护及传承的讲座，在高等学校相关专业增设非遗保护课程，使非遗保护这项千秋大业与教育这一百年之计有机结合，真正保证非遗保护事业的可持续性发展。

4. 重视传承人自身队伍建设

结论一：杭州传承人年龄总体偏大，保护传承人工作形势紧迫。

结论四：杭州非遗大部分传承人收入和文化程度整体不高。

结论六：非遗项目的生存状况和传承人的身体状况显著相关。

任何一种非物质文化遗产都是从远古流传至今的，纯而又纯的非物质文化遗产是不存在的。许多民间艺人文化程度不高，衣着邋遢，生存状况不尽人意，实在很难与想象当中"尽善尽美的完人"沾边。世事多可笑，不能凭自己个人主观衡量具体非遗项目和具体传承人的价值，或许正是因为我们缺乏足够的智慧理解而已。故在保护非遗的过程中，应抱有一种谦逊宽容的态度，坚持以人为本的原则。

一是关注和尊重传承人的现实需求，保护遗产决不能以妨碍经济发展、降低人的生活质量为条件。二是要强调对传承人进行保护和培养。有针对性地做好青年传承人的培训工作，不断提升年轻工艺家的综合素质。政府部门对传承做得较好的二代传承人应该启用褒奖机制，专门设立年轻工艺家和传承人的展览、评比工作，建立中青年传承人论坛机制，以促进更多的二代传承人迅速成长、成才。三是对于身体状况不好的传承人应格外关注。尤其要关注没有医保社保，身体状况不好的传承人。为避免人绝艺亡的悲剧发生，有必要建立体检制度，资料采录工作也得加快进程。

5. 注重非遗项目的宣传展示

结论八：非遗传承需要一定的载体。

结论十二：不能单纯从雅俗或经济的角度衡量一个非遗项目的价值。

非遗传承依靠传承人的单打独斗注定会断链的。在市级层面，应吸收借鉴宁波“三位一体”（项目、传承人和保护基地）成功经验，积极做好非遗生产性基地、非遗经典旅游景区、传统节日保护地、非遗传承教学基地和非遗宣传展示基地等载体建设，为非遗传承提供载体。

同样，宣传也是载体的一种形式。目前，杭州非遗工作层面宣传主要集中在遗产日的短期宣传和推荐项目到外地参展，受众不广，局限性大。杭州有不少很有价值的非物质文化遗产，也有不少可歌可泣、值得书写一笔的传承人，但知之者寡，履之者寥，原因就是缺乏宣传。提高这些非遗资源的知名度，发挥这些资源的效益，只有创新宣传思路，才能达到实效。首先，除了一般的媒体宣传，应当有很强针对性、形式生动活泼的专题宣传或系列片，应当有更多的公益性宣传。宣传过程当中，要特别注意微博等新媒体的应用。其次，应积极参加对外交流，让传承人走出去，开阔视野，增长见识。再次，应积极开展有影响力和行之有效的展示展演活动，为传承人提供展示技能、才艺的平台。最后，应进一步加强阵地宣传，建设好非遗馆、展示厅、传习所等场馆集群的同时，建设好集展示、交流、研发和宣教等功能于一体的综合性非遗馆。

（二）创新管理机制，提高杭州保护工作实效

如何通过建立一种长效机制来有效调动广大传承人传承非物质文化遗产的积极性，是做好保护工作的关键。钱的效益是有限的，政策的效益是无限的；钱的效应是短暂的，政策的效应是长远的。因此，调动传承人积极性的最佳方式不

是输血，而是造血。杭州应进一步实施积极政策，变“输血”为“造血”，从政策上对传承人的传承加以扶持，并从根本上解决传承人“愿意传承”的问题。

1. 优化队伍结构

结论二：女性比例低，若干门类无女性传承人，需要关注和研究。

结论三：部分地区非遗资源有待挖掘，传承工作应进一步加强。

目前，杭州传承人当中女性所占比例为五分之一。在许多非遗项目中体现着男尊女卑的色彩。特别是在家族、师徒的关系中，往往出现传男不传女的现象，现今亦然。同时，在杭州非遗保护工作中，作为保护主体的专家、学者中，男性占有绝对的优势。一般而言，女性生活的世界狭窄，具有静观生活、留心细微之处的特性，在不自觉中具备了传承者的性格。在强调男女平等的当下，若不科学地考察保护主体的男女比例问题，就无法把握今后非遗传承的正确走向。以此，杭州应强化非物质文化遗产中女性元素，创建非物质文化遗产传承中男女平等的机制。同时，对传承人的认定，还主要集中在个人层面上，今后也应考虑传承团体认定的必要性与可能性。有关认定程序以及涉及调查和记录、公开等方面，也都应该逐渐建立起更为明确和严格的规范。

此外，全市非遗保护工作一盘棋，应统筹部署，协调跟进。针对我市部分地区非遗资源有待挖掘，传承工作应进一步加强的现状，在市级层面，应制定奖惩措施，树立典型，鼓励先进，鞭策后进。对于实在没有条件的地区，可以由市级文化部门牵头，通过专家和业务干部挂钩指导，点对点联系，加强资源挖掘，加大保护传承力度。在此基础上，市级文化部门在认定市级传承人数量时酌情给予倾斜，并在合适时机积极向上级主管部门推荐更高层级的传承人。

2. 注重分类指导

结论十：对不同的非遗门类和传承特点，应制订不同的保护策略。

非遗不同传承群体的不同性质决定了不同的保护措施。有效持久的保护需要针对被保护对象实际量身定制相应的保护方式。杭州非遗传承人的保护工作，既需要借鉴其他地区的多种经验，更需要结合本地的各种实际，在此基础上提出适合不同地区、不同类别、不同传承人情况的保护策略。对于与现实存在一定脱节的非遗项目，应该以档案记录整理为主，留待后人有足够智慧时再着重审视并发现价值。对于有一定现实社会意义，并处于濒危状态的项目，杭州应积极抓好抢救保护工作，重在传承当中获取价值和汲取道德力量。对于有规模化发展趋势，适合生产性保护的非遗项目，应将它们纳入到社会发展的主轨道上，推动传承人开发所承担的非物质文化遗产的市场空间与社会功能，将传承人的文化创造力与非物质文化遗产的传承保护融于一体，突显出传承人的历史地位和文化价值。

3. 完善保护机制

起步于新世纪的非遗保护工作，随着人们认识的提高和深化，非遗保护已由单项保护提升到科学保护的新阶段。在市级层面，杭州有必要陆续出台一系列配套制度和办法，改善传承人保护机制。量化传承活动的内容、方式和社会影响等标准，定期组织相关领域专家对传承人进行考核评定，对成绩突出的师傅和成绩优异的徒弟进行奖励。加强对传承人的教育培训，更新知识结构，提高素质觉悟。遵循项目传承规律，项目和传承人有进有出，保持队伍适当规模和梯次结构，真正实现科学评价和动态管理。同时，在深化落实省厅"三必报，五必访"(传承活动受阻碍事件必报，大病逝世必报，有重要艺术成果必报；家庭困难必访，大病逝世必访，收徒传艺必访，有重要艺术活动必访，有突发事件必访)制度的基础上，建立非遗干部结对联系和定点帮扶制度，跟踪保护，对口帮扶，既能让非遗干部更加熟悉业务，又可以在第一时间收集传承人动态。

此前，国家、省和市每隔两年评定一批传承人，按照趋势，评定的步伐将放慢。为保证非遗传承工作的延续性，并考虑到杭州非遗传承人平均年龄60多岁的事实，应学习借鉴日本的审议制度，每年都举行一次由数十位专家和有识之士组成的文化审议会，就重要传承人因死亡等而解除认定的情形，对艺能和工艺技术领域的发展状态等进行专业性的调查与研讨，对候补的指定对象进行翔实、严谨的调查研究，其结论将最终成为认定新的传承人的基本依据。

4. 合理利用优势

结论五：杭州部分传承人所代表的非遗项目适合生产性保护，可以由文化资源转化为生产力资源。

《非物质文化遗产法》指出，国家鼓励和支持充分发挥非遗资源的特殊优势，在有效保护的基础上，合理利用非遗代表性项目开发具有地方特色、民族特色和市场潜力的文化产品和文化服务。同时明确规定对合理利用非遗代表性项目的单位予以扶持，依法享受国家规定的税收优惠。

非遗传承工作不仅有赖于法律、规划这些外部的强制性，还有赖于合理利用、适度开发这样的内在的能动性，有赖于上述两方面的有机结合。非物质文化遗产具有稀缺性和不可再生性等特性，使其具有了经济价值的增值性，成为最能体现文化差异性的文化资源，并具备了进入文化产业、成为文化资本的潜质。要重点抓好杭州铜雕艺术、富阳造纸文化、鸡血石雕等非遗生产性保护基地的建设，以点带面，发挥辐射作用。发挥杭州岳王艺术城、宋城、吴山通宝城等展示、交流民间艺术作品的功能，大力扶持手工艺生产企业和表演艺术类单位走向市场，吸引民间资本到非遗生产性保护中来，确保有效传承。同时，采取资金补贴、政府采购和后期奖励等多种形式，在传承场所规划用地、材料购置税赋减免和选徒带徒方面真正关心他们，扶持一批具有重要示范和引导带动作用的传承人。当然，依据《非物质文化遗产法》，在使用非遗时，应当尊重其形式和内涵，禁止以歪曲、贬损等方式使用。

5. 借鉴有利制度

鉴于非遗传承人的合法权益没法得到有效维护问题，杭州应吸收借鉴国内外的成功经验。首先，可以借鉴监护和代理制度，将其核心理念演化于非物质文化遗产的法律保护上，建立一项新的主体制度，即非物质文化遗产监理制度。设立各类非遗监理人，独自代表非物质文化遗产的所有者进行管理、保护、发扬和参与诉讼等活动，避免各种复杂的主体制度的设定和规范设计。其次，利用政府采购或包场等制度式，回购传承人产品，并作为礼品赠送给国内外友人。产品的回购不但增加了当地传承人的收入，增强了传承人传承本国遗产的积极性，同时还能以这种方式宣传本土文化。再次，通过由政府帮助传承人注册商标等方式，保护传承人的知识产权。近年来，优秀传统文化被抢注的事件屡屡发生，杭州就发生过老字号被抢注，最后不得不高价购回商标的事件，为非遗保护敲响了警钟。然后，充分考虑到民间艺人最关心的大病统筹等问题，建立传承人体检等制度。最后，完善研究队伍、保护工作队伍、志愿者队伍、社团协会等队伍建设，构建非遗保护核心到外层金字塔形的人才队伍结构，为切实维护传承人合法权益保驾护航。

6. 建立激励机制

2009 年，文化部会同人力资源和社会保障部授予 35 名国家级传承人“全国非遗保护先进工作者”称号，享受省部级劳模待遇，这是对传承人的重要激励。今年文化部开始探索引入民间资本进入非遗领域，颁发评选“薪传奖”。在第七个“文化遗产日”来临之际，国家首设“中华非物质文化遗产传承人薪传奖”，表彰为中华非物质文化遗产传承做出杰出贡献的各级非遗代表性传承人。10 月，《浙江省人民政府关于表彰浙江省申报人类非物质文化遗产和国家级非物质文化遗产工作先进单位和记功人员的决定》(浙政发〔2012〕79 号)，对有关人员进行表彰。全国非遗看浙江，浙江非遗望杭州，杭州世遗和国遗名录数量在全国同类城市中是最多的。而杭州除了 2009 年初以市非遗保护工作领导小组名义表彰了一批非遗普查先进集体和个人外，还没有与非遗相关的其他表彰。这与近年来非遗保护工作迅猛发展的形势以及所取得的成效不符。良好的激励机制，对促进有序传承能起到深远的意义。有关激励机制亟待建立，有必要尽早在政府层面或文化行政部门层面召开全市传承人大会，对为杭州非遗传承做出杰出贡献的各级传承人进行表彰嘉奖，以推动非遗的保护以及优秀传统文化的继承和弘扬。同时，可以在人大代表、政协委员中适当配备一定的传承人名额，以视对传承人的精神关怀与鼓励。

总之，做好非物质文化遗产传承工作，维护民族文化基本元素，使优秀传统文化成为新时代鼓舞人民前进的精神力量，正是我们不懈努力的奋斗目标。非物质文化遗产保护工作任重而道远，艰巨而光荣。通过建立长效机制来有效调动各方积极性，是做好非遗传承工作的关键。上善若水，杭州要进一步遵循非遗传承的内在规律，积极引导，顺势而为，使人们更加认识到传承人的价值，认识到所传承的非遗的价值，促使各方自觉传承。同时，要通过保护，给非遗传承营造一个适合传承的环境，非遗才能得以传承并获得新的发展活力。

参考文献

[1] 冯莉. 传承人调查认定看当前非遗保护工作中存在的问题[J]. 青海民族研究，2010(04)

[2] 苑利. 非物质文化遗产传承人研究[J]. 厦门理工学院学报，2012(03).

[3] 张燕伟，魏会玲. 非物质文化遗产项目传承人研究及其启示——以地区分布和年龄分布为角度[J]. 档案与建设，2012(1).

[4] 胡敏. 进一步强化和完善对非物质文化遗产传承人的保护与管理[J]. 文艺生活：艺术中国，2010(10).

[5] 孙正国. 论非物质文化遗产传承人的类型化保护[J]. 求索，2009(10).

[6] 方一珊. 守望民族智慧——非物质文化遗产传承人初探[J]. 大众文艺：理论，2009(21).

[7] 曹保明. 文化传承的立体厚度[N]. 团结报，2012-05-12(5).

[8] 阮艳萍. 数字传承人：一类遗产表述与生产的新型主体[J]. 西南民族大学学报：人文社会科学版，2011(2).

（本文写于 2012 年 12 月，系 2013 年《杭州蓝皮书 · 文化卷》第 1 篇的原始稿件，并发表在《杭州政务 · 调查研究》2013 年第 22 期。）

附件：

关于对我市传承人队伍情况进行问卷调查的通知

各区、县(市)非遗中心：

当前，我市非遗保护工作重心正逐步由申报为主向保护为主转变。非遗保护的核心是活态传承，非遗传承人是我们工作的题中之意，重中之重。为了全面了解我市非遗传承人队伍建设的有关情况，推动非遗传承工作的深入开展，我中心决定对我市传承人队伍情况进行问卷调查。

调查的对象是列入市级以上(含市级)非遗代表性传承人。问卷详见附件，请及时联系本区域范围内非遗传承人所在的项目保护责任单位，并做好解释工作。对于个体传承人，请非遗中心有关同志协助传承人做好问卷调查工作。

问卷请于 9 月 30 日前寄至我中心。地址：杭州市上城区光复路 154—1，联系人：潘昌初，183584570@qq. com，13588254616。

附件：杭州市非物质文化遗产代表性传承人情况调查问卷

杭州市非物质文化遗产保护中心

2012 年 9 月 10 日

附件：

杭州市非物质文化遗产代表性传承人情况调查问卷

传承人姓名：　　　　　　　　联系方式：　　　　　　　　家庭地址：

1. 该传承人的身体健康状况？

A. 良好，可以正常带徒手艺

B. 不太理想，无法正常履责

2. 该传承人当初从事这项非遗工作的初衷是什么？

A. 继承家业，荣耀门庭

B. 生计所迫，养家糊口

C. 兴趣爱好，业余涉猎

3. 该传承人的从艺年限是？

A. 10 年以下　　B. 10—30 年　　C. 30 年以上

4. 传承人所在项目的生存状况是？

A. 保存整理型，即该非遗项目与现实存在一定脱节，应主以档案记录

B. 抢救保护型，即该非遗项目有一定的现实社会意义，并处于濒危状态

C. 活力发展型，即该非遗项目有规模化发展趋势，适合生产性保护

5. 该传承人带的徒弟数量？

A. 0　　B. 1—3 个　　C. 4—10 个　　D. 10 个以上

6. 该传承人的医保、社保情况怎么样？

A. 有医保、有社保　　B. 没医保、有社保

C. 有医保、没社保　　D. 没医保、没社保

7. 该传承人的年收入是以下哪个区间？

A. 1 万元以下　　B. 1 万—3 万元以下

C. 3 万—5 万元以下　　D. 5 万—10 万元

E. 10 万元以上

8. 该传承人的文化度是?

A. 初中以下　　B. 中学、中专、中技

C. 高中　　D. 大专及以上

9. 该传承人属于以下哪种类型的传承人?

A. 师徒习得,一般表现为拜师或者师傅公开招收徒弟的形式

B. 家族习得,是指在家庭中进行,或在有血缘关系的人们中间进行传习,一般不传外人,有的甚至传男不传女,主要是由长辈传述给子女或晚辈

C. 社会习得,是指在一定的地域文化范围内进行的传习活动,一般没有拜师,而是常听多看艺人表演、操作,无师自通而习得

D. 群体习得,一般指在同一族群的文化区范围内,社会人群共同参与传习某一种非物质文化遗产的形式,显示了组成这个群体的共同的文化心理和信仰

10. 关于非遗传承人保护工作,对我们非遗保护职能部门有什么建议?

____

____

____

杭州市农村传统文化的传承现状及对策建议

相较于“城市”而言，“乡村”则有着更多诗意与温情。它装载着乡音、乡土、乡情以及古朴的生活、恒久的价值和传统。优秀传统文化是新农村文化的生长点，是建设社会主义新农村的“软实力”。当前，农村许多民族民间工艺门类等非物质文化遗产面临断档、民间手工艺术失传、资源流失严重的问题，应引起各级有关部门的高度重视。努力寻找现代工业文明与农村传统文化的契合点，将传统文化的精华成分与当代生活对接，是做好杭州农村传统文化保护工作的必然方向。杭州应进一步加强农村传统文化保护工作，采取各种有力措施，依法保护好农村民间非物质文化遗产，切实留住民族民间传统文化的根。本文就如何充分挖掘杭州农村优秀传统文化资源，增强农村文化自身的造血功能做一探讨。

2003 年，浙江省委做出实施“千村示范、万村整治”工程的重大决策，由此揭开了杭州市美丽乡村建设的序幕。2012 年，根据省委的部署，杭州又启动了文化大礼堂建设。美丽杭州，应当展示诗意田园的自然之美，也应当展示温暖感人的人文之美。杭州绝大多数非物质文化遗产都形成并发展于农村，农村是非遗为代表的传统文化资源主要聚集地。加强农村非遗保护工作是杭州美丽乡村建设的题中应有之义，它不但有利于拓宽农村文化事业发展领域，丰富美丽乡村的内涵，也为农村文化产业的发展提供了丰富的资源。因此，做好农村非物质文化遗产的保护和传承工作尤为重要。

一、杭州农村传统文化的保护与传承现状

目前，杭州现有 44 项国遗项目中，有 15 项在农村；167 项省级名录中，有 114 项在农村；270 多位市级非遗代表性传承人当中，有三分之二在农村。近年来，杭州围绕市委市政府“美丽杭州”的决策部署，以美丽乡村建设为契机，不断加强农村传统文化的保护与传承，深入推动非遗保护工作向纵深发展。

(一)对农村传统文化保护工作的经费投入不断增加

非遗保护工作是功在当代、利在千秋的公益事业。杭州非遗保护专项投入一直处于不断加大当中。市委、市政府一直以来都十分重视农村传统文化的保护与传承,2003年制定《杭州市人民政府关于加强基层文化建设的若干意见》(杭政〔2003〕8号),文件规定:从2004年起市财政每年在文化事业费中安排400万元用于基层文化建设,其中80万元专项用于优秀民间文化资源的发掘、保护。2007年非遗专项资金提高到100万元。为更好地发掘和保护杭州的非物质文化遗产,2008年非遗保护专项资金提高到300万元,并设立了750万元农村基层文化建设和农村文化活动奖励专项经费,明确规定专项资金可用于非遗资源的发掘和保护。同时,2008年杭州市文广新局会同市财政局制订了《杭州市非物质文化遗产专项资金管理办法》《杭州市非物质文化遗产代表性传承人申报与认定办法》《杭州市非物质文化遗产代表性传承人(民间老艺人)补贴实施办法》等文件,并按照文件规定对市级以上名录中的289个项目给予资金扶持,评出了杭州市代表性传承人321人,并每年为131名符合年龄条件的代表性传承人发放了补助津贴。此外,为深入贯彻党的十八大和省、市党代会精神,进一步丰富农村群众精神文化生活,加快建设文化强市,2013年至2015年市级财政资金每年统筹安排2000万元作为农村文化礼堂的资金,从而使其传承优秀文化、弘扬文明乡风、培育农民素养,打造农民群众的精神家园。

(二)农村传统文化遗产抢救工程逐步实施

非遗传承队伍建设是非遗保护的核心,杭州已初步建立了民间传统手工艺在内的非遗活态传承体系。为加强保护传承人,杭州出台了《杭州市非物质文化遗产代表性传承人申报与认定办法》《杭州市非物质文化遗产代表性传承人(民间老艺人)补贴实施暂行办法》《杭州市非物质文化遗产专家领衔项目考核办法》《杭州市非物质文化遗产代表性传承人专(兼)职学徒考核办法》《关于"生活品质之城"城市品牌研究推广和管理工作的若干意见》和《杭州市工艺美术产业发展五年行动规划》等一系列政策性文件。对已经认定的代表性传承人,通过记录整理技艺资料、提供传习场所、资助开展传习活动、组织宣传与交流、征集并保管代表作品、建立档案等方式,积极支持传承人开展传承活动。2011年杭州市文广新局启动了"专家领衔重点保护非遗项目工程"和"非遗师徒传承工程",积极探索传统工艺传承人在内的非遗传承人培养模式。通过一对一结对子的方式,专家与保护责任单位、传承人共同研究解决本项目在传承发展过程中遇到的瓶颈问题,探索研究新思路、新方法。

(三)农村传统文化产业运作体系初步建立

为贯彻落实市委、市政府关于推进文创西进的决策部署,加快提升五县(市)文创产业的竞争力、渗透力、综合实力和可持续发展能力,促进全市文创产业协调发展,杭州制定出台了《关于加快推动文化创意产业西进的实施意见》(市委办〔2012〕16 号)文件,明确从 2013 年开始,市文创产业西进资金安排 2000 万元,专项资助五县(市)文创项目建设。以传承为核心,以产业为纽带,是杭州合理开发利用农村传统文化资源的主要思路。一直以来,杭州市文广新局把构建传统文化产业运作体系作为杭州做好农村非遗保护工作的重要着力点,并采取了许多行之有效的措施。一是搭建手工艺展示展销平台,扩大影响。举办中国(杭州)非遗博览会、中国杭州工艺美术大师精品博览会、中华老字号博览会、杭州传统手工技艺展等一批具有鲜明地域文化特色和较大影响力的非物质文化遗产展会,有效促进了农村手工技艺项目的市场开发。二是积极探索非遗与旅游结合的路子,增强吸引力。如在富阳渌渚孝子湾、余杭山沟沟、桐庐合村等旅游景区内,进一步融入非遗元素,丰富景区的文化内涵,提升景区的人文品质,增强景区的吸引力。三是积极推动创意和民间传统工艺的深度融合,扩大产业规模。通过政策引导、经费扶持和业务指导等方式,为工艺美术大师、民间艺人以及企业提供了各类专业技术资格培训、技艺交流、品牌规划、市场营销、文化传播、调研咨询等大量服务工作,杭州农村已经涌现出青溪龙砚、竹笛制作、鸟笼编织、核雕等一批具有非遗特色和现代创意的企业。四是大力推进乡村非遗馆建设,形成有吸引力的民间艺术休闲体验点和旅游景区。重点保护好农村延伸载体(基地)、古村落、古戏台、古祠堂等各类展示场馆。目前,杭州农村各类非遗延伸载体(基地)省级有 19 个、市级有 23 个。保存较完好的古戏台 30 个,展示场馆 18 个,有代表性的古村落 5 个。桐庐剪纸馆、中国江南水乡博物馆、江南民俗糕板馆、淳安县千岛湖石窟群、富阳龙门镇老东西博物馆和中国土纸工艺陈列馆等,已成为传统文化挖掘和休闲旅游的重要文化传播场所。五是加强乡土文化成果展示活动。自 1999 年启动以来,两年举办一届“风雅颂”,将杭州三江两湖最优秀的民间艺术作品集中起来进行展演,集中展示杭州农村非物质文化遗产的活态传承状况。

二、杭州农村传统文化保护存在的主要问题

近年来,杭州市农村传统文化的保护得到了较好发展,民众的保护意识也得到进一步提高,对推动新农村建设进程起了积极的作用。但就整体而言,还存在一些不足。具体表现在以下几个方面。

（一）思想不到位，缺乏对非遗的真正认识

乡和村两级是历史文化的直接管理者，有些同志的思想认识不到位，认为非遗可有可无，甚至觉得是负担，或觉得是封建迷信，使得一些恶意拆毁古建筑、摒弃有益民俗活动的行为得不到有效的制止。除此之外，个别地方存在重申报轻保护，功利之心较强。

（二）受限于资金、人才等因素影响

尽管目前针对农村文化的投资主体很多，但对非遗项目，投资主体还是以国有资本为主，民营资本处在试探介入的阶段。现在文化产业融资热并不代表非遗项目融资易，受重点保护的非遗项目融资仍有其特殊性，民营资本对非遗的投资大多持观望态度。农村非物质文化遗产保护人才的匮乏也是现阶段我国农村非物质文化遗产保护所面临的重要问题之一。由于农村特殊的地理位置和条件的制约，使得许多优秀的人才更愿意在城市里从事文化传承和保护工作。因为缺少这方面的人才，所以农村的非物质文化遗产的保护工作相对也比较落后，很难具有一个完善的保护和研究体系。

（三）农村非物质文化遗产传承人培养模式单一

目前，杭州农村非物质文化遗产基本都是依靠代代相传的形式进行遗产继承，传承人和非遗人才培养模式比较单一。但是，由于经济社会的迅速发展，农村生活水平的日益提高，许多农村中的年轻人更多地喜爱一些时代潮流和西方文化，他们不愿意也没有兴趣去从事非物质文化遗产的传承工作。这样，随着老一代的传承者老去并作古，杭州农村非物质文化遗产也就岌岌可危。

（四）缺乏相应的法律法规

2011年《非物质文化遗产法》施行以来，杭州非遗保护工作掀起了小高潮。但是，由于非物质文化遗产保护工作起步较晚，有关农村非物质文化遗产保护的相关法律法规体系还不够完善。因此，建立完善的有关农村非物质文化遗产保护的法律法规势在必行。同时，非遗保护毕竟是新生事物，相关政策体系还有待制定。

三、关于加强杭州农村非遗保护工作的建议

目前，杭州农村传统文化的保护与传承工作有了较大的改善，但未来的道路依然任重道远。今后，杭州文化部门需会同有关部门，结合杭州的实际情况，在巩固和强化现有举措的基础上，不断创新和提升现有工作机制，以达到宣传保

护、创新发展的目的。

(一)从体制机制上进一步做好保障工作

今后,应根据实际情况进一步加大对非物质文化遗产保护资金的投入,为抢救和保护杭州的优秀民间文化资源,提供有力的资金保障。同时,应争取建立有效的激励机制,鼓励和支持非遗保护责任单位及社会力量参与到非遗资源的开发利用上来。发挥那些在开发利用方面具有示范引领和带动作用的项目责任保护单位,从中培养和树立典型,及时给予表彰推广,积极营造良好的社会氛围。

(二)利用多种载体进一步加强抢救保护工作

应在已有工作的基础上,围绕非遗名录整理保存型、抢救保护型和生产发展型三种类型做好非遗传承指导工作,制定相关指导意见,进一步加强对非遗传承人的引导。同时,应进一步结合“美丽乡村建设中的非遗保护”“三江两岸”生态景观和文化建设整治等工作,加强农村区域传统文化的进一步挖掘和弘扬。

(三)结合“文创西进”进一步构建产业运作体系

应继续加大对五县(市)文创产业的扶持力度,深入推进“文创西进”,进一步做好文创产业结对子工程。同时,不断推进非遗代表作镇级名录试点工作,充分调动镇、村保护的积极性。争取到2015年,在全市范围内形成社区(乡村)广泛参与的全方位、多层次的保护和运作体系。

参考文献

[1] 何璟.关于加强农村传统文化的保护与传承的建议.杭州市人大桐庐3号.2014.

[2] 张伟平.杭州农村传统文化的保护与传承问题研究[J].中共杭州市委党校学报,2008(3).

[3] 周乾松.加强我国历史村镇文化遗产保护的对策思考[J].中国党政干部论坛,2011(8).

[4] 王其全.钱塘江非物质文化遗产资源研究[J].浙江工艺美术,2009(1).

[5] 周星.古村镇在当代中国社会的“再发现”[J].神州民俗:学术版,2011(6).

[6] 张越,王玥.杭州生态带内建设新农村的思路及对策[J].城乡建设,2011(10).

(本文写于2014年3月,文章的主体内容曾用于市十二届人大四次会议桐3号提案的复函。)

杭州市非物质文化遗产镇级名录试点工作建设现状及对策建议

乡镇是我国最基层的政权组织，乡镇也是杭州非物质文化遗产的主要聚集地。做好乡镇一级非物质文化遗产保护工作，打通“最后一公里”保护瓶颈，对于构建优秀传统文化体系，打造以政府为主导，全社会共同参与的非遗保护新格局具有点题意义。近年来，杭州抢抓发展机遇，着力先试先行，开展了非物质文化遗产镇级名录试点工作。镇级名录试点工作，是我市深入学习贯彻党的十八大提出的“建设优秀传统文化传承体系”精神的具体体现，同时也是落实杭州市委“美丽杭州”部署，推进我市非遗保护事业发展的重要举措。目前，杭州镇级名录试点工作取得了阶段性成果，有望在全市范围内全面推广。

党的十八大以来，习近平总书记关于继承弘扬优秀传统文化发表了一系列重要讲话，高屋建瓴的论述，为我们保护、传承、弘扬和传播非遗指明了方向。传统文化的传承不应该只是一个内循环，还应该具有辐射效应。乡镇是我国最基层的政权组织，乡镇也是杭州非物质文化遗产的主要聚集地。做好乡镇一级非物质文化遗产保护工作，打通“最后一公里”保护瓶颈，对于构建优秀传统文化体系，打造以政府为主导，全社会共同参与的非遗保护新格局具有点题意义。

2013 年 9 月，杭州市文化广电新闻出版局决定在湍口镇开展镇级非遗名录试点工作。经过一年多的实践和探索，形成了许多成功做法和宝贵经验，也为下一步镇级名录的全市推广探好了路子。

一、湍口镇非遗镇级名录试点工作主要做法

湍口镇位于临安市西南，东距杭州 128 公里，南与桐庐、淳安毗邻，离千岛湖 34 公里。全镇面积 206.5 平方公里，辖 30 个行政村，总人口 13314 人。境内八山环翠，四水合流，环境优美，森林覆盖率达到 80%以上，地下矿藏丰富，有杭州市范围内独有的底下热水资源，是浙江省四大古温泉“湍口温泉”所在地。这里

有乌狮桥、镇固桥、三槐堂、敦伦堂、陆家祠堂等古建筑；有马灯、龙灯、狮子灯、古事神灯、睦剧、徽剧等特色曲艺；有被列入浙江省非物质文化遗产名录的昌化民歌、神兽花灯、红毛狮子、洪岭高山馒头节等。自承担试点工作以来，镇党委、政府按照杭州市文广新局的总体部署和要求，在杭州市非物质文化遗产保护中心、临安市文广新局以及临安市非物质文化遗产保护中心的具体指导和大力支持下，着力加强组织领导，科学谋划布局，建立健全考核评价机制，推出扎实举措，全面推进镇级非遗名录试点工作，取得了初步成效。

(一)广泛动员，营造氛围

非遗镇级名录试点工作，首先是要得到群众的理解和支持，能够引导群众将特色文化、独家技艺展示出来，在此基础上才能深入挖掘。活动开展初期，湍口镇利用标语横幅、黑板报、公开栏等各种形式广泛开展宣传，让群众了解非物质文化遗产普查的重要意义和价值，达成共识和氛围，让群众广泛参与、积极配合。活动开展以来，共张贴标语216张、横幅15条、电视广播27次、简报24期。系列宣传活动的全面开展，进一步促进了全社会对非物质文化遗产保护的关注，对营造保护非物质文化遗产的良好社会氛围产生了积极深远的影响。

(二)摸清家底，整理归类

调查摸底是做好非遗镇级名录试点工作的基础工作。在调查摸底工作中，湍口镇制定下发了非物质文化遗产普查工作手册，要求每一位普查员严格按照普查的工作要求，做到“不漏线索、不漏村户、不漏种类、不漏项目”。走访有关的老人、艺人、传承人、表演人等，填写好调查记录，掌握第一手资料。同时，根据初步普查数据进行整理归类，对有普查价值的非遗项目进行梳理，为做好下一步工作做好准备。通过初查，全镇13个村共收到线索1300多条，经镇普查办筛选，共确定了320条为调查项目。基本完成了普查一览表、普查调查表的填写工作，并收集照片、录音、录像胶卷、文稿等多类资料，共投入普查电脑18台、录音笔15支、照相机42只、摄影机16台。

(三)深入挖掘，分类归档

一是根据普查初步成果，将对收集到的资料精心整理，认真地进行核查，分类归档，严格登记，认真地填写好非遗项目调查表，部分制作DVD、CD和电子文档进行建档和保护。对一些具有价值的节令习俗、仪式活动，抓住时机进行真实、系统和全面的记录，以备永久保存。二是制定非遗镇级名录项目文件，严格按要求评选出镇级非物质文化遗产项目，并建立名录库。三是选出符合市级以上的项目，做好向上级申报工作。2014年，新增临安市级非遗名录8项(湍口布鞋、湍口烫画、三联索面、三联马灯、湍源马灯、塘秀古事神灯、凉溪青狮、二联睦剧），杭州市级非遗名录2项（湍口布鞋、凉溪青狮），普查取得了实效。

（四）集中展示，巩固成果

为进一步发掘、研究非物质文化遗产价值，对非遗项目进行有效保护和开发，把非物质文化遗产转换为看得见、摸得着的成果。湍口建设了镇文体中心三楼主展馆，迎丰村文化礼堂、湍源村陆家祠堂两个副展馆共三个非遗展厅。主展馆集中展示镇级以上的非遗名录类，同时穿插一些充满浓郁地方物色的非遗项目和小物件。迎丰村文化礼堂主要展示本地民居建筑材料的沿革和发展历程，留住历史文化的图景记忆。湍源村陆家祠堂展示人的一生每一个重要节点，展出一些古老的漆绘用具、作品原件、工艺制作用具、有代表性的文物、古籍、祖传物品等。

（五）注重传承，形成长效

非物质文化遗产既是民族精神的载体又是民族精神和传统文化的象征，既需要各部门团结协作又需要确定各自的职能、履行相关的责任。因此，湍口镇注重建立和发挥镇、村、传承人三级联动机制。镇政府将具有历史文化价值的非遗项目向上申报为非物质文化遗产并在展馆进行陈列展示，以村为主体深入挖掘非物质文化遗产项目，并对本村非遗项目进行保护，以传承人为依托，不断将技艺、活动进行传承，保证非遗项目能够薪火相传。通过三级联动机制，具有历史文化价值的非物质文化遗产能够不消亡流失，保护湍口镇的民族文化资源。

二、湍口镇镇级非遗名录试点工作主要经验

镇级名录试点建设，有效延伸了非遗工作触角，使得当地乡镇非遗保护工作有效提升。推进镇级名录保护的过程中，一大批历史文化遗产得到了有效的保护和合理的利用，一大批具有浓厚乡土特色的文化项目得到了传承和培育。同时，通过建设非遗馆、与旅游结合等措施，营造了良好的文化环境，为参与、体验和共享非遗保护成果提供了平台。

总之，临安市镇级名录试点工作有不少值得珍惜和弘扬的经验，有不少值得总结和思考的内在规律。归纳起来主要有以下几点：

（一）有着率先的意识

临安市在非物质遗产保护工作上，始终领先一步。譬如，作为全省首批民族民间艺术保护工程综合试点单位，临安在全省率先公布县级非遗名录。在2008

年的非遗普查中，率先开展了标准化范本，并在全省范围内做了典型推广。率先一步，就是领先，就是走在前列。2011 年，中国钱王传说研究中心落户临安。2012 年，临安被列入浙江省非物质文化遗产保护综合试点县。2013 年被评为浙江省优秀传统文化教育普及活动先进集体。今年，临安又承担了杭州的镇级名录试点工作，可以说是临安非遗保护工作又一率先的有力体现。

(二)有着清晰的思路

临安市始终坚持用超前的奋斗目标，用明确的工作要求，统一思想，统一行动。临安市镇级名录建设，通体构思，整体设计，谋篇布局，目标清晰，任务明确。同时，在具体项目的保护传承上，临安市分别制定了《湍口镇开展镇级非物质文化遗产名录试点工作方案》《关于印发湍口镇级非物质文化遗产保护名录试点工作方案的通知》《关于开展镇级非物质文化遗产名录项目申报工作的通知》等政策性文件，使整个工作有计划有步骤地推进。事实证明，思想和行动的高度统一，这种共识所迸发出来的能量是难以估量的。

(三)有着科学的精神

临安市始终坚持强化目标管理，落实工作责任。临安市党委、政府将镇级名录列入了考核的总盘子，作为部门政绩考核的重要内容，强化了政绩考核“指挥棒”的正确导向。镇级名录试点工作不但要明确 3—5 年的目标任务，而且每个月都要制订细致的计划，要明确具体的工作节点、对应的工作任务、对应的完成时限以及相应的责任部门和责任人，全面确保每一个时间节点、每一项工作不折不扣地完成。同时，临安市文广新局和湍口镇镇政府签订了镇级名录目标责任书，下达了考核指标，建立了绩效考评机制。这种重在落实责任、重在考核问责的举措，有力地发挥了鼓励鞭策作用。

(四)有着创新的举措

改革增添发展活力，创新产生不竭动力。没有改革就会原地踏步甚至出现倒退，离开创新就会陷入“僵局”无法脱身。临安市始终坚持改革的思路，发挥制度优势和机制优势，探索途径，突破难点，突破重点。试点过程中，临安市建立了镇、村、传承人三级联动机制，即由镇政府主导，以村为主体深入挖掘非物质文化遗产项目，以传承人为依托，不断将技艺、活动进行传承。通过三级联动机制，以惠及民生为出发点，推动文化遗产资源的开发利用，“使传统文化与现代文明相融”。抓住关键点，选准突破口，集中力量，一抓到底，这是临安重要的经验。

(五)有着实干的作风

临安市委、市政府的领导对于非物质文化遗产的保护，有着高度的使命感、责任感，有着一种文化自觉、文化意识和文化情怀。杭州非遗工作走在全国同类城市前列，是靠干出来的。临安走在杭州前列，同样是靠干出来的。临安长计划短安排，有计划有步骤，有重点有序地推进镇级名录工作，取得了突出成效，这是临安相关同志肯干事、能干事、干成事的体现。取得的这些成绩，这些变化，充分体现了临安市文化部门高度的责任心、事业心和端正的指导思想，体现了临安市同志们的实干精神和过硬的作风，体现了持之以恒的工作态度。

（六）有着正确的主体

临安镇级名录试点工作，既体现了政府主导和引导，更体现了民众的主体作用。切实转变政府包揽包办和群众“等、靠、要”的观念，正确引导群众处理好外部扶持与自力更生的关系，充分尊重镇村两级的主体地位，充分尊重群众的首创精神，使广大群众真正认识到自己是乡村非遗保护的决策者、参与者、监督者和受益者，增强了积极性和主动性。干任何事情，只要尊重了群众意愿，只要群众拥护，就能把事情办成。可以说，这是一条真理。

三、关于进一步推进非遗镇级名录工作的对策建议

在新形势下推进镇级名录建设，有很多问题需要在实践中寻找解决办法。由于各地的情况差异也很大，需要杭州及时总结推广基层的好经验、好做法，把握政策导向，不断增强工作指导的针对性和实效性。在今后推广镇级名录工作中，应重点把握以下几点：

（一）调查研究，分析形势

当前，非物质文化遗产工作，一方面形势大好，一方面形势依然很严峻。非物质文化遗产所依附的文化生态受到严重破坏，大量具有历史文化价值的实物资料不断流失，不少非物质文化遗产项目岌岌可危。镇级名录更是一个新生事物，面临许多新情况、新问题。这需要杭州的非遗工作者们不断深入实际，有针对性地开展调查研究，认真研究本地资源和区域特色，摸清真实情况，广泛听取基层和群众的意见和建议，掌握发展形势、趋势和态势，与当地城乡建设规划相衔接，梳理思路，明确目标，明晰步骤。时刻保持脑子清醒，变被动为主动，积极主动有作为。

（二）统筹规划，分步实施

规划是纲，纲举目张，制订科学合理的规划对于推进镇级名录工作具有特殊意义。这个规划，一要体现前瞻性，要考虑长远，要对接文化遗产保护形势，对接

文化发展趋势，要融入新农村建设整体格局。二要体现整体性，通体构思，系统设计，有条件的地方要尽量做到全域、全程、全覆盖。三要体现操作性，要明确分阶段的发展重点和目标，以重点区域、重点工作的突破，推动面上工作的开展，带动整体水平的提升。四要体现科学性，不能搞强迫命令，不能搞形式主义，而是要尊重历史文脉，要尊重群众的意愿，要经得起历史的检验，经得起民众的检验。

（三）因地制宜，分类指导

各地地域不同，自然条件、资源禀赋各不相同，经济发展条件不同，乡村之间发展的差异也较大。各地在镇级名录开展当中，要坚持以宣传引导为主、以政策激励为主、以典型带动为主的"三为主"原则，一切从实际出发，充分尊重群众的自主权和选择权，尊重群众意愿。要从实际出发，要体现地域特色和文化特色，充分发挥自身优势，扬长避短，宜大则大，宜小则小，实行差别化发展。要针对不同地区、不同情况、不同条件，提出不同的要求。不搞一刀切，不强求一律，不急于求成，不以行政指令强行推进。

（四）强化责任，分工合作

各地要在党委、政府的领导下，把推进镇级名录建设纳入当地新农村建设和美丽乡村建设的重要内容。要进一步整合文化部门各种要素和资源，加大对镇级名录建设工作的支持力度。职能部门挂钩联系各相关乡镇，按照分工，充分发挥职能作用，加强具体业务指导，给予必要的技术、财力、物力支持，营造各界各方共同参与创建的良好氛围。镇级名录建设，要体现齐抓共管，社会参与。从部门行为转化为党委政府的行为，转化为全社会的行为。

（五）发挥作用，分享成果

保护为了人民，保护依靠人民，保护成果让人民共享。这是非遗保护工作的一项重要原则。推进镇级名录建设不是一种时尚，不是一种新闻炒作，而是一种非遗事业可持续发展模式的具体实践，是一项与群众利益息息相关、与百姓生活密切相连的民心工程。杭州要以镇级名录建设的新成效，使更多的成果惠及于民、造福于民。

总之，镇级名录的推进事关杭州非遗保护工作的全局。在全市非遗保护事业的深入推进中，有待于全市各地继续做出探索和创造，有待于大家解放思想、创新实践。杭州有关部门，尤其是非遗保护工作者要增强主动性、掌握主动权、打好主动仗，切实做到守土有责、守土负责、守土尽责。

参考文献

[1] 文化部关于加强国家级文化生态保护区建设的指导意见,文非遗发〔2010〕7号.

[2] 浙江省文化厅关于加强浙江省非物质文化遗产保护综合试点县建设的指导意见,浙文非遗〔2012〕11号.

[3] 浙江省文化厅关于实施省级非物质文化遗产项目"八个一"保护措施的通知,浙文非遗〔2013〕68号.

[4] 杭州市人民政府办公厅关于加强我市非物质文化遗产保护工作的意见,杭政办函〔2006〕217号.

[5] 王森.风生水起——浙江省非物质文化遗产保护的生动实践[M].杭州:浙江人民出版社,2012.

(本文写于2014年9月,主体材料曾用于全市非遗镇级名录试点工作现场经验推进会的会议材料。本文参考借鉴了《风生水起——浙江省非物质文化遗产保护的生动实践》一书中的很多思想方法和表述方式,特此注明。)

杭州市非物质文化遗产档案工作的实践与思考

非物质文化遗产档案直接反映了文化活动项目的基本面貌、传承状况等，并且是承载将非物质文化遗产由无形转化为有形的实物，保存和利用好这部分档案是非物质文化遗产抢救和保护工作必不可少的重要内容。因此，档案式保护是整个非物质文化遗产保护模式中最重要也是最基础的一种保护模式。近年来，杭州在相关方面积极展开研究与实践，并取得积极进展。同时，保护抢救工作时不我待，杭州应进一步顺应时代发展要求，开创非遗档案工作的新局面。

2011年6月1日，《非物质文化遗产法》正式颁布实施。在充分肯定非物质文化遗产价值的基础上，强调了将档案管理理念与方法融入非物质文化遗产保护与管理之中，建立非物质文化遗产档案。建立非物质文化遗产档案，既是非物质文化遗产保护工作的应有之举，也是非物质文化遗产保护工作面临严峻紧迫形势的现实需要，更是建立非物质文化遗产事业发展长效机制的必然要求。非遗档案本身就是一种“社会记忆”，这种记忆既包含静态的，又包含动态的、活态的；既可以是平面的纸质档案，又可以是立体的文化空间。档案式保护是整个非物质文化遗产保护模式中最重要也是最基础的一种保护模式。近年来，杭州在相关方面积极展开研究与实践，并取得了积极进展。

一、杭州市非物质文化遗产档案的特征

杭州市非物质文化遗产档案除具备档案的基本属性原始记录性外，还具有其自身的特征。主要表现在以下几方面：

(一)地方草根性

非物质文化遗产档案的地方特色性主要是由非物质文化遗产的民族性、地域性等特性决定的。非物质文化遗产是一定区域、人群在长期的生活历史中形成的民间风俗习惯，是当地人们精神意识的传统反映。杭州非物质文化遗产的内涵十分丰富，形式也广泛多样，但源于民间、反映民间则是它的民间性质的基

本特征。植根于乡土的原生态文化，朴素、原始、灵活而又有某种程度上的神秘感，浑身上下散发着“土气息、泥滋味”。例如传统的民间道具舞蹈《严州虾灯》《采茶舞》，民间歌调《采茶歌》《耘田歌》等，人们开展这些活动的目的就是祈求风调雨顺、五谷丰登。它们不仅表明人们与农业生产的密切性，也反映出古代人们对农业耕作规律的认识与掌握。非物质文化遗产档案真实反映了地方历史、风土人情、民间文化与工艺等带有显著地方特色的内容，且民间遗存量大，很有发掘空间，从而为档案部门开辟了一条丰富档案馆藏，建立地方特色档案的重要途径。也正因此，非物质文化遗产档案成为一个地方文化独特性的最有力的证明，所以这部分档案也成为各地撰写地方志、文化志的重要材料来源和研究资料。

（二）内容丰富性

杭州在吴越时期就以风俗华丽著称于世。杭人喜欢游山玩水，元宵、清明、端午、中秋、冬至、春节等，无论穷富，总要穷其所有，庆贺一番。说书、杂剧、杂耍一直有较大的民间市场，彩灯、手绘绸伞等各种民间工艺品也颇受人欢迎。杭州非物质文化遗产是人类文明不断创造、发展、传承和积淀的成果，其类别涵盖了口头表述、表演艺术、民俗活动、传统艺能等人类文化最精华、最丰富、最具魅力的内容，非物质文化遗产档案正是其物化的浓缩反映，其中承载文化种类之繁多、内容之丰富可想而知。从整体上来说，杭州非物质文化遗产档案体现了地域丰富多彩的多元文化面貌；而具体到某一项非物质文化遗产档案，则可能是对某一文化活动的全方位的记录，包括其历史渊源、表达方式、存在空间、地域分布、传承保护状况等一系列的内容。所以从这个意义上说，非物质文化遗产档案是杭州名副其实的“无形文化记忆的宝库”。

（三）载体多样性

非物质文化遗产是一种动态的、活态的文化形式，对它进行记录和捕捉的手段相较于静态的物质文化遗产来说也更加多样复杂，因而其档案载体形式就呈现多样化的特征。除传统的文字记载即纸质档案外，随着科学技术的发展，现在更多的是采用录音、影像记录、数字化多媒体技术等来实现文化活动图文并茂、生动形象的真实再现，胶片、磁带、录像带、磁盘、光盘等载体形式不断涌现，非物质文化遗产声像档案、多媒体档案大量产生，已经占有相当比重。档案载体的多样性特征对于非物质文化遗产的保护具有特殊的意义，它使得人们对文化神韵、文化面貌的认识更加直观、具体和全面。

（四）保管分散性

近年来，非物质文化遗产生存环境急剧恶化，依存于独特时空、以口传心授方式传承的各种文化艺术、技艺、民间习俗等文化遗产正在不断消失，一些作为传统文化载体的独特的语言、文字正在消亡，许多优秀的非物质文化遗产后继乏人，面临失传的危险，许多独门技艺人亡艺绝。大量珍贵实物与资料难以得到妥善保护甚至遭到毁弃，流失现象十分严重。非物质文化遗产从某种意义上可以说是一种民间文化遗产，因而大量的第一手档案材料流落在民间，多年来的保护不力使得很多珍贵档案已经下落不明。加之我国非物质文化遗产的保护热潮兴起时间不长，很多人尤其是民间百姓的保护意识还很淡薄，档案损毁、流失现象十分严重，这使得非物质文化遗产档案分布更加分散，同时也给收集工作增添了更大的难度。另外，杭州尚无相应的制度法规对非物质文化遗产档案的管理进行统一规定和约束，因而存在多头管理、管理散乱等现象。

二、杭州市在非物质文化遗产档案工作的成功经验

非遗档案，是杭州档案事业的重要组成部分。针对非物质文化遗产的特殊性，我市有针对性地开展了此项工作。

(一)开展普查工作，摸清档案家底

2007 年 11 月，我市实施首次非物质文化遗产普查，经过半年多时间的努力，共查获线索 42 万余条，调查 18 门类项目 30168 项。这次调查，通过对具有代表性的项目进行调查整理，基本摸清了全市非物质文化遗产资源的种类、数量、分布状况、生存环境、保护传承现状及存在的问题，新发现了一大批具有浓郁地方文化特色的非遗项目和民间艺人。普查资料是我市非遗档案的基本来源，为科学推进我市非遗抢救保护工作，合理利用非遗资源，促进传承和发展，提供了翔实的基础资料。

(二)整理文献资料，建立专题档案

近年来，杭州通过有计划、有步骤地整理档案资料，不断挖掘其中包含的深厚文化和地域气息，积极推进非遗展示馆建设来带动专题档案建设。各地陆续建立中国刀剪剑、伞、扇博物馆，南宋官窑博物馆，朱炳仁铜雕馆等一批非物质文化遗产馆、民俗博物馆、传习所等设施，在收藏、展示、传承、宣传非物质文化遗产方面发挥了重要作用。目前，仅市区就已经建成开放各类非遗博物馆(展示馆)30 余家，形成了政府扶持、民间办馆的国助民办模式，国建民营、共建共营的合作联办模式和企业或个人自主创办、自行运营的民办民营模式等多元化的发展模式。

(三)整合各方资源,共同保护传承

档案式保护发展,并不只是非遗保护工作者或是档案工作者单方面做好保护工作,而是要强调档案工作者协助相关文化主管部门与博物馆、图书馆、当地的高校和民间文化团体加强沟通和交流,促进各方面资源的整合,共同保护传承优秀传统文化。杭州积极落实“政府主导,社会参与”的保护原则,通过推进非遗保护社团建设来整合社会力量,形成了市文广新局牵头,各方共同做好非遗档案工作的良好局面。市级层面,杭州非遗保护中心先后与浙江大学等5所高校成立高校非遗保护志愿者团。各地积极动员社会力量参与非遗保护,余杭、桐庐、临安等不少地方建立了非遗保护志愿者协会。有的甚至延伸到乡村,如桐庐县合村乡成立了民俗文化保护促进会、临安清凉峰镇义干村建立了非遗志愿者协会。

(四)注重成果应用,做好汇编工作

2008年,非遗资源普查结束后,杭州各区、县(市)分别编辑《民族民间艺术资源普查资料汇编本》,全市汇编成《民族民间艺术资源普查资料汇集本》。做到乡镇有全面普查成果汇编,区、县(市)有重点项目汇编。上城、余杭等地将普查成果编辑出版成普及型读本,市非遗保护中心编纂出版了《非物质文化遗产大观》。同时,我市根据省厅部署,对杭州8个列入第一批国家级非遗名录的项目逐项编纂成书,形成系列。目前,每项一册共8册的编纂出版工作已经全部完成,第二批国遗丛书业已基本完成。

(五)利用科技手段,加强信息化建设

随着世界经济一体化趋势的加强和现代化进程的加快,杭州的文化生态发生了很大变化,文化遗产受到越来越大的冲击。一些依靠口传心授的非物质文化遗产正濒临着消亡危险,因此,加快非物质文化遗产普查和数据库建设,科学地运用摄影、摄像、录音、数字化等现代科技新技术保存、记录非遗资源,成为非物质文化遗产保护工作中的一项重要任务。为使非遗档案得到科学有效的保存保护和合理利用,杭州承担了省文化厅非物质文化遗产数据库建设和分布图编制试点工作,摸索经验,以点带面。通过非遗数据库和文化地图编制建设,我市非遗保护信息化水平得到有效提升。一是解决大量非物质文化遗产资料的存放问题。二是解决非物质文化遗产保护工作办公信息化、现代化问题。提升非遗保护工作的效率和质量。三是为非遗保护工作提供决策支持,提升非物质文化遗产宣传展示影响力。

(六)加强采集记录,促进社会共享

杭州历来非常重视运用文化遗产日、传统节日、文化节庆活动和展会等,在充分展示非物质文化遗产的基础上,注重非遗档案资料的采集和整理。自2006年以来,每年的"文化遗产日"期间,举办全市性的非物质文化遗产节,一年一个主题,一年一个重点,形成特色,形成规模。如我市曾组织了"首届杭州市海内外江南丝竹邀请赛""杭州市非物质文化遗产图片展""杭州市非遗类曲艺项目巡演""杭州都市经济圈传统手工技艺展"等,受到市委、市政府主要领导和广大群众的一致欢迎和好评。通过一系列活动,最大限度地满足广大人民群众日益增长的精神文化需求,实现优秀文化全民共享。同时,也借机加强了对传承人信息的管理与保护,详细记录了传承人个人的基本资料、艺术成果等详细信息,并对其承载的文化技能进行了采集和记录。

三、目前杭州在非物质文化遗产档案保护中存在的不足之处

由于非物质文化遗产档案管理是一个新课题,且处于起步阶段,杭州非遗档案工作目前还面临着一定的困难和问题。主要不足如下:

一是缺少保障机制。由于档案式保护本身更具有学术性、基础性,很少具有经济利益产生的可能,所以社会参与的积极性就更低,具有一定经济基础的社会组织参与到档案式保护中来的还很少。对非物质文化遗产保护和档案管理的认识有待进一步提高,相关保障机制有待建立和深化。

二是资金支持不足。非物质文化遗产的档案式保护工作是一项复杂的系统工程,涉及建档、研究、教育和普及,需要投入大量的人力、物力和资金。作为社会参与主体的民众个人一般都是与非物质文化遗产共同生存,有时本身就是非物质文化遗产的传承者,最方便从事非物质文化遗产的档案式保护,但由于财力有限,自然丧失了参与保护的热情。社会学术研究机构从事教育、研究和普及工作,需要进行社会调查、收集资料、进行科研、发表成果,普及研究成果,这也需要大量资金。

三是缺乏相关制度。已经建立的非物质文化遗产档案不完整、不系统,有些非物质文化遗产没有建档,相关的文件、音像资料零星存放,存在着管理不力和流失现象。非遗档案工作缺乏相应的法律法规、规章制度约束,长效的管理机制尚未形成,人才缺乏、设施不配套、管理松懈等问题突出。

四、关于进一步做好杭州市非物质文化遗产档案工作的思考

非物质文化遗产的传承与保护过程中，其相关的档案是否得到妥善的管理和保护，工作是否到位将直接关系到非物质文化遗产保护工作的成效。因此各级相关部门应做到自始至终根据我国非遗保护中“保护为主、抢救第一、合理利用、传承发展”的基本方针，做好非物质文化遗产档案工作。其中以下几个方面应予以重视：

(一)重中之重，及时建档

及时建档包括两方面的内容：一是及时为非物质文化遗产项目建档，二是及时建立非物质文化遗产传承（人）档案。对于非物质文化遗产的记忆与保护来说，这两方面的工作必须同等重视，不可厚此薄彼。这其中又包含两层含义，一是建立非物质文化遗产传承档案，二是建立非物质文化遗产杰出传承人档案。这项工作更是迫在眉睫。

(二)溯本求源，真实完整

档案是否真实完整，将直接反映出档案工作的质量。在非物质文化遗产的保护与记忆过程中，势必会形成大量的档案材料，档案部门在对这部分档案进行收集或者管理的过程中，应当牢牢坚持真实完整性原则。在立档时，要注意分析研究，将反映同一文化项目的档案集中建档；在后面的档案工作中，又要注意广泛收集，动态补充，不断充实档案材料，维护文化面貌的完整性。

(三)系统有序，夯实基础

非物质文化遗产名目繁多，因此对于非物质文化遗产保护所建立的档案需进行系统的整理、分类、排列以及编目，使之条理化，形成有序的体系，以便于查找和利用。在系统整理的过程中，此举不但可以进一步了解和检验档案收集工作的质量，促使其改善和提高，并且还能为非物质文化遗产档案价值的全面鉴定和建立多元化的检索体系奠定扎实的基础。

(四)统一领导，分级保护

在全国范围内对非物质文化遗产工作进行统筹规划和管理，保证各级非遗档案保管部门在统一规定的基本规章制度和基本办法指导下开展非遗档案信息化工作，加强各部门的职能统筹，避免出现各行其是、各自为政的情况，做到分工明确，责任到位。另外，非物质文化遗产还需实行分级保护制度，建立国家级和省、市、县级四级非物质文化遗产代表作名录体系。

(五)有效共享,优化利用

建立健全、系统的非物质文化遗产档案管理体系,不仅为非遗档案的保护提供最原始的凭证,保存民族记忆,而且可以实现非遗资源的有效共享。有关部门应科学合理地利用收集整理的非物质文化遗产档案,为社会各界提供信息介绍、咨询与利用服务,同时通过编研、宣传等途径促进非物质文化遗产的传承与保护,促进社会共享。

总之,非物质文化遗产档案保护是一项意义深远的工程,参与非物质文化遗产档案保护的工作,也是非物质文化遗产工作者光荣的使命。杭州顺应时代发展要求,开创了非遗档案工作的新局面。展望未来,任重道远。我们应抓住机遇,知难而进,振奋精神,开拓创新,努力开创杭州非遗档案事业发展的新局面。

参考文献

[1] 何永斌.谈非物质文化遗产档案工作中的几对关系[J].兰台世界,2009(14).

[2] 何永斌.非物质文化遗产保护中的历史档案利用问题研究[J].四川档案,2009(4).

[3] 赵林林,王云庆.非物质文化遗产档案的特征和意义[J].档案与建设,2007(12).

[4] 薛鹤婵.非物质文化遗产档案及其管理[J].大众文艺:理论,2009(4).

[5] 覃美娟.浅论非物质文化遗产的档案式保护[J].档案管理,2007(5).

[6] 张继.非遗档案式保护的国际法立法探析[J].吉首大学学报:社会科学版,2010(6).

[7] 王晓灵.对加强非物质文化遗产档案管理的思考[J].档案,2008(1).

(本文写于 2013 年 4 月。)

杭州市非物质文化遗产进高校的实践与思考

全球化浪潮,使文化趋同。为保持人类文化多样性,唤醒民族自身的集体记忆,非遗保护刻不容缓。非物质文化遗产面临着亟待传承与保护的困境。非遗保护的根本出路在于唤醒全体国民,特别是广大青少年的文化自觉。高校在传承与保护非遗中具有得天独厚的条件,可以使传承链条得以维系。保护非遗,就是要探索其传承规律,摸索其有效传承途径。2011 年初,杭州市文广新局承接了省文化厅"非遗进高校"的试点工作。近一年来,杭州以传承和保护非遗为重点,大胆实践,勇于创新,以规模不同、特色浓郁、形式多样的校园文化活动为载体,呈现出遍地开花、姹紫嫣红、活跃有序的良好态势。为此,杭州探索出了非遗传承与保护的新模式,为全省范围内开展非遗进校园做出了有益尝试。

一、前言

非遗保护的根本出路在于唤醒全体国民,特别是广大青少年的文化自觉。从学校教育入手,从青少年抓起,对于非遗传承具有重要的战略意义,是国家与民众的共同责任。非遗进校园不仅仅是趋势或潮流,更是非遗的传承弘扬与学校教育形成良性互动的有效举措。2006 年,教育部、中宣部把每年 9 月定为"传承月",希望在青少年中普及非遗的宣传教育。近几年来,在教育部、文化部以及一些相关部门的协同倡导之下,充分利用现代教育体系,"让非遗走进校园"的宏观思路显山露水,并开始了积极推行的进程。

2011 年 6 月 1 日起,国家《非物质文化遗产法》正式开始实施,标志着我国非遗保护走上法制轨道。我省的非遗保护工作也有了更高的要求。对于非遗进校园这项基础性工作,省文化厅高度重视,积极部署,计划于 2012 年在全省范围内全面推进非遗进校园工作。为积累前期经验,先行委托杭州市文广新局在 2011 年一年内在杭高校中开展试点工作。

杭州市文广新局把"非遗进高校"作为市局一项年度重点工作进行了布

置，具体则由杭州市非遗中心执行承办(《杭州市文化广电新闻出版局关于印发2011年度重点工作责任分解的通知》杭文广新办〔2011〕3号)。试点工作分三阶段开展：第一阶段，通过在各大高校发放问卷，摸清舆情；第二阶段，通过跟踪需求，建立实践模式；第三个阶段则是通过反馈来校正工作，总结提高阶段。

二、在杭高校对非物质文化遗产的认知现状

(一)问卷调查概况

问卷调查(详见附件)从2月初开始，至3月底结束，为期两个月。以短期的问卷式、走访式为主的调查研究在精神层面上充分渗透了实地考虑、请教专家、查询资料为主的先导型研究。共发放问卷1500份，回收有效问卷1453份，调查对象为各高校各年级师生。其中浙江工商大学发放了500份，浙江大学发放了300份，浙江工业大学发放了300份，浙江理工大学发放了200份，浙江青年专修学院发放了200份。之后用分析统计软件SPSS对浙江工商大学的问卷进行了统计分析。浙江工商大学发放的500份问卷中回收了486份，有效回收率为97.2%，其中包括17位各专业教师。

(二)问卷调查分析

1.绝大部分被调查者不知道文化遗产日的具体时间

该题的正确答案是6月的第二个星期六。从表1中可见许多同学对文化遗产日是不了解的，也从侧面反映了对此的宣传力度还不够大。因此，今后的宣传工作上还要下功夫。

表1 关于"文化遗产日定在哪一天"的有效百分比

选项	6月的第一个星期六	6月的第二个星期六	6月的第三个星期六	不清楚
有效百分比	4.7%	11.7%	3.0%	80.6%

该题的正确答案是2009年。从表2中可以看出还是有部分同学对篆刻这一文化较了解的，不过总体来说还有66.2%的同学对篆刻列入非物质文化名录一事不了解，也从侧面反映出了非物质文化面临的形势是严峻的。

表 2　关于“篆刻在哪一年被批准列入人类非遗代表作名录”的有效百分比

选项	2005 年	2007 年	2009 年	2010 年
有效百分比	15.1%	39.5%	33.8%	11.6%

2. 大部分被调查者不知道周围是否有从事非遗保护或志愿者工作的人

可见，人们对非遗工作的进展了解比较少。这从一个侧面反映了保护的宣传力度仍需提高。

表 3　关于“您周围有从事非遗保护或志愿者工作的人吗”的有效百分比

选项	频率	有效百分比
有，但不多	154	31.7%
没有	54	11.1%
不知道	278	57.2%

3. 被调查者对参加“非遗的宣传活动”热情不高

在发问卷的过程中，笔者曾遇到一个有趣的现象，基本上大部分的答卷者都像是例行公事一样完成问卷，似乎对其失去了热情。先验造成同学们觉得非遗活动既乏味无聊又浪费时间，杭州之前许多非遗宣传活动值得反思。

表 4　关于“如果有非遗的宣传活动，您会参加吗”的有效百分比

选项	频率	有效百分比
会	112	23.1%
不会	195	40.1%
看情况而定	179	36.8%

4. 大多数人认为重要的文化遗产项目需要做好保密工作

从表 5 看出，绝大部分人是比较重视非遗的保密工作的，但也有近五分之一的人认为其没有必要。

表 5　关于“对于非遗，是否需要做好保密工作”的有效百分比

选项	不需要	需要	重要的项目需要
有效百分比	19.8%	37.2%	43.0%

5. 大部分人对成果的专利权还是比较重视的，但在是否收费这个问题上有比较大的争议

根据表6、表7看出，大部分人认为传承人、记录人、整理者应当对成果享有一定的权利，并认为商业性使用非遗时应当付费，说明大部分人比较重视专利权在非遗保护中的作用。从侧面看，也反映出大部分人认可传统文化的价值。

表6 关于"您认为对传统知识和民间文化的改编、记录、整理、采风后所获得的成果，传承人、记录人、整理者是否享有一定的权利"的有效百分比

选项	享有	不享有，应属于公有财产
百分比	65.8%	34.2%

表7 关于"对于个人或企业商业性使用非遗，您觉得是否应该付费"的有效百分比

选项	应该	不应该
百分比	58.7%	41.3%

6. 被调查者中了解非遗的渠道主要是电视节目

从表8中不难发现，大部分人都是通过电视节目了解到非遗的，只有极少部分人是通过亲自参与制作。杭州在丰富电视节目内容扩大非遗影响力的同时，也该多举办非遗入校入社区的活动，增进大家对非遗的了解。

表8 关于"你通常是从什么渠道了解非遗"的有效百分比

选项	百分比
亲自参与制作	1.1%
电视节目	53.8%
宣传海报或宣传手册	16.9%
他人口头传授	7.1%
表演或展览	9.7%
其他	11.4%

7. 大部分被调查者对"参观杭州非遗综合性展示场馆"和"学习掌握一种民间文化或传统技艺"感兴趣

从表9、表10中可以看出，大多数人还是对非遗有着极大的兴趣，"非遗进高校活动"对这部分人来说是一个很好的举措，可以令其更深入地了解非遗。一部分人对此没有明显的积极或消极的态度，可能是对非遗不怎么了解或者不感兴趣，抱着一种无所谓的态度。

表 9　关于“如果有个关于杭州非遗的综合性展示场馆，您是否会去参观”的有效值

选项	会	不会	看情况而定
频率	180	87	219
百分比	37.0%	17.9%	45.1%

表 10　关于“您愿意学习掌握的一种民间文化或传统技艺吗”的有效百分比

选项	频率	有效百分比
愿意	274	56.3%
暂时没有考虑	179	36.8%
不愿意	33	6.9%

8. 大部分被调查者认为“传承、传播非遗的主要难题”是社会意识导向

从表 11 可知，大多数人认为社会意识导向在传播非遗方面起了主要作用，占了总比重的大多数，所以鼓励与正确地引导大家的社会意识能更好地进行传播非遗；传承人和制度也占了较大比重，由此可见在传播非遗的时候，传承人和制度也比较重要，这就要求杭州应该重视传承人认定和管理制度；资金是占比重最少的部分，在高校师生的眼中，资金问题并不是传播非遗的主要难题。

表 11　关于“您认为传承、传播非遗的主要难题是什么”的有效值

选项	资金	传承人	制度	社会意识导向
频率	43	76	69	298
百分比	8.8%	15.6%	14.3%	61.3%

9. 大部分被调查者认为非遗保护面临的最大问题是人们的意识不够和缺乏有效的保护机制

由表 12 可知，当前大家认为非遗面对的最大问题是人们普遍意识不够，对非遗的概念以及应该采取的措施相当模糊，无疑增加了非遗保护的难度。其次人们普遍认为缺乏有效的保护机制也是非遗保护面临的较大问题，所以建立有效的保护机制对非物质文化的保护也起着相当重要的作用。

表 12　关于“您认为非遗保护面临的最大问题”的有效值

选项	人们的意识不够	缺乏有效的保护机制	外来文化和现代化的冲击	市场前景不好
频率	198	191	55	42
百分比	40.8%	39.3%	11.3%	8.6%

10. 近一半的被调查者认为杭州市非遗保护工作做得还可以

从表 13 可知，杭州市非遗保护工作做得基本上令人满意，但是还有较大的提升空间。如何能让保护工作做得更好，是杭州当下应该考虑的问题。

表 13　关于“您认为杭州市非遗保护工作做得怎么样”的有效值

选项	很好	还可以	有待改进
频率	33	260	193
百分比	6.7%	53.6%	39.7%

11. 大部分被调查者对“非遗的前景”不大乐观

由表 14 可知，杭州市对于非遗的保护力度低于大部分人的期望值，导致他们对非遗的前景无法做出很乐观的展望。鉴于这点情况，杭州非遗保护职能部门应该引起高度的重视，加强对非遗的保护，并且应该尽可能地让群众看到我们的努力，切实感觉到政府对于非遗的重视，以树立群众对非遗保护的信心。

表 14　关于“您对非遗的前景有何看法”的有效值

选项	非常乐观	不太乐观	完全不看好
频率	135	341	10
百分比	27.7%	70.2%	2.1%

12. 大部分被调查者认为杭州市非物质文化遗产保护的最佳渠道是“建立非遗传承及使用的管理制度来保护”

从表 15 可知，大部分人都认为应该由政府主导去保护杭州的非物质文化遗产。政府应该在保护工作上发挥更大的影响。由于民间缺乏必要的资金和专业知识，很难承担起保护非遗的重任。所以，从责任的角度考察非遗保护工作，厘定政府责任，建立健全各项制度，是必要而且紧迫的。

表 15　关于“您认为杭州市非遗保护的最佳渠道是”的有效值

选项	由政府投入专项资金保护	建立非遗传承及使用的管理制度来保护	通过保护传承人的利益来实施保护	通过民间团体或协会组织来保护
频率	143	271	34	38
百分比	29.5%	55.7%	7.0%	7.8%

13. 被调查者认为保护非遗的作用多种多样

由表 16 中显示的数据可知，保护非遗的作用，被调查的学生和教工的看法比较分散，大体上认为调查问卷中陈列的六个选项都有一定道理。可见群众对于保护非遗的必要性是持认可态度的。但是，任重道远，注定还需要更多人的参与和努力，才能达到公众的期望。

表 16　关于“您觉得保护非遗的作用有哪些”的有效值

选项	保护和继承民族的文化身份	培养下一代的文化认同感	传承中华民族悠久的历史文化	有利于增强中华民族的文化认同	有利于维护国家统一和民族团结	有利于促进社会和谐和可持续发展	总计
响应值	380	394	411	365	242	229	2021
百分比	18.8%	19.5%	20.3%	18.1%	12.0%	11.3%	100.0%
个案百分比	78.2%	81.1%	84.6%	75.1%	49.8%	47.1%	

三、非遗进高校模型的构建

通过问卷调查，我们基本摸清了校园里对待非遗的态度。但高校毕竟是个与社会相对隔绝的人文环境，人群构成相对单一、单纯而富有创造力，因此，不能用文化系统的一套不加过滤地搬到高校运行。凡事有个边界，要开展好非遗进校园工作必须进行多方面考虑，比如：非遗进高校必须直面哪些制约问题？非遗进高校的行动目标如何定位？以及非遗进高校应把握的原则是什么？

（一）非遗进校园工作必须直面的问题

非遗的高校传承机制和展开的具体形式，全国各地目前都还处在探索阶段。从已有的非遗的校园传承看，普及范围普遍不大，深度普遍不够，形式上普遍有待改进。比如大多数学校采取了将民间艺人请进校园的方式，但只能做短暂的展示和蜻蜓点水式的传授。此外，还有诸多问题有待杭州的非遗工作者们进一步思考和解决。如：

(1)微博世界的到来，能否为杭州开启一扇门？

(2)如何避免将非遗进校园形式化、表演化或商业化？

(3)非遗项目如何纳入高校的课程体系？

(4)面对高校形形色色的非遗相关类社团，如何整合、盘活？

(5)若把高校教职工比作相对固定的营盘的话，如何发挥好他们的作用？

(6)非遗进高校涉及社会各部门的通力合作，组织工作的协调颇为复杂，如何建立最有效的合作方式？

马克思曾说过："人类始终只提出自己能够解决的任务，因为只要仔细考察就可以发现，任务本身，只有在解决它的物质条件已经存在或者至少是在生成过程中的时候，才会产生。"提出问题是智慧的表现，全面汇集，并经过剔除类似或重复的问题，认知上则又进了一层。在前期查询、分析、归纳大量文献资料的基础上，笔者归纳了以上几个问题。能否回答好以上几个问题，直接影响杭州非遗进高校工作的成败。

(二)杭州非遗进校园工作的实施要求

非遗保护方针是：保护为主、抢救第一、合理利用、开发传承。在坚持保护方针的基础上，必须围绕非遗进高校这个具体工作，回答好前面所提出的问题。同时，杭州非遗进高校工作相对其他省市必须推陈出新，形成自己的风格特色。以上三者共同限定了杭州非遗进高校的实施要求，即：

模式上政府主导，部门协作，社会参与，媒体支持，团结一切可以团结的力量；实施上大胆探索，勇于创新，要坚持从实际出发，先易后难，由浅入深，循序渐进。

兼顾全面性和特殊性。统筹做到形式与内容、活动深度与广度、精品文化和草根文化、投入和产出、走进来与走出去之间重点突出，和谐统一。

兼顾连续性和阶段性。非遗进校园不能搞成一项孤立的工作，必须和我市前期工作和"十二五"期间各项工作联系起来，做好连续工作。同时，要有特色和亮点，体现阶段性。

兼顾预期性和现实性。立足我市非遗保护工作实际，坚持走在前列，定位准确。力求提出的目标既要适度超前、鼓舞人心，又要实事求是、切实可行。

四、杭州非遗进高校工作的实践

在模型构建完成后，杭州以科学发展观和党的十七大精神为指导，以传承和保护非遗为重点，以规模不同、特色浓郁、形式多样的校园文化活动为载体，努力形成特色活动品牌化引领、小型活动经常化开展，有序活跃的发展态势。对于进一步促进非遗的传承与发展；对于激发学生学习民族文化，热爱民族文化，参与保护文化遗产的热情；对于提升学生的文化自觉，夯实大学生爱国精神的基石，丰富大学素质教育的方式和内容，促进学生的全面发展，收到了明显成效。

(一)杭州非遗进高校工作的举措及成效

1. 加强宣传，唤起文化自觉

在青少年的成长过程中，西方强势流行文化一直伴其左右，如西方的流行歌曲、好莱坞的大片和西方人的节日等。要想让现今的大学生重新对民族传承文化有所认知，首先就要让学生了解非遗，了解民族文化的精华。针对高校师生对非遗认识普遍不足这个问题，杭州非遗保护职能部门先是发放倡议书，让大家有感性的了解，之后通过学校报刊、网络、板报和海报等方式，宣传和展示非遗的保护条例、法规和各种存在形式，让广大学生了解民族优秀的历史文化，使学生们逐渐形成“文化自觉”，主动参与到非遗保护工作中去。

2. 宣誓上岗，注重队伍建设

2011 年 3 月至 5 月，杭州非遗保护职能部门通过微博、短信和海报等平台招募了数千名大学生志愿者。为庆祝国家《非物质文化遗产法》于 2011 年 6 月 1 日起施行，浙江省文化厅、杭州市文化广电新闻出版局于 5 月 28 日在举行第六个遗产日暨《非物质文化遗产法》宣传启动仪式。“我愿意成为一名光荣的非遗保护志愿者！我承诺：以我之力，尽我所能，从现在做起，从身边做起，传承中华文脉，守护精神家园，践行志愿精神，为建设和谐社会贡献力量。”来自浙江大学、浙江工业大学、浙江理工大学、浙江工商大学、浙江青年专修学院 5 所院校的 1000 多名志愿者，高举右手庄严宣誓。新华社、光明日报、中国文化报、上海日报、浙江电视台等数十家媒体集体跟进，整个活动带来了良好的社会效益。

3. 搭建平台，构建和谐社会

在开展非遗进高校工作时，杭州非遗保护职能部门一直在探索与社会热点相结合的问题。倡导青年学子以非遗为视角，以科学发展观为指导，以非遗进校园为载体，关注社会弱势群体、热点焦点，激扬青春活力，献身于社会公益和社会保障，倡导高尚的奉献精神，互助友爱，为形成良好的社会风气，建立和谐互助的人际关系，创造安定团结、健康文明的社会环境贡献一分力量。如与浙江工商大学、紫阳街道等设立了非遗（主要是年画）体验站，每周三、六都有学生志愿者担任指导老师与社区居民互动。同时，在实施非遗进高校过程中，杭州非遗保护职能部门非常重视高校学生毕业实习和毕业设计等实践环节，鼓励学生把检验和锻炼自己与寻找就业机会结合起来，以前者为主要目的，争取一举两得。浙江工商大学艺术系同学李娟就是其中的幸运者之一，通过非遗这个平台，她还未走出校园，就已“预订”了工作。

4. 发现苗子，整合人才队伍

高校学生群体极具优势，主要有科技文化优势、人力资源优势、教育传承优势和群体调度优势。总体而言，高校学生非常活跃，喜欢参与各种活动，组织能力和宣传能力较为突出。非遗进高校发现苗子，不是定位于为社会培养文艺骨干，更倾向于团结一批真正对非遗感兴趣，并热心于非遗保护事业的学子。如有不少同学反映学戏曲很难，不过，即使不能成角儿，接触、了解一下也会有所收获。大家有所收获，主要目的就达到了。2009 年，杭州非遗保护职能部门组织了上百位高校学生开展了杭州市非遗传承人濒危状况调研。此外，杭州非遗保护职能部门组织学生参与了 2010 年中秋的中华中秋文化论坛、2011 端午习俗国际学术研讨会（嘉兴）和缙云民俗文化保护论坛等。2011 年，杭州支持了“追寻越梦”中国高校（清华、北大、浙大三校）越剧专场联合演出。通过系列活动的检测，沉淀了一批非遗金粒子，为打造一支稳定、专业的非遗志愿者队伍打下了良好的基础。

5. 薪火相承，打造传承基地

杭州各高校学生社团很多，以浙江大学为例，在账注册的，林林总总不下百个。学生社团是组织学生参与非遗保护的最有效方式，杭州非遗保护职能部门积极鼓励各高校创办非遗相关学生社团，培养大批学生参与到非遗保护的大军中来。目前，杭州非遗保护职能部门重点扶持浙江理工大学的非遗协会，浙江大学的戏曲协会、古琴协会，浙江工商大学的“心理梦工厂”，浙江工业大学的化材“与你同行”等学生社团，这些社团大多是在专业老师的带动下成立的学生组织，其宗旨是对当地的特色非遗进行发掘、整理和保护。同时，杭州非遗保护职能部门也在努力整合高校现有的非遗资源，争取建立以项目传承为主的薪火传承基地。如 2010 年起，杭州非遗保护职能部门与杭州市下城区教育局联合在浙江外国语学院建立了以国遗项目杭州摊璜和武林调为主的非遗传承基地。成立以来，已开展了三批学员出入站培训，部分优秀学员甚至在第六个遗产日期间登台表演。

6. 激发热情，鼓励创新发展

对于非遗的保护，最理想的方式应该是在传承中发展。大学生参与非遗保护，就要依靠自身的科技文化优势，用现代的方式去保护，用现代的方式去发展。

在杭州开展非遗进高校工作以来，学生参与方式不断翻新。浙江大学的学生借助于一些新的媒介进行保存传递和交流，如利用校园内流行的DV文化，去摄制一些关于非遗的纪录片，用于保存和交流；浙江工业大学的学生在一些文艺演出中加入一些非遗的元素，将历史传说搬上话剧舞台；杭州师范大学的学生将非遗开发成商品（主要为磁性剪纸），供人们日常所用；另外，不少学校的大学生还利用网络技术，制作专门的非遗网站，开设非遗保护论坛等，来宣传、保护非遗。2010年中秋，杭州非遗保护职能部门与浙江工业大学联合举办了中秋晚会。工大学子自编自导，发掘传统元素，创新表现形式，1400人的剧场座无虚席。2011年，杭州非遗保护职能部门策划了依靠学生的力量，编制校园版非遗期刊。通过有意识地引导，对激发学生创造力和强化学生非遗保护意识起到了良好的效果。

7. 注重师资，布局铁打营盘

非遗传承教学是一项全新的教育项目。非遗是一项长期的工作，教师则是非遗教育能否坚持开展并取得实效的关键。教职工队伍在高校相对固定，不像学生3年或4年就流动出站了。杭州非遗保护职能部门在开展非遗进高校工作当中，充分发挥了非遗人才资源优势，鼓励非遗传承人、民间歌师、舞师、工匠师及非遗演出队伍，走进课堂进行“现身说法”。杭州非遗保护职能部门也在积极筹划在有条件的高校设立非遗教师培训基地，加大非遗专任教师培训力度。目前，我市专家队伍结构中，很大一部分来自于浙江大学、杭州师范大学、中国美院的教授队伍。他们作为一个重要的、不可或缺的参与群体，发挥着指导、咨询、检查、监督等作用。同时，为配合省文化厅开展的课题研究工作，杭州与高校一起协作，充分发挥高校教师队伍的智库作用，切实加强我市的非遗理论研究水平。

8. 走出校园，激扬青春活力

暑期社会实践作为大学生参与非遗保护工作的重要途径。利用大学生暑期社会实践活动，充分利用大学生的各方面优势，点面结合，可以为非遗保护工作起到很好的效果。浙江全省内，需要大量人力、物力参与的大规模遗产普查已告一段落。但还是需要做一些零星的资料补缺工作，尤其是关于传承人的口述史方面。动员高校大学生，参与到非遗调研工作中去，如果操作得当，将会起到立竿见影的效果。可以说，组织学生进行返乡社会实践，是发掘各地区隐蔽的非遗资源最经济、最有效的方式。2011年，杭州非遗保护职能部门先后培训并支持了数十支大学生社会实践队伍，其中比较有影响力的是浙大的“启真实践团”，浙理工的“非遗实践团”，浙工大“越之风”“文化之旅”暑期实践团队等。一批批社会实践参与者并不满足于看一看，走一走，而是在实践中磨砺品性，在调研中增长阅历，在奉献中成就理想，为我市非遗保护事业做出了应有的贡献。

（二）杭州非遗进高校工作的经验

1. 任务项目化

积极把模型（思路）化成实施方案，把方案化成项目，根据不同的领域和门类，形成较为丰富的项目库。其中，杭州非遗保护职能部门把项目形式分为短期和长期两种。短期活动结合长期活动，两者交叉并行开展，互为补充。短期活动包括集体签名、宣誓、非遗文化周、创建非遗长廊（摄影、书画展等）、征文晚会、才艺展示、到社区交流非遗、举办以非遗为主题的杭城礼品设计大赛等。长期活动则包括建立杭州非遗志愿者团，建立高校非遗指导员，建立薪火传承基地等。

2. 目标指标化

在开展非遗进高校工作中，杭州非遗保护职能部门设置一批具体的量化目标和衡量指标，便于对照、检查、督查。关注学生关于非遗的认知，注重激发学生对非遗的兴趣；同时，重视学生的主体作用，发挥他们的能动性，尊重他们的创新和创造；加强优秀传统文化教学研究基地建设，力争切实加强我市非遗理论研究水平；注重实效，使学生对非遗形成良好的情感、态度与价值观，从而更加积极参与优秀传统文化的传承、弘扬和创新工作。

3. 项目承包化

每个任务项目都落实到具体单位，分工明确，责任到家，狠抓落实。如 2010 年的非遗中秋晚会由浙江工业大学材料与化学工程学院承办；2011 年 5 月 28 日的第六个遗产日暨《非物质文化遗产法》宣传启动仪式由杭州非遗中心承办；社区非遗体验站和非遗长廊建设由浙江工商大学承办；非遗文化周由浙江工业大学承办；非遗系列讲座由浙江理工大学承办，“追寻越梦”中国高校（清华、北大、浙大三校）越剧专场联合演出则由浙江大学承办。非遗进高校工作是系统工程，众人拾柴火焰高，项目承包机制为解决人手紧张，业务骨干薄弱等不足提供了切实的办法。

（三）杭州非遗进高校工作的局限

杭州非遗保护职能部门在杭州非遗进高校工作中投入了巨大的精力和努力，但由于行政资源受限，高校与社会两者环境间的差异，以及经费上的局限性等原因，还有许多地方值得去加强，去改进。比如说目前还没有涉及课堂传承，更没有谈到学科建设；配套指导政策不够，有待出台相关指导性文件；整个工作经费只有 10 万元，杯水车薪，造成许多协调用的都是个人情面；与社会各界，特别是企业互动得不够，如果有赞助的话，情形定会好很多；活动内容在形式上有待丰富等。

五、进一步推进非遗进高校工作的建议

(一)抓好典型引路和考核评估

建立协调机制,努力和教育行政部门将非遗教育纳入教学评估和督导,作为学校教学工作的考核内容之一。建立健全激励机制,加强高校非遗学科建设,定期组织开展非遗教育精品课和优秀教材(读本)评选,表彰非遗进高校工作的先进集体和个人。在全面推进非遗进校园工作的同时,按照所要求的条件和程序,给一批非遗教育的高校挂牌,从培训、经费安排、业务指导等方面予以重点扶持,真正发挥高校在开展非遗传承工作中的辐射、带动作用。要定期召开专题会议,研究解决工作中遇到的困难和问题,并采取切实可行的措施,推动非遗进高校工作健康发展。要加强经常性调查研究,搞好分类指导,推动非遗工作的全面发展。

(二)拓宽高校了解非遗的渠道

高校对非遗认识的缺乏与其普及力度的不够有很大的关系,杭州应该在这方面投入一定的资金,多多开展一些可以加强高校对非遗了解的活动,例如鼓励师生参观关于杭州市的综合性(或专题性)展示场馆;在电视节目上开设更多关于此的单元让群众在耳濡目染之中了解非遗;开展有关非遗的知识竞答等活动,以物质性奖励刺激师生去了解;鼓励高校去学习与掌握某一种民间文化或传统技艺,使其成为一种良好的社会风气。同时,杭州非遗保护职能部门必须正视网络,特别是微博等新技术手段对改变社会形态的威力。在 2011 年,所有中国互联网最火的事件,一定以及肯定是发生在微博上。要通过大规模的、持久的宣传教育,让非遗保护成为全社会的共识,成为全体公民的自觉行为。

(三)进一步发挥高校智库作用

目前,非遗保护落脚点很大程度上落在行政事务工作上,往往是对策性的、操作层面的,明显多于理性的、思辨性的挖掘和阐释。例如,我们要保护的非遗,在当今社会进程中究竟应该占据什么样的位置;我们要在怎样的程度上、以怎样的方式对之进行保护;等等。由于非遗大多是农业社会条件下的产物,所以今天对它的保护包含着许多悖论。这些悖论常常令我们无所适从。工作重心从申报纵深推进到保护后,杭州非遗保护工作面临新瓶颈,压力逼迫杭州非遗保护职能部门转型升级工作模式,特别是在制度建设、政策出台等方面要有所建树。而另

一方面，很多高校申报了关于非遗方面的研究课题，却往往没有一手资料，造成研究的针对性不强。因此，在非遗保护的实践中，邀请更多高校人文学者参与其中，可以给杭州非遗保护职能部门提供许多参考意见。

让非遗走进高校，是一件功在千秋的大事。随着杭州非遗进高校工作的不断推进，其所取得的阶段性成效得到各高校的一致认可，越来越受到广大学生们的欢迎，得到了上级领导的充分肯定，使我市非遗传播、发展取得了新的突破，其所潜在的扩展效应还在进一步增强。杭州非遗进高校工作为全省范围内开展非遗进校园工作提供了有益的尝试。杭州应该为更多的非遗创造这种传承机遇，同时让更多的学校通过非遗的校园传播带来新气象。通过互动达成双赢甚至是多边互利，正是各方所期待的美好前景。

参考文献

[1] 白鑫刚. 大学生参与非物质文化遗产保护论略[J]. 河南师范大学学报：哲学社会科学版，2009(2).

[2] 唐湘岳，张留. 把非遗的种子播进校园[N]. 光明日报，2011-09-13(7).

[3] 李建成，孙泉. 关于非物质文化遗产进校园工作的思考[J]. 承德民族师专学报，2007(4).

[4] 李蕾，曾玉华. 陕西高校非遗体育文化进校园的思考与启示——以红拳与安塞腰鼓为例[J]. 西安体育学院学报，2014(6).

[5] 柳丽英. 非遗进校园 衢魂薪火传——浅论十七届六中全会精神与衢州非遗传承[J]. 大众文艺，2012(8).

[6] 苑岚冰. 普通高校传承非物质文化遗产可行性的研究[D]. 石家庄：河北师范大学，2010.

（本文写于 2011 年 6 月，收录在《杭州市文化广电新闻出版局 2011 年度调查研究论文汇编》。）

附件：

杭州市非物质文化遗产保护认知现状调查问卷

您好，我们是杭州市非遗保护志愿者。为配合浙江省文化厅和杭州市文化广电新闻出版局共同组织的“非遗进高校”活动，想借机调查一下在杭高校师生对非遗认识情况和态度。您提供的信息将被严格保密，谢谢您的配合！

1. 您的性别和身份是？________

A. 男，学生　B. 女，学生　C. 男，教工　D. 女，教工

2. “文化遗产日”定在哪一天？________

A. 每年六月的第一个星期六　B. 每年六月的第二个星期六

C. 每年六月的第三个星期六　D. 不清楚

3. “篆刻”是在________年被批准列入人类非遗代表作名录？

A. 2005　B. 2007　C. 2009　D. 2010

4. 您通常是从什么渠道了解非遗？________

A. 亲自参与制作　B. 电视节目　C. 宣传海报或宣传手册

D. 他人口头传授　E. 表演或展览　F. 其他

5. 您周围有从事非遗保护或志愿者工作的人吗？________

A. 有，但不多　B. 没有　C. 不知道

6. 如果有非遗的宣传活动，您会参加么？________

A. 会　B. 不会　C. 看情况而定

7. 您认为传承、传播非遗的主要难题是什么？________

A. 资金　B. 传承人

C. 制度　D. 社会意识导向

8. 您认为非遗保护面临的最大问题是？________

A. 人们的意识不够　B. 缺乏有效的保护机制

C. 外来文化和现代化的冲击　D. 市场前景不好

9. 对于非遗，是否需要做好保密工作？________

A. 不需要　B. 需要　C. 重要的项目需要

10. 您认为杭州市的非遗保护工作做得怎么样？________

A. 很好　　B. 还可以　　C. 有待改进

11. 您认为杭州市非遗保护的最佳渠道是？________

A. 由政府投入专项资金保护

B. 建立非遗传承及使用的管理制度来保护

C. 通过保护传承人的利益来实施保护

D. 通过民间团体或协会组织来保护

12. 如果有个关于杭州非遗的综合性展示场馆，您是否会去参观？________

A. 会　　B. 不会　　C. 看情况而定

13. 对于个人或企业商业性使用非遗，您觉得是否应该付费？

A. 应该　　B. 不应该

14. 您愿意学习掌握一种民间文化或传统技艺吗？

A. 愿意　　B. 暂时没有考虑　　C. 不愿意

15. 您对非遗的前景有何看法？

A. 非常乐观　　B. 不太乐观　　C. 完全不看好

16. 您认为对传统知识和民间文化的改编、记录、整理、采风后所获得的成果，传承人、记录人、整理者是否享有一定的权利？________

A. 享有　　B. 不享有，应属于公有财产

17. 您觉得保护非遗的作用有哪些？________（多选）

A. 保护和继承杭州民族的文化身份　B. 培养下一代的文化认同感

C. 传承中华民族悠久的历史文化　D. 增强中华民族的文化认同

E. 维护国家统一和民族团结　F. 促进社会和谐和可持续发展

18. 您认为非遗对您的日常生活产生影响了吗？

A. 有，具体表现为________________________________

B. 没有，因为________________________________

19. 对于"非遗进高校"活动，您有什么想法或建议？

____

____

____

再次对您表示感谢，祝您一切顺利，万事如意！

杭州市非物质文化遗产数据库建设现状及对策思考

在数字化时代，信息爆炸式增长成为现实，不仅改变了人们对信息的接收和处理方式，也改变了文化传承和创新的路径。当前，对非物质文化遗产的抢救和保护已经刻不容缓。日新月异的数字化提供了实现非遗保护和展示的无限空间。随着非物质文化遗产保护工作的不断发展，运用文字、录音、录像、多媒体等现代化科技手段对珍贵、濒危并具有历史价值的非物质文化遗产进行真实、系统和全面的记录，建立档案和数据库是杭州非遗保护工程的主要实施内容之一。数字化保护在非物质文化遗产保护中的应用，是对以传承人口手相传为核心的传统保护方式的辅助与补充。本文对杭州非遗数据库的建设现状做了概要介绍，并对杭州进一步加强非遗数字化工作进行了一定的思考。

随着科技的进步和计算机技术的飞速发展，数字化保护正在逐步成为非物质文化遗产保护工作中的新手段，数据库建设就是其中的重要内容。所谓非遗数据库建设，就是将数字信息技术应用于民族民间非物质文化遗产的抢救与保护，借助数字摄影、三维信息获取、虚拟现实、多媒体与宽带网络等技术，建立一个以计算机网络为基础的综合型数字系统，实现对文化遗产的保护、传承与发扬。

建立非物质文化遗产数据库是社会发展的需要，是非物质文化遗产保护工作转型升级的必然结果。2008 年杭州市作为省文化厅数据库建设试点市，在全国率先启动了非遗数据库的建设工作。一年多来，虽然非遗数据库建设在国内外没有可以借鉴的先例，但相关工作一直处于积极状态，于 2010 年 10 月底相继通过了技术上的终验和省非遗专家组的业务论证，做出了有益的尝试。

市非遗中心课题组立足于杭州非遗数据库建设现状，紧扣杭州市优势和特点，对杭州非遗数据库建设过程中存在的难题及对策进行了调研分析。

一、杭州非遗数据库建设的背景

近年来，在杭州市委、市政府的高度重视和大力支持下，杭州市非遗保护职能部门采取多种有效措施，推动传承、保护和发展，广泛开展资源普查，研究制定保护办法，切实推动保护，一系列相关工作均走在全国前列。

2007年11月，市政府部署了全市非物质文化遗产普查工作，13个区、县(市)及西湖景区和下沙开发区近16000名普查员，按照“四不漏”(不漏线索、不漏种类、不漏村镇、不漏艺人)的要求，依靠“五老”(老干部、老教师、老工匠、老艺人、老土地)，经过近一年的努力，共摸排非遗线索428966条，调查登记项目30168项，其中新发现项目18542项，登记重要传承人12869人，征集到非遗实物4165件，汇编普查资料文字档案714卷，音像档案2486盒，照片15686张，录像1729盒。

2009年9月30日，以杭州为主和参与申报的“篆刻”、中国“蚕桑丝织技艺”成功入选联合国人类非物质文化遗产代表作名录。2008年，18个项目成功列入第二批国家级非物质文化遗产名录，使杭州国家级名录数量跃升至26项，居全国同类城市第一。2009年6月，文化部公布的第三批国家级传承人名单中，杭州有9人成功入选，使杭州的国家级传承人数量达到16位，居全省乃至全国前茅。同期，省政府公布的246项浙江省第三批非物质文化遗产名录中，杭州入围58项，至此杭州省级名录达到了122项，居全省第一。

普查和申报工作中收集的民间文化资源种类和分布状况、传承人的记录、调查图表、保护项目清单以及创作的相关录音、影像、图片等珍贵实物资料是非物质文化遗产的重要组成部分。但这些资料由几万名普查者采集而来，需要将收集到的资源通过统一的整理、整合，这样才能既有利于专家、学者、研究人员、工作人员进行研究利用，又有利于普通群众进行学习、传承。从目前的情况来看，非物质文化遗产保护中心信息化建设滞后，已在一定程度上制约了杭州非物质文化遗产的保护、挖掘和发展。引入现代化信息技术，建设杭州非遗数据库系统，已成为杭州非遗保护工作新的重点和突破口。

全国非遗看浙江，浙江非遗看杭州。杭州作为沿海发达地区浙江的省会城市，非遗保护工作全国领先的地位离不开强大经济支撑所带来的先发优势。而在本身非遗资源不占优势的前提下，要保持这种领先性，必然要敢为天下先，超前一步做好转型升级。因此，杭州率先引入现代化信息技术，建设非遗数据库系统，不但具备条件，而且是顺理成章的事情。

二、杭州非遗数据库建设的现状

(一)杭州非遗数据库建设的推进情况

2008 年,作为省非遗数据库试点单位,杭州启动了非遗信息化建设的前期调研工作,确定了建设内容和框架,起草了《杭州市非物质文化遗产三年信息化建设规划书》。2009 年 3 月,市文广新局办公室和市非遗中心一起制订了《杭州市非物质文化遗产信息系统建设方案》,并于 2009 年 12 月完成了政府采购程序。

为了确保项目建设成功,市非遗中心分别于 2010 年 1 月 26 日、4 月 17 日和 7 月 3 日举办了三次专家论证会。先后邀请了国家中心数据库专家、湖北宜昌非遗数据库专家来杭指导,也邀请了省内数据库专家、数字图书馆专家及省非遗数据库建设试点单位的同行共同出谋划策。

2010 年 11 月 20 日,杭州非遗数据库顺利通过由市文广新局组织,数据库开发公司、监理公司、独立专家参与的,侧重于技术路线是否合理的论证。11 月 30 日,在南浔召开的全省非遗数据库会议上,省非遗专家组围绕业务需求对杭州非遗数据库进行论证,与会领导和专家对杭州非遗数据库建设成果给予了充分肯定。杭州圆满完成了基础建设的试点任务和目标。

杭州非遗数据库建设在全国非遗系统产生了一定影响,2010 年 6 月,杭州作为特邀代表参加了文化部非物质文化遗产信息化建设"十二五"规划座谈会。在会上,杭州的非遗数据库建设方案得到了与会专家和领导的一致好评。

(二)杭州非遗数据库建设的具体内容

1. 杭州非遗数据库的硬件设置

非遗数据库硬件即数据存储备份系统,包含 2 台数据容量为 6T 的磁盘阵列,1 台数据库服务器,1 台应用服务器,以及相应的备份恢复软件。同时该存储备份系统和杭州市异地容灾备份系统连接,保证了非遗数据的存储和安全。

2. 杭州非遗数据库的应用系统

杭州非遗数据库系统,由一个网站二大系统六大分系统三十三个子系统组成,基本涵盖了杭州市非遗资源全部和保护管理工作全部。除门户网站外,基础数据库系统基本是整个系统的数据来源和业务支撑,由普查数据库、申报数据库、名录数据库、传承人数据库、保护载体数据库、专家数据库六部分组成。保护管理系统是系统的主要功能模块和业务延伸发展,由普查管理系统、申报管理系统、名录管理系统、传承人管理系统、保护载体管理系统、专家管理系统六部分组成。

普查管理系统主要由线索收集、线索筛选、数据比对、权限管理、统计分析、考核评定六个部分组成。申报管理系统由申报基础数据维护、权限管理、流程管理、申报材料审核、专家网上预审、终审管理、专家评定、考核评定八个部分组成。名录管理系统由名录基本信息维护、名录项目保护管理、名录项目保护工作抽查、考核评定四个部分组成。传承人管理系统由传承人档案管理、传承人活动管理、传承人授徒管理、传承人服务管理、传承人福利管理、传承人考核管理六个部分组成。保护载体管理系统由保护载体申报、保护载体信息管理、保护载体活动管理、保护载体综合管理、保护载体考核管理五个部分组成;专家管理系统由专家库信息管理、专家定向抽取、专家活动管理、专家统计分析四个部分组成。

3. 门户网站

根据杭州非遗工作的需要,本期数据库建设中已初步建设了门户网站,基本能满足现阶段的使用需求。门户网站的内容主要包括机构建设、新闻动态、政策法规、非遗名录、传人风采、保护载体、工作简报、文档下载、你问我答和网上展厅十大栏。其中机构建设主要包括机构简介、领导班子、机构设置、机构职能等,对杭州市非遗中心的基本面貌做详细介绍;新闻动态包括图片新闻、信息快递(文字为主)、热点聚焦、区县(市)动态,及时传递非遗信息,宣传非遗保护理念;政策法规包括国家、省、市各级的非遗政策,争取做到上情下达,工作政策透明化;非遗名录包括已申报成功的三批非遗项目,涉及十个类别,内容具体全面;传人风采包括传人介绍和传人所获成绩等,在对传承人进行宣传展示的同时,普及非遗知识;保护载体包括非遗传承基地、非遗产业基地、非遗生态保护区和民族民间艺术之乡等地区性的工作情况介绍;工作简报包括每个月的工作情况汇总,使非遗工作具体化、条理化;文档下载里可以及时下载到各类操作手册以及表格;你问我答给群众提供了互动交流下情上传的途径,包括办事大厅、办事指南、快速通道、建言献策、主任信箱等,试图提高群众参与度,推广非遗理念;网上展厅包括专家简介、传人风采、名录集成、保护载体;除此之外,还有辅助部分,包括搜索栏、杭州非遗手册、杭州地理信息图三部分。

三、杭州非遗数据库取得的成效及经验

(一)杭州非遗数据库建设取得的成效

杭州非遗数据库建设立足于以需求为导向,以服务为宗旨,遵循"统一规划、分步实施、资源共享、确保安全"的原则,建设成效显著,主要表现有:建立了信息化管理与存储系统,改变了目前资料以光盘形式为主的存放方式,达到了资料能

够长期、有效地保存、管理和使用的目的；建立了数据中心，实现了对非遗数据和业务的流程化、自动化管理，有效加强了非遗数据的安全性；建立了门户网站，可以有效宣传杭州非物质文化遗产，并建立了一个非物质文化遗产挖掘的渠道；创建了传承人、专家、名录和延伸载体管理系统，可以进行有效的传承管理；建立了自动办公系统及相关业务系统，大幅提高了办公效率。具体来说，杭州非遗数据库呈现四大优势、六大特点。

1. 四大优势

(1)权威性和全面性。杭州非物质文化遗产数据库是拥有全市非遗文献、图片、音频视频资料最为权威、最为全面的数字化档案库，其不漏村镇、不漏线索、不漏艺人、不漏项目、不漏种类的涵盖面，呈现出资源独一无二的丰富性和完整性，其综合性和单项性资源交互使用，普遍性与专业性兼顾的特色，及其示范性、导向性和标准化措施，使之成为地方非遗数据库的样板。

(2)科学性和专业性。杭州非物质文化遗产数据库是全市最为科学规范、最为严格标准的数据库，其学术性强、分类准确、层次分明、布局合理的特色，充分体现了其科学性和专业性的高度结合，以及专业水平的充分发挥。因此，差错率低，零返工、零异议和零投诉，应该是杭州市非遗数据库科学性、专业性的终极体现。

(3)地域性和特色性。杭州非物质文化遗产数据库资源体现了杭州特色，体现了三江两湖一山一河的特色。其采集、存储的非遗资源均为杭州独具地域民俗风情、民族民间特色、山水人文特点的文化精粹。正是由于这些不可复制的特色资源支撑，使其成为特色鲜明、地域色彩浓郁、吸引眼球亮点的非遗数据资源库。

(4)普及性和效能性。杭州非物质文化遗产数据库是普通工作人员和社会人员均可操作使用的普及型资源系统。根据不同对象、不同需求设置了不同的权限和密级，使各层次的受众均可享用和使用数据库提供的各种资源。同时，该系统是杭州非遗申报、名录管理、传承人管理、保护载体管理和其他非遗工作电子化、数字化的一大体系，因此，节约人力资源、提高工作效能，是该系统一大功能特色。

2. 六大特点

(1)资源普查与专项调查相结合。杭州非遗资源普查是在国家文化部和浙江省文化厅有关文件要求的指导下开展起来的，使用的文本标准均为浙文社〔2007〕102 号文件规定的规范文本标准。此项标准是在文化部有关普查标准的基础上，结合浙江省实际，总结试点工作实践经验修订而成。本数据库严格执行浙江省普查文本标准，同时又兼顾专业调查要求，设计制订了《杭州市非遗数据库数字化加工标准规范》，为专业化调查做了充分考虑与准备，这正是本数据库区别于其他非遗数据库的优势所在。

(2)静态资源存储与动态工作管理相结合。杭州非遗数据库系统包括非遗基础数据库系统和保护管理系统两大组成部分。其中基础数据库系统主要是解决普查获得的海量非遗资料的静态存储与查询使用;而保护管理系统主要是解决专业调查、名录管理、传承人管理、保护载体管理及申报工作等动态工作管理,这是其他非遗数据库没有考虑也未做建设的内容。因系统充分考虑现有技术投资以及未来电子政务办公需求,不仅解决了以往工作所积存下来的大量资料和今后工作中将获得的大量资料的科学妥善保存,同时为专项调查、申报、评审工作,传承人管理、名录管理、保护载体管理等动态工作,提供了现代化、信息化的管理模式,为非遗保护工作转型升级打下扎实基础。

(3)系统的灵活开放性与相对独立性相结合。由于非遗数据库建设是一项全新的工程,而非遗本身又是一种生态文化、活性遗产,其不断变化、不断生长、不断适应环境的特点,决定了系统设计必须坚持开放、灵活和对环境的不断适应,以应对实际工作中的种种变化需求;也就是随着非遗业务不断深入深化,系统应根据需求做出相应的调整提高和升级并正常运行,使系统成为一个应需求的不断升级而生长的活的有机体。同时,杭州在软件开发过程中也强调系统的相对独立性,这就要求系统立足于杭州市非遗保护实际,突出杭州非遗特点,在与外在资源互相交流共建共享的情况下,不因外来因素的影响而影响系统的自身运行,保证系统在安全可靠的环境中独立运行,并完成多种任务。

(4)系统的实用便捷性与结构严谨性相结合。数据库建设很重要的功能之一就是实用便捷。该系统严格依据杭州非遗工作实际进行研发创制。整个系统全部采用常用语和常用图标,使用户一目了然,即使非专业人员未经培训或短时间培训也可使用,系统的可管理易维护性十分突出,与其他数据库纯从实验室研发、忽视基层工作、带有强烈的专业特点和学术意味有很大的区别。当然,实用便捷绝非简单粗糙,也绝非丧失科学性和严密性。恰恰相反,该系统在设计过程中,严格按照软件设计结构学来分布设计,如普查数据库、管理数据库、申报系统和系统管理四大模块分为六个部分三十三子系统,十分科学严谨,顾及了存储、查询、管理、维护、安全等系统所需全部元素,使之成为一个既便捷实用,又结构严谨、运行有序的有机整体。

(5)资源联网共享与安全可靠性相结合。目前,余杭等区、县(市)所研发的数据库软件已与杭州数据库系统软件实现联网互通兼容。市与区、县(市)之间实现共享和无障碍推广普及,与省级非遗数据库兼容联网正设计之中。共享联网必然带来安全隐患,因此杭州采用高可靠、高可用性技术以使系统能够保证安全性,也就是使业务和数据不被非法侵入和修改,不因意外丢失和损坏,实现整个系统的安全可靠。这就使杭州非遗数据库必须考虑使用对象的不同而及时调整开放的权限和级别，使该系统成为安全可靠而又实时互通的资源库。

(6)标准化制度化建设与工作量化考核相结合。该系统的研发严格根据国务院、文化部和省文化厅有关非遗文件精神和标准执行。同时，根据杭州非物质文化遗产资源特点，制定了《杭州市非物质文化遗产数据库系统资源标准规范》，将大量的图片、音频、视频的存储与格式的转化统一起来；将大量不同格式的表样数据(word，excel，wps 等格式)导入标准化、规范化格式；同时，为了该系统操作管理的规范化，制订了《杭州市非物质文化遗产数据库管理暂行办法》，加强了对工作人员、技术人员操作的管理和使用，确保数据库系统的高效科学地运行。与此同时，改变了以往长期在缺乏科学标准或者有科学标准而不严格执行的随意性和盲目性，以量化考核来推动动态管理工作，确保保护工作在科学的监督下进行，这与其他非遗数据库仅考虑资源的存储、查询建设相比，又向前迈出了一大步。

(二)杭州非遗数据库建设成功的经验

1. 组织到位

杭州非遗数据库建设的优越条件是各方高度重视，把它放到了全局工作的突出位置，明确了职责和任务，为其有条不紊地开展工作提供了保障。2009 年，杭州非遗数据库建设顺利通过市政府信息化立项，市文广新局信息化专项资金专门切出一块用于其建设。同时，省文化厅也在经费上给予了一定支持，为杭州市非遗数据库顺利推进打下了良好基础。市文广新局办公室、市非遗中心、数据库开发公司、监理公司等单位根据任务分工，通力合作，保证了数据库开发建设的质量。

2. 技术路线先进

建设非遗数据库，就是要求用新的模式新的思路去开展非遗保护工作。虽然国内外开发数据库呼声很大，但杭州是率先启动并第一个开发完成的。杭州市非遗数据库建设坚持了高标准、高要求，软件平台选用 J2EE、数据库平台选用 DB2、中间件选用 WebSphere、流程管理选用 IBM FileNet。业务能力强大而全面，安全性和保密性高，同时具有可用性、可靠性、扩展性、灾难保护、灵活性和可管理性等优点。

3. 实际工作支撑

浙江非遗保护工作走在全国的前列，杭州非遗工作又走在全省的前列。不管是名录数量与质量，还是实际工作的开展情况，都是可圈可点的。近年来，杭州做了大量的有益的探索工作，诸如开展大规模的非遗普查工作，成立 6 个编制的非遗中心，建设全国一流、世界领先、占地 3.32 万平方米的非遗展示中心等工作。正是由于大量基础性工作的支撑，保证了杭州市非遗工作者对非遗数据库建设具有很深的理解。此外，经常与北京、省市专家、业内同仁、基层业务工作者，及文化部、省文化厅等业务主管部门沟通联系，保证了方向上的正确性。

四、杭州非遗数据库建设面临的难题及对策

(一)杭州非遗数据库建设面临的难题

数字化与非遗结合主要包括以下几个方面：一是利用数字技术对非物质文化遗产进行学术分类、信息化存储，建立全面汇总各种记录媒体提供的相关信息的资料数据库；二是利用多媒体虚拟场景建模、多媒体虚拟场景协调展示等数字虚拟现实技术，对非物质文化遗产特别是传统手工艺的生产方式、使用方式、消费方式、流通方式、传播传承方式等进行真实再现，建立包括文字、声音、图像、视频、虚拟现实在内的多媒体的数字博物馆；三是开发计算机辅助设计系统，通过不断创新以及产业化使民间美术、民间工艺等非物质文化遗产得到更好保护。

目前，杭州非遗数据库建设应该说还只属于第一方面的范畴，在内容上有待扩展和深化。此外，杭州非遗数据库还存在技术以外的难题，诸如：全市非遗资料绝大部分资料都散落在档案馆、博物馆、图书馆及杭州十三区县(市)文化馆、非遗中心项目保护责任单位等基层单位，大量资料以手抄本、老照片、录音磁带等不易数字化的信息媒介形式存在，资源采集难度很大；现有的人才队伍与信息化建设的任务要求存在差距，杭州非遗专业技术人员相对缺少，特别是既熟悉非遗业务又掌握信息化技术的复合型人才缺乏，难以满足杭州非遗信息化实际工作的需要；由于是试点工作，没有可借鉴的经验，因此存在管理制度不健全、运行维护水平较低等现象。

(二)进一步推进杭州非遗数据库建设的对策

1. 做好人员培训工作

加强队伍建设，提高人员素质。高素质的人才是建设数据库的核心和关键，杭州非遗数据库管理人员应有较高的思想素质、丰富的图书情报专业知识、外语知识和较强的工作能力，如对信息的敏锐反应能力、系统的导航能力、较强的科研能力、整理加工文献信息的能力等。有了高素质的专业化队伍，才能完成特色数据库的建设。

2. 做好全市非遗资源的整合工作

非遗资源的数字化程度直接关系非物质文化遗产保护的水平。应有规划、

有步骤、有标准地展开数字化非物质文化遗产资料的积累工作，把非物质文化遗产的数字化收集、积累与保管作为日常业务中的一项独立工作，并从人员、物质、技术等方面提供具体保障，同时加快推进非物质文化遗产资源由传统保护媒介向现代数字媒介的转换，发挥多媒体的技术优势，增强资料库的实用性和丰富性。要加强统筹指导，强化协调，积极推动有关部门单位对现有非物质文化遗产资源的数字化整合。最终，力争在一个统一平台下实现非物质文化遗产数字资源库的共建、共通、共有、共享。

3. 开发非遗数字应用技术

数字技术的应用有利于从整体上拓展非物质文化遗产保护的思路，提升展示和研究水平。应用范围包括建立数字化非物质文化遗产展示系统（主要应用于科技馆、博物馆、展览馆、美术馆等场所），利用捕捉技术，为全方位、多角度地观察、分析、研究民间舞蹈、传统竞技等非遗项目提供方便。同时，提供的三维动作数据可直接应用于动画、网络游戏等数字产业内容，可为非物质文化遗产由资源走向产业开发搭建起技术平台；计算机辅助设计系统，通过开发计算机辅助设计系统，许多非物质文化遗产可以在积极利用中得到传承和光大。应根据杭州非物质文化遗产保护的实际需要，发挥信息产业特别是软件园区优势，依托重点软件企业，以项目带动为重点，鼓励科研机构、高校、软件企业与相关文化单位联合攻关，积极开发非物质文化遗产保护的数字应用技术，促进信息产业与文化产业的融合，推动实现非物质文化遗产保护由传统向现代的跨越。

4. 建设网上三维非遗博物馆

位于杭州滨江奥体中心的非遗展示中心投资巨大，为了更大程度地实现实体场馆的社会效益，借鉴世博会、西博会网上三维场馆的建设经验，有必要在实体场馆推出的同时推出网上三维非遗博物馆。网上三维非遗博物馆，是指以数字形式对非物质文化遗产的各方面信息进行收藏、管理、展示和处理，并可以通过互联网为用户提供数字化的展示、教育和研究等各种服务的信息系统。借助网络环境，网上三维非遗博物馆能够向公众及时提供非物质文化遗产保护进展情况和工作动态，汇集相关政策法规和研究成果，推动保护、研究、挖掘、利用。

5. 建设非遗网络市场

即开设网上商店（超市），实现非遗产品的网上销售。同时，将民间文学、戏曲曲艺、音乐舞蹈等非遗资源进行数字化、娱乐化的创作与制作，使之融入影视、游戏、动画、表演等当代文化娱乐活动之中，以期获得社会效益与经济效益双丰收。

6. 推动非遗数字出版

数字出版主要是指发行多媒体出版物，包括多媒体出版和光盘多媒体出版。

多媒体出版物在创意、趣味、交互体验和视觉冲击方面具有优势，杭州多媒体出版将在数据库建设的基础上加大力度、加大脚步，结合浙江省非物质文化遗产代表作丛书和杭州市非物质文化遗产大观的编纂成果，积极开展尝试。

7. 加强门户网站建设

目前网站的建设还有许多不足，其中杭州地理信息图、互动交流等内容只是预留了页面框架，实际内容有待完善。而在后期的完善过程中，还需加强特色展示，突出每块内容的重点，尽快落实各部分的功能，提高普通访客的参与互动。

综上所述，建设非遗数据库，以数字技术推进杭州非物质文化遗产保护工作转型升级，是杭州建设历史文化名城过程中需要解决的重大课题。杭州相关职能部门按照统筹规划、分步实施、逐步推进的原则，取得了阶段性的成果，为国内外相关工作做了有益的尝试。非遗数据库建设还有许多难点有待解决，杭州应进一步抢占先机，把我市非遗保护工作推向新的高度。

参考文献

[1] 林敏. 杭州市非物质文化遗产数据库系统建设工作介绍[R]. 2010(10).

[2] 杨海波. 数字技术与山东非物质文化遗产保护[J]. 山东社会科学，2009(1).

[3] 彭冬梅. 面向剪纸艺术的非物质文化遗产数字化保护技术研究[D]. 杭州：浙江大学，2008.

[4] 黄鸿滨. 保护与传承——构建红水河流域少数民族非物质文化遗产资源数据库的探讨[J]. 江西图书馆学刊，2009(1).

[5] 柳霞. 非物质文化遗产资源数据库的建设[J]. 东岳论丛，2008(6).

[6] 郭佳慧. 赫哲族非物质文化遗产——“特色数据库”刍议[J]. 农业图书情报学刊，2009(4).

[7] 沈莹. 浅谈依据互联网有效利用非物质文化遗产数据库资源[J]. 消费导刊，2008(10).

[8] 杨宏丽. 地方图书馆参与本土非物质文化遗产保护问题的思考[J]. 沙洋师范高等专科学校学报，2009(1).

[9] 杨晓燚. 非物质文化遗产保护与文化创新研究[J]. 大视野，2008(12).

[10] 梅杉. 浅析博物馆信息化与非物质文化遗产保护[D]. 重庆：重庆师范大学，2007.

（本文写于 2010 年 11 月，收录于《杭州市文化广电新闻出版局 2010 年度调查研究论文汇编》，并在浙江省文化厅组织的优秀调研报告评选中获一等奖。）

杭州市非物质文化遗产保护政策法规建设现状及对策建议

保护非物质文化遗产不是短期行为，而是任重道远的文化事业，需要代代传承下去。要做好这项文化事业，仅有应急性的方法和措施是远远不够的，还必须有坚实的法律和政策的规约和保障。政策法规建设是做好非物质文化遗产保护工作的前提和基础，是使非物质文化遗产保护制度化、规范化的根本保障。只有将非物质文化遗产保护纳入法制化轨道，才能使非物质文化遗产保护工作沿着正确的方向前行。目前，杭州已经制定颁布了一系列具体法规和保护措施，但最重要的，还是要把每一条法规条例落到实处，否则再好的法律法规也是一纸空文。

非物质文化遗产的定义由联合国教科文组织（UNESCO）在2003年通过的《保护非物质文化遗产公约》（以下简称《公约》）中提出，指“被各社区、群体，有时是个人，视为其文化遗产组成部分的各种社会实践、观念表述、表现形式、知识、技能以及相关的工具、实物、手工艺品和文化场所”。非物质文化遗产的形成，归根结底是为了使生活更美好，是民众日常生活审美化需求的选择。这在传统生活中随处可见，如喝茶有茶艺、茶道；饮食讲风味、菜系，等等。

非物质文化遗产保护是文化建设的基础性工作，是公益性文化事业的重要组成部分，是国家文化战略和中国特色社会主义文化发展道路的重要内容。保护好非物质文化遗产，就是传承好民族文化的文脉。

杭州历史悠久、人文荟萃、百工兴盛，文化底蕴深厚，非遗资源非常丰富。2007年11月，市政府部署了全市非物质文化遗产普查工作，13个区、县（市）及西湖景区和下沙开发区近16000名普查员，按照“四不漏”（不漏线索、不漏种类、不漏村镇、不漏艺人）的要求，依靠“五老”（老干部、老教师、老工匠、老艺人、老土地），经过近一年的努力，共摸排非遗线索428966条，调查登记项目30168项，其中新发现项目18542项，登记重要传承人12869人，征集到非遗实物4165件，汇编普查资料文字档案714卷，音像档案2486盒，照片15686张，录像1729盒。

同时，在非遗资源普查的基础上，杭州市建立完善了人类、国家、省、市、区县(市)五级非物质文化遗产名录体系。现有人类非遗名录 3 项，国家级非遗名录 44 项，省级名录 167 项；此外，还有市级及区、县(市)级名录 703 项，其中杭州市级名录 334 项，名列全国同类城市前茅。拥有国家级代表性传承人 22 人，省级代表性传承人 132 人，市级代表性传承人 260 人，市民族民间艺术家 21 人。杭州也正是因为有了这么丰富多彩的非遗资源，才有了个性生命的搏动。

然而，在过去相当长的一段时期内，随着现代化进程的加快和城镇化的加强，杭州的非物质文化遗产面临着损害、破坏和不断消失的严重威胁，尤其是传统村落非物质文化遗产面临威胁的程度正在不断加深。保护非物质文化遗产不是短期行为，而是任重道远的文化事业，需要代代传承下去。要做好这项文化事业，仅有应急性的方法和措施是远远不够的，还必须有坚实的法律和政策的规约和保障。只有将非物质文化遗产保护纳入法制化轨道，才能使非物质文化遗产保护工作沿着正确的方向前行。

一、杭州市非物质文化遗产政策法规建设的现状

随着政府和社会各界对非物质文化遗产的关注，杭州非物质文化遗产的法律保护也取得了显著的成就，但同时也存在一定的不足。目前，杭州已经制定颁布了一系列具体法规和保护措施，在每一条法规条例落到实处的同时，还需针对出现的新情况、新问题、新趋势进行不断完善。

(一)杭州非物质文化遗产政策法规建设的成就

目前，杭州人类非遗和国家级、省级、市级、县级五级非物质文化遗产名录体系得到进一步健全。为加强名录保护，杭州分批给予资金补助，制订保护计划，落实保护责任，加强专家指导，强化规范管理。

为加强保护传承人，杭州先后出台了《杭州市非物质文化遗产代表性传承人申报与认定办法》(杭文广新社文〔2008〕6 号)、《杭州市非物质文化遗产代表性传承人(民间老艺人)补贴实施暂行办法》(杭文广新发〔2008〕13 号、杭财教〔2008〕504 号)等政策性文件，并下发了《杭州市文化广电新闻出版局关于印发杭州市非遗传承人技艺和生存状态调研方案的通知》(杭文广新社文〔2009〕24 号)等。

同时，杭州也加强了非遗保护体制机制方面的探索，出台了《杭州市非物质文化遗产生产性保护指导意见》《关于印发杭州市民族民间艺术家命名办法的通知》《杭州市非物质文化遗产保护专项资金管理暂行办法》等一系列政策性文件，并针对国家级、省级非遗项目名录推出了“八个一”保护措施，即“一个项目、一个

保护方案、一个专家指导组、一个工作班子、一个传承基地、一个展示平台、一册普及读本、一项配套政策”，做到一项一策，分类指导，加强管理，切实把保护工作落到实处。

(二)杭州非物质文化遗产保护工作存在的主要问题

通过这几年的努力，杭州非物质文化遗产保护工作取得了突出成绩，但从杭州经济社会快速发展的形势来看，保护工作仍显得十分繁重和紧迫。同时，随着保护工作的不断深入，制约非物质文化遗产事业全面和健康发展的一些问题也随之显现。当前，杭州非物质文化遗产保护工作中存在的主要问题有：

1. 生存空间面临挑战

社会、经济的发展促进文化的交流融合，杭州处于区域经济发展的要冲，伴随着社会经济发展，观念碰撞、文化交流加剧，非物质文化遗产的生存空间面临严峻的挑战，其原生态内容受到外来文化及现代化文化的影响，可以立身的技艺面临种种压力，技艺传承后继乏人。部分非物质文化遗产的传承主要是靠艺人口传身教，而且不少非物质文化遗产学习过程烦琐，市场过窄没有太多利润，缺乏新时代时尚元素，对年轻人缺乏吸引力，年轻人不愿意学习，造成掌握这些民间技艺的人出现老龄化的局面，一旦老艺人离去，这些技艺就会随之断层或流失。

2. 政策体系不够完善

由于杭州非物质文化遗产保护工作开展时间不长，相关政策制定还有不足之处。从涵盖范围看，非物质文化遗产保护政策对于非遗本身的保护程序和保护方法进行了各种有益尝试，试图从各个方面对非物质文化遗产的保护工作进行归置，但由于目前杭州非物质文化遗产的保护进程正在经历从初始的申报阶段到分类保护阶段的过渡期，许多保护政策在分类保护方面还不甚完善；从保护措施看，研究开发、展示传播、相关人才培养等方面的政策归置还稍显不足；从保护地域看，农村是很多非物质文化遗产生存和发展的根源，目前尚没有对农村非遗保护的具体政策支持；从支撑力度看，对非遗进行非直接性的保护政策支撑力度有待提高，应进一步纳入有关规划，系统性地解决。

3. 监管体系不完善

在非物质文化遗产保护政策运行过程中，为了保证政策体系良好运行，实现预定的政策目标，适时对政策进行必要的调整，尽量避免政策上的失误，需要对其进行全程监控。负责对非物质文化遗产保护实行监督的有人大监督、行政监督及社会监督等形式，但目前非物质文化遗产保护政策监督尚无明确具体的规范,对于非遗保护、管理工作的监控没有实施的依据和标准。由于没有具体的量化指标、计划,对申报成功的非物质文化遗产保护得好与不好,均与政绩无关。由于手段单一,形式不活,个别地方不了解非物质文化遗产保护的意义,没有采用积极的方式参与到非物质文化遗产抢救与保护活动中,造成保护工作效果不明显。由于一些非物质文化遗产传承人缺乏自我保护意识,也造成非物质文化遗产得不到有效的保护。

4. 经费投入不足

当前政府部门财力有限,投入不足,是杭州非遗抢救与保护工作中面临的实际困难。从纵向看,国家每年补助近三分之一的国遗项目,每项补助不低于 20 万元;省里每年也是补助近三分之一的项目,每项不低于 7 万元;而杭州每年只对新入选的项目一次性补助 2 万元。从横向看,杭州有 300 多个市级以上名录项目,200 多位市级以上传承人,100 多个各类非遗保护基地,数量居全国同类城市前列,而经费总量多年来一直未有增加,目前甚至已落后部分省内兄弟地市。近年来,杭州非遗事业蓬勃发展,量大面广线长,工作要求越来越高,所需资金越来越大。非遗资源普查与编撰,非遗人才的培养,非遗活动的开展,非遗项目的保护,具有代表性非遗作品的征集,非遗生产性基地的建设等都需要市财政安排民间保护专项经费。

(三)其他兄弟地市的宝贵经验值得学习借鉴

他山之石,可以攻玉。学习其他兄弟地市的宝贵经验对于杭州进一步开阔工作视野,明确工作思路,提高保护队伍的能力和水平,促进杭州非遗保护事业又好又快发展是必不可少的。比如苏州市,有 6 项世界级非遗项目,32 项国家级非遗项目,先后出台了《苏州市昆曲保护条例》《苏州市非物质文化遗产保护条例》等地方性法规,在实施中强调“分类保护”,对非遗项目的不同现状,探索出了抢救性保护、记忆性保护、生产性保护和区域性保护等工作方法,保护工作走在了全国同类城市前列。又如福州市,对三坊七巷这样蕴含着丰富物质与非物质文化遗产的历史街区,将整个街区内所有重要历史要素作为密不可分的整体文化遗产进行保护,在全国率先探索出整体性、生态实验区等保护模式。总之,学习兄弟地市的成功做法,变成实际行动,对于加快杭州非遗保护事业转型升级的步伐具有重要意义。

二、关于进一步加强杭州市非物质文化遗产保护政策法规建设的对策建议

政策法规建设是做好非物质文化遗产保护工作的前提和基础，是使非物质文化遗产保护制度化、规范化的根本保障。鉴于非物质文化遗产的特殊性，要做好非遗文脉的传承工作，必须在考虑问题的同时完善相应的政策法规加以解决，从而对非物质文化遗产进行全面保护。当前，要更好地保护杭州的非物质文化遗产，必须进一步加强非物质文化遗产的政策法规体系建设。

（一）结合《非物质文化遗产法》对工作计划进行适当调整

由于非物质文化遗产法律保护的复杂性和特殊性，原则性、笼统性的规定不适应非物质文化遗产保护的现实需要，杭州需结合实际对不同情况或情形予以细化、量化或个别化的处理。同时，需结合非物质文化遗产法的实施，对工作计划进行适当调整，使其更加符合法律的要求。一是完善调查制度，加强调查成果的利用。应进一步加强普查收集的各种资料进行系统化整理研究，进一步运用最新的数字技术和信息技术，建立档案及相关数据库，有计划地出版普查成果。二是强化名录保护制度，规范名录的管理。应进一步把工作重心从名录申报转移到保护上来，研究制定分类保护的标准规范和指导意见，综合运用抢救性保护、生产性保护和整体性保护等多种方式，全面、系统、科学地保护非物质文化遗产代表性项目。三是健全传承传播制度，不断完善对代表性传承人的扶持和奖励措施。四是通过非物质文化遗产进校园、进社区、进课程等正规教育和非正规教育，不断扩展传承路径。五是精心组织实施好非物质文化遗产项目博览会和展演活动，拓宽交流渠道，推动非物质文化遗产保护的对外交流与合作。

（二）加大《非物质文化遗产法》的执行力度

杭州应进一步加强认识，依法加大现有非遗保护政策措施的落实力度，注重解决法律适用难题，切实加强对非物质文化遗产的法律保护。依法将非遗保护工作纳入市、区（县）国民经济和社会发展规划，明确各级政府和相关部门的工作职责，落实责任主体，强化非遗保护全过程管理。进一步规范、明确各个利益主体的权力范围和职责，加强合作，建立有效的非遗保护协作机制。在各级政府的统一领导下，文化、建设、规划、财政、发展改革、工商、公安、海关等有关单位要加强沟通合作，互通信息，形成合力，建立起责任明确、运转协调的文化遗产保护工作机制。各级各部门要关心非遗、支持非遗、保护非遗，用更科学、现代的理念把珍贵文化遗产保护好，更好地服务群众文化生活。

(三)加强保障和投入

非物质文化遗产虽然是无形的文化遗产,但必须通过有形化的载体来表现。非遗保护工作必须虚工实做,要有人员办差,要有场地办公。杭州要加快非物质文化遗产展示中心建设进程,加大全市非遗专题馆、传习所、展示中心等非遗基础设施建设力度,并积极完善已有非遗基础设施功能。同时,应进一步加大文化遗产保护经费投入,加强非遗保护工作资金保障。非遗保护是功在当代、利在千秋的公益事业,各级政府要进一步确立以政府保护为主的非遗保护机制,不断加大经费的投入。同时建立激励机制,通过政策引导等措施,鼓励个人、企业和社会团体对文化遗产保护工作进行资助,努力建立起全社会共同参与的工作机制。

(四)使非遗更好地服务社会经济的发展

任何一种文化必须要通过传播和交流,才能获得生命力。非物质文化遗产与生活紧密相连,杭州应以文养文,以文兴文,促进非遗保护和传承的良性循环,使非物质文化遗产在生产生活中实现传承,使非遗保护逐步从"捉襟见肘"走向"自我造血";应进一步把握非遗保护工作的规律和特点,找准工作切入点和突破口,探索有效做法,让非遗与社会民生工作更加紧密,扩大就业岗位,为促进当地经济社会全面协调可持续发展做出积极贡献;应进一步挖掘非物质文化遗产的核心基因,秉承传统美德,弘扬真善美,促进社会公平正义,彰显社会主义核心价值观。

(五)进一步营造全社会共同参与保护的良好氛围

鼓励和支持公民、法人和其他组织参与非遗保护工作,真正形成政府主导、社会参与的保护合力的保护模式。进一步发挥人大、政协和社会的监督作用,加强对非物质文化遗产保护的立法研究,加强监督检查;进一步加强对《非物质文化遗产法》的学习贯彻,强化对各级领导干部《非物质文化遗产法》的法律知识培训;进一步健全专家咨询评议制度,真正吸收有情怀、有思想、有能力的专家学者参与到保护事业中来,切实提升杭州非遗理论研究水平;尽快建立非遗协会、传承人之家、非遗志愿者队伍等非遗保护社会组织,通过积极发挥他们的作用,最大限度地促进社会参与;积极支持、扶持,努力确保创造、延续和传承非物质文化遗产的社区(乡村)和群体的最大限度参与。

(六)处理好继承与发展的关系

非物质文化遗产是优秀传统文化的重要载体,是开展文艺创作、推动文化发展繁荣的重要源泉。杭州继承非物质文化遗产,要在科学认定的基础上,采取有力措施，使非物质文化遗产在全社会得到确认、尊重和弘扬。杭州还要全面认识非物质文化遗产，加强对非物质文化遗产思想文化价值的挖掘和阐发，把握时代的脉搏，使非物质文化遗产成为新时代鼓舞人民前进的精神力量。另一方面，发展是人类社会永恒的主题，非物质文化遗产同样离不开发展。杭州应进一步遵循非物质文化遗产自身传承、发展、衍变的规律，在继承的基础上发展，在发展的过程中传承。此外，杭州还要学习借鉴其他地区在保护非物质文化遗产方面的先进理念和手段，在文化交流、借鉴与融合的过程中为我所用。

参考文献

[1] 蔡武.深入贯彻实施《非物质文化遗产法》全面推进我国非物质文化遗产保护工作——在贯彻实施《非物质文化遗产法》专家座谈会上的讲话[N].中国文化报，2011-3-8.

[2] 李昕.符号消费——文化资本与非物质文化遗产[J].西南民族大学学报：人文社科版，2008(8).

[3] 康保成.《中华人民共和国非物质文化遗产法》形成的法律法规基础[J].民族艺术，2012(1).

[4] 马铮.非物质文化遗产保护主体研究——兼论我国《非物质文化遗产法》[J].中国劳动关系学院学报，2014(3).

[5] 田芙蓉.我国《非物质文化遗产法》评介[J].中国工商管理研究，2011(6).

（本文写于2015年1月，相关材料曾用于杭州市政协调研课题报告的起草工作。）

若得篇

一位非遗人说:有一种工作,你没有经历过,就不知道其中的艰辛;有一种艰辛,你没有体会过,就不知道其中的快乐;有一种快乐,你没有拥有过,就不知道其中的纯粹。

以国务院办公厅下发《关于加强我国非物质文化遗产保护工作的意见》(国办发〔2005〕18号)为起始,杭州非遗保护工作已走过十个年头。第一个十年就要过去了,我们会怀念这难忘的十年,也会想起各种难忘的点点滴滴,因为它们启迪了我们,记录了时代发展的变迁,凝聚着保护共识的升华。非遗有如滔滔江河水,承载着、书写着、见证着、延续着杭州的文明。我只是杭州非遗洪流中的一滴水,虽然渺小,却也有幸伴随它奔向江河大海。作为一个见证者,本篇章收入了我对非遗的一些感想、感受、感悟,同时也收入了杭州一些涉及宣传的特色亮点工作和经验做法,共计8篇。“若得若得”,若有所得,是名若得,即非所得。

非物质文化遗产保护的新态势:社区传承

党的十八大以来,习近平总书记关于继承弘扬优秀传统文化发表了一系列重要讲话,高屋建瓴的论述,为我们保护、传承、弘扬和传播非遗指明了方向。传统文化的传承不应该只是一个内循环,还应该具有辐射效应。以社区为纽带,培育成功典型,打造社区非遗保护实体,探索实践非遗保护单位与社区合作共建新模式,构建以政府为主导,全社会共同参与的非遗保护新格局,在新时期的非遗保护工作中有着点题意义。

一、社区是非遗保护的必然阵地

社区是非物质文化遗产的"生成地""聚集地"和开发保护的着力点,城乡居民的文化自觉意识是非物质文化遗产开发保护的关键。同时,通过非遗的开发保护唤起社区居民的文化认同和价值认同,对于建设学习型社会,促进社区科学发展也有着重要意义。非遗社会化传承的突破点就是在社区,通过政府主导、社会参与,以构建优秀传统文化传承体系为目标,打造集保护、传承、宣教、体验、交流非遗的实体平台,对于提升保护理念和深化实践都有特殊意义。

二、社区非遗保护模式是打造公共服务体系的必然要求

构建社区参与非遗保护工作体系,营造社会化传承环境,探索非遗社会化传承道路,是保障民众对传统文化基本需求的根本举措。以非遗视角构建公共文化服务体系,是社区非遗保护模式的根本使命。依托社区非遗馆这个实体,民众可以得到非遗知识普及教育;建设实训基地,大学生志愿参与非遗保护以及创业就业就有了支撑,青年学子们可以在更广阔的时空施展才华、发现自我价值;同时,可以充分发掘民间智慧,提取优秀文化基因,将非物质文化遗产资源变成文化创意资源的"活水"。

三、社区是非遗可持续传承的必然动力来源

非物质文化遗产种类纷繁，奇丽多姿，它承载着不同时期民族文化的精神品格和审美特质，构成了一幅无比愉悦的历史画卷。面对传统文化认同感的丧失、传承人的衰亡、保护机制的欠缺、保护方式的单调，非遗启蒙教育往往显得力不从心，而积极探索促进社区可持续的文化发展模式，不仅是非遗启蒙教育的重要目的，也将培养社区居民对非物质文化遗产的了解和情感，提高对非物质文化遗产整体性和历史延续性的认识，为非遗启蒙教育提供强大动力和坚实基础。

总之，发挥社区在传承非遗中的功能和作用，站在构建终身学习体系的战略高度，通过多种途径开展非遗启蒙教育，是加大非物质文化遗产保护开发力度、构建文明和谐城乡社区的一项重大课题。

（本文写于 2015 年 1 月，曾发表在《浙江文化月刊》。）

中秋，文化在这里传承和超越

传统民俗节日作为弘扬和培育中华民族精神的重要文化载体，体现了中华民族传统文化的精髓，代表着生生不息的传承，是构建和谐社会不可或缺的一个重要组成部分。如何进一步做好地方传统民俗节日文化保护传承与创新发展这篇文章，唤醒广大民众的民俗节日文化记忆，让传统民俗节日有效延续下去，并获得长久的生命力，已越来越成为我们需要破解的一道难题。

2011年9月12日，农历辛卯年八月十五日中秋佳节。浙江省文明办、中共杭州市委宣传部邀请国内知名专家、学者等，在杭州隆重举行"中华中秋文化学术论坛"，共商光大中华中秋文化，保护发展中华民族文化遗产大计。中秋节是我国传承至今仅次于春节的第二大节日。早在周代就有"秋暮夕月"这一祭拜月神的习俗。到了唐代，中秋节真正成为全国性的节日。传统的中秋节具有浪漫风格、诗意氛围和狂欢精神。但随着社会的转型，经济的快速发展，外来的生活方式的冲击，包括中秋节在内的我国传统节日日渐式微。

作为中国七大古都之一、国家历史文化名城的杭州，中秋文化资源非常丰富。如西湖，有中国四大月景之一的三潭印月，有"一轮明月万顷波"的平湖秋月；凤凰山有月岩望月；中天竺有三生石谈月；满觉陇有闻桂赏月；被称为"天下奇观"的钱江观潮有大江涌月；西溪有蒹葭泛月；此外，富春江有春江花月，淳安有千江月，临安有徽杭古月等。而以杭州为中心，在周边地区及全省范围内，同时会上演各类中秋节庆活动，如嘉兴的网船会、云和的操礤活动、开化的中秋草龙会等，月月相映成趣，相得益彰，都在以不同角度诠释深厚的中秋文化积淀，共同营造了星辉月圆的中秋文化态势。

2006年5月，中秋节经国务院批准列入第一批国家级非物质文化遗产名录。2008年，杭州被列为"浙江省传统节日保护示范基地"。2011年6月24日，中国"杭州西湖文化景观"在法国巴黎举行的联合国教科文组织第35届世界遗产委员会会议上顺利通过审议，正式列入《世界遗产名录》。今年又是新世纪以来的第一个兔年，在杭州西湖畔举办"中华中秋文化学术论坛"具有特殊意义，既是对杭州传统民俗保护传承工作的肯定和支持，也是借助于杭州这一中秋习俗的重要基地，有力推进了中秋节等民族传统节日的保护发展，推进了民族优秀传统文化的传承与宏扬。

据媒体报道，继“穿越女”之后，近来深圳地铁口又迎“嫦娥女”下凡，“快帮嫦娥姐姐留住调皮的兔儿爷，莫让仙子在广寒宫独自嗟叹”。“穿越女”“嫦娥女”等都暴露出都市男女社会活动圈的狭小和冷漠。追溯历史可知，中秋节习俗主要是在各自家庭举行的团聚，也有饮酒、赏月、赋诗等小规模的文人雅集，还有许多轻松有趣或声势浩大的游戏娱乐活动，如玩月、舞狮、玩灯、游园、观潮等活动。除此之外，民间还有“摸秋”“八月半盘”“烧斗香”“走月亮”“放天灯”“树中秋”“点塔灯”“舞火龙”“拽石”“卖兔儿爷”等节庆活动。以中秋节为载体，不但可以突出团结、团圆、庆丰收的主题，亦可以营造民族团结、国家统一、社会和谐、家庭幸福的节日氛围。

包括中秋在内的传统节日是保护和传承优秀传统文化的一个非常重要的平台。传统节日符合人的本质，让人回归自然。参与节庆活动，让人回归群体，实现文化权利。因此，利用好传统节日是构建和谐社会的一个有效途径。目前，对充分发挥传统节日的功用还有许多工作要做。仅靠一个活动或论坛是不够的，我们要继续注重继承和弘扬传统节日的精神和文化内涵，做好中秋赏月文章，打好中华中秋文化节品牌，以文化提升节庆，以节庆传播文化，进一步发挥中秋节文化在丰富人民群众精神文化生活中的作用，为传承和弘扬中华传统文化，构建中华民族共有精神家园，增强民族凝聚力，做出独特和重要的贡献。

（本文写于 2011 年 9 月，主体内容曾发表在《浙江文化月刊》。）

传承文脉,更始复兴下的杭州十竹斋

有史记载:“今天下印书,杭州为上。”杭州自古以来木版水印在全国独占鳌头,十竹斋木版水印作品则是杭州版画艺术和印刷艺术的典范。杭州十竹斋系由明末清初的一代巨匠胡正言创建。由于历史原因及技艺传承问题,这一传统技艺一度失传。直到20世纪30年代,在鲁迅、郑振铎等人的关注和资助下,花了7年时间复制《十竹斋笺谱》后,才复活了十竹斋木版水印技艺。现行杭州十竹斋位于熙熙攘攘的中山北路,在近300平方米的空间里挂满了画,近代的当代的,潘天寿的《雁荡山花》、古代吴越王钱俶的《雷峰塔藏经卷》、明朝朱见深的《一团和气》等木版水印作品或者木版水印的印刷品,皆是名家手笔,气魄非凡,因其色彩绚丽、人物灵动,极为引人注目。

传统的木版水印工艺保存上千年已属不易,在科技迅速发展、文化日益多元的今天,如何继续保存和发展将变得更具挑战性。如何以保持其真实性、整体性和传承性为核心,借助市场手段,将非遗及其资源转化为文化产品进行“生产性保护”。在这方面,杭州十竹斋在多年的经营实践下,取得了丰硕的生产性保护成果,使中国古老的木版水印技艺得到了升华。

一、坚持传统,引入新血液做好与时俱进

木版水印有四步工艺:根据原作笔触设色用毛笔依样分版“勾描”,用刀具刀法进行“刻版”,在宣纸或画绢上“水印”,最后“装裱”。木版水印对操作者的要求很高,不但要懂绘画、雕刻,还要懂木头和纸。培养一个能完成全套木版水印工艺的传承人大约要五年。

不计效率的传统技艺,显然留存不易。杭州十竹斋以文化单位企业化运营,人力成本太高,运转不力,如果不开展自救很难生存。木版水印的实用功能已被现代工业取代,但它的文化艺术价值始终存在。因此,实行生产性保护是十竹斋在当下实现“活态”保护以保存传统核心技艺的必然选择。杭州十竹斋专门从国

外引进了一套三亿九千万色的数码图像采集设备，结合木版水印技艺和丝网版画、铜版画、石版画、珂罗版画等制作工艺的优点，使中国传统版画和木版水印技艺不断创新发展，在当代又升华到了更高的技艺水平。

二、面对市场，慎重把握开发与利用的度

文化生态保护区的建立旨在营造非物质文化遗产生存发展的“活水源”，生产性保护是传统向现代转型的一种方式，是传统走向现代的有效途径。十竹斋走的是与文化产业不同的道路，始终坚持做好开发与利用相结合的文章。对于国家级非物质文化遗产木版水印，开发其艺术价值、坚持走市场化道路，而且守住了“手工制作特色”这一非遗生产性保护的“底线”。对木版水印市场要有客观认识，既要明确其市场规模、容量相对有限，不能盲目扩展，又要看到其进入应用领域还有较广阔的前景。

相较现代印刷技术，木版水印作品无网点，尺寸可以无限长，颜色可以用国画的颜料，这些技术特点决定了木版水印作品不是简单的印刷品。由从前只能印制大不盈尺的信笺，发展到印制大张巨幅画作，印制材料也由纸本发展到使用绢本；使用的颜料也从水墨淡彩扩大到矿物色重彩。这得益于文化在社会生活中地位的提升，十竹斋的木版水印作品终于迎来热销。木版水印作品与众不同的文化内涵必定会受到越来越多的关注。

三、薪火传承，牢抓技艺传承过程中的核心

在开展生产性保护工程中，十竹斋认识到重点在于“传承链的建设”，要保护好传承者的生存环境，要保障好他们的生活，以求尽量在自然状态下维持他们独特的角色和功能。木版水印不只是一门手艺，更是一门艺术。在师傅陈品超的带领下，特邀原国家文物局局长、故宫博物院院长吕济民先生担任十竹斋艺术馆名誉馆长，中国美术学院版画系张远帆教授担任艺术总监，聘请20世纪50年代水印工厂木版水印传承人张耕源、徐银森、俞泓、王刚等组成木版水印专家团队，进行指导教学。目前除掌门人魏立中，另培养出的魏立君、林久军、匡燕等人，均能独立操作该工艺。创作出的一系列作品，在全国工艺美术大师展、非遗展、文博会上获得大奖。为了进一步培养传承人，2011年起，杭州十竹斋在中国美术学院版画系设立了“魏氏木版水印奖学金”，以期唤起更多学子对传统木版水印技艺的关注，让这一优秀文化遗产得到传承。

近年来，通过传承木版水印技艺，十竹斋原汁原味地恢复了如元黄公望的《富春山居图》、当代名家潘鸿海《外婆桥》系列签名限量版画、清王原祁的《西湖

全景图》、宋徽宗赵佶的《五色鹦鹉图》、宋王希孟的《千里江山图》、宋梁楷的《泼墨仙人图》、明朱见深的《一团和气》等中国历代书画精品系列名家名作。同时，为保护、传承中国传统木版水印历史的文献资料，十竹斋历经10余年，遍访国内外不同专业机构的专家和大师，寻购和记录“十竹斋”传统木版水印的历史文献。目前已收集到国内外不同版本的《十竹斋书画谱》《十竹斋笺谱》《十竹斋印谱》等珍贵的历史资料和雕版实物，并将收集到的资料进行整理、拍摄录像，建立数据库，又将木版水印从磨刀、雕刻到印刷的全过程完整记录下来。

四、宣传展示，弘扬中华文化彰显企业责任

2010年11月，为了更好地规划、建设挖掘、提升、展示木版水印的历史渊源，杭州十竹斋木版水印艺术馆特聘请了来新夏、谢辰生、沈鹏、欧阳中石、舒乙、李学勤、毛昭晰、罗哲文等国学名家为艺术顾问团，同时定期举办了十竹斋木版水印技艺相关的研讨会、展览等文化宣传活动，更进一步提升了木版水印艺术的影响力，打响知名度。近年来，十竹斋受邀参加了近50次的国内外艺术大展，宣传弘扬交流木版水印技艺。

2011年6月，杭州十竹斋参加了“2011富春合璧，两岸同缘系列活动”，乘天工遗风，见证富春合璧，作为中国非物质文化遗产的杭州十竹斋木版水印《富春山居图》令观众叹为观止，受到世界书画爱好者的追捧。2012年2月，“中国非物质文化遗产生产性保护成果大展”在北京开幕，木版水印作为中国非遗第一次正式亮相就引起轰动，杭州十竹斋沿用300多年的木版水印绝技，将名家大师的作品翻印得惟妙惟肖，潘天寿的《雁荡山花》、方增先的《粒粒皆辛苦》、李可染的《水牛》等吸引了众多中外宾客的眼球。十竹斋带去的数十幅作品被抢购一空。

也就是在“中国非物质文化遗产生产性保护成果大展”上，著名学者、国家非遗保护工作专家委员会主任委员冯骥才称赞道：“以保护带动发展，以发展促进保护，十竹斋在实践中获得了社会效益和经济效益双丰收。”在现实语境下，杭州十竹斋以文会友，书画联谊，通过生产性保护这一模式，让木版水印这古老的非物质文化遗产通过保护加以提升，从而走向民间大众。

（本文写于2013年3月，主体内容曾发表在南京大学《非遗报》。）

传统戏剧曲艺巡演的杭州经验

今年是党的十八大胜利召开后的第一年，也是联合国教科文组织《保护非物质文化遗产公约》颁布10周年。6月8日恰逢我国的第八个“文化遗产日”。为迎接第八个“文化遗产日”的到来，突出人民群众在非遗保护工作中的主体地位，提高全社会的保护意识，我市开展了以传统戏剧曲艺巡回演出为代表的非物质文化遗产宣传展示活动。杭州历史悠久、人文荟萃，非物质文化遗产资源丰富。在戏剧曲艺领域，杭州本土起源并传承的项目中，就有杭州小热昏等7项进入了国家级非物质文化遗产名录，杭剧被列入省级非物质文化遗产名录。还有一些项目在历史上也曾对杭州一带产生过深刻影响，如昆曲、京剧、越剧、绍剧、目连戏、木偶戏、皮影戏、绍兴莲花落、宣卷等。戏剧曲艺巡演已日益成为我市挖掘特色“草根文化”，让传统曲艺回归民间舞台，让更多人接触到戏剧曲艺之美的有力尝试，是集中展示我市非遗保护工作成果的金名片。

巡回演出采取非遗项目综艺演出的形式，集中展现近几年来杭州市在抢救保护传统戏剧和曲艺项目方面的成果，传承中华文明，推动文化大繁荣，活跃群众文化生活。演出期间，受到了广大群众的热烈欢迎，也受到了社会的广泛关注和好评，取得了良好的效果。值得一提的是，6月6日举办的第三届传统戏剧曲艺巡回演出闭幕式也是今年我市“西湖之春”艺术节的闭幕式，由中共杭州市委宣传部、杭州市文化广电新闻出版局、上城区人民政府共同主办，上城区文化广电新闻出版局承办，杭州市非物质文化遗产保护中心执行承办。

一、巡演活动，成效显著

（一）活动内容丰富多彩

为了适应社会各界对文化的不同需求，本界巡演编排了丰富多彩的节目内容。有国家级别传承人周志华表演的杭州小热昏《蔬菜打仗》，有省曲艺家协会主席翁仁康等表演的绍兴莲花落《口是心非》，有市非遗传承教学基地富春江小梅花业余艺术学校表演的越剧《金玉良缘》，有杭州滑稽剧院青年实力演员董其峰等表演的独脚戏《阿毛乘火车》，有谢群英和陈雪萍表演的越剧《十八相送》，以及浙江昆剧团表演的昆曲《唱画人生》，等等，节目内容丰富多彩，令人耳目一新。

（二）文化惠民范围广

此次传统戏剧曲艺巡演的时间跨度为5月17日至6月6日，共计8场。除闭幕式是举办于吴山广场之外，还特别安排在江干区、拱墅区、滨江区、西湖风景名胜区、下沙、留下部队和浙江大学等地举行巡演，最大限度地保障广大市民享受公共文化服务的权利。地域区别使杭州本土曲艺具有了自己独特的表达形式。幽默风趣，亲切自然，对于杭州本土的观众来说，充满了吸引力。

（三）宣传工作力度大

此次传统戏剧曲艺巡演充分地利用报纸杂志、广播电台、电视台、网络等媒体，进行广泛深入的宣传报道，营造了全社会关注和参与非遗保护的良好氛围。杭州电视台等3家电视媒体，中国文化报、杭州日报、都市快报等11家平面媒体，搜狐、新浪、凤凰、杭州网等门户网站都做了专题报道。总之，本届巡演能够收到广泛影响，与主流媒体的支持、配合是密切相关的。

（四）活动范围实现突破

这次传统戏剧曲艺巡演与往年不同的是：在巡演“进社区”“进基层”的同时，增加了“进军营”和“进学校”两项内容。非物质文化遗产“进军营”和“进学校”，不仅是为了丰富部队官兵和学校师生的文化生活，更为了让部队官兵和学校师生更好地了解和熟悉杭州市的地方文化。作为新杭州人的一个群体，了解和熟悉杭州的非物质文化遗产，不仅能增强部队、学校与地方的情感，也能增强地域文化的归属感、使命感，对于弘扬和保护中华民族优秀传统文化有着重要的历史意义和现实意义。

二、四力相融，实现曲艺巡演与非遗宣传的绩效最大化

要使传统戏剧曲艺巡演为代表的非遗宣传工作既在面上扩展，又在绩效上取得最大化，不仅需要社会各界本身的文化自觉，更需要建有良好的推动机制。从此次的传统戏曲曲艺巡演活动说明，政府、政策、社会、部门“四力相融”，共同建立有力的支点，是实现曲艺巡演与非遗宣传的绩效最大化的有效机制。

（一）强化政府主导力

强化政策主导力在非遗宣传保护中的主导作用，既是政府部门的担当，也是

调动群众参与非遗宣传的有力牵引。从此次巡演活动经验分析，强化政府主导力，一是充分发动，广凝共识。为做好第三届传统戏曲曲艺巡演工作，市文广新局多次召开工作大会，不断地达成共识。二是规划引路，目标明确。我中心与其他各个协办单位相继制定了此次传统戏曲曲艺巡演的详细流程，明确工作目标。三是加大投入，杠杆驱动。政府对于此次传统戏剧曲艺巡演加大资金投入力度，以“四两拨千斤”的杠杆作用，同时加大了对非遗保护的宣传力度。

(二)拓展社会参与力

此次传统戏剧曲艺巡演活动不仅仅局限于对普通大众进行的非遗保护的宣传教育，而是将活动范围深入到军营、校园，这是对于非遗宣传保护的一个巨大的突破，拓宽了非遗参与保护的社会面。这一突破需要政府部门做到不拘主体、不拘形式、不拘内容，有钱出钱，有力出力，聚各方之力量，汇多路之资源，敞开大门，竭尽全力，更广泛地向各类人群进行宣传教育，从更广泛的层面上调动社会力量参与到非遗保护中来。

(三)提升部门的指导力

市文广新局主动有为，杭州非遗中心狠抓落实，对此次传统戏剧曲艺巡演的顺利开展起着决定性的因素。至少应该在两个层面上发挥重要作用：首先要主动有为，自觉担当。主动融入社会，开展调查研究，宣传相关政策，掌握现状，针对社会需求不断调整演出内容。其次是不断汲取经验，总结推广，顺利实现了巡演活动举办一届比一届成功的目标。

三、求真务实，进一步做好下一届巡演工作

本届传统戏剧曲艺巡演活动，虽然取得了很大成绩，但也存在一定的不足。今后我们将从以下几个方面来改进工作：

(一)把握主题，创新载体，加大力度

不断创新，改进活动形式和内容，提高演出质量，使这项活动保持旺盛的生命力，与人民社会文化建设紧密结合起来，更大限度发挥活动的效果。不仅要使非遗走进校园，走进社区，走进军营，还要走近学生，走近群众，走近士兵。多展示，多激励，最终使各个阶层的人民群众都走入传统艺术文化的殿堂，培养终身兴趣。

(二)面向基层，注重特色，发挥积极性

坚持贴近实际、贴近生活、贴近群众的原则，把握正确的活动内容导向，精心

设计特色活动，在全市范围内营造人人参与非遗保护传承的社会氛围，推动非遗保护、传承。

(三)加强协作，资源共享，拓展渠道

进一步加强与主流媒体的沟通合作，巩固新闻媒体对活动的宣传阵地，扩展活动的渠道，并利用不同媒体的特色和优势，充分发挥其功能，向社会广泛宣传巡演活动情况，扩大活动覆盖面。

总之，成功地举办传统戏剧曲艺巡演活动是一件功在千秋的大事。随着第三届传统戏剧曲艺巡演工作的圆满结束，其所取得的阶段性成果受到社会的普遍认可，使我市在传承传播非遗途径上取得了新的突破，其所产生的效应也必将进一步放大。

（本文写于2013年7月，曾发表于浙江非遗网。）

致大学生朋友的一份倡议

大学生朋友们：

今年6月1日，国家《非物质文化遗产法》正式施行，为非物质文化遗产保护工作提供了法律保障。10月中旬召开的党的十七届六中全会，把文化建设提高到国家发展战略的高度。在非遗保护新的形势和历史条件下，非遗保护工作对于建设社会主义新农村，增强中华民族的文化认同和促进社会和谐和可持续发展的意义日益凸显。

传承中华文脉是我们青年一代的神圣职责，推动人类历史发展进步是我们的历史使命，守护精神家园振兴中华是当代青年的人生理想。总之，你们代表了未来和希望。值此浙江省美丽乡村建设中非遗保护工作现场经验交流会召开之际，特向你们发出以下倡议：

一、充分认识非遗保护工作的重要性

古今中外多少民族强盛和衰落的历史轨迹昭示后人：文化昌则民族盛，文化枯则民族衰。随着岁月的流逝和时代的发展，原先的生存组织结构不断遭到破坏，文化趋于断裂和失调。传统的东西在年轻一代的头脑里无意间缺少了，或淡忘了。非遗保护工作是符合事物发展规律，合乎民族根本利益的事业。正如人不能两次踏入同一条河流，每个时代非遗的表现形式可以是不同的，但它们都有着相同的文化基因。保护非遗的意义不仅仅在于保护文化多样性，更在于确保文化基因能够长存和有机会得到表达，即主权文化安全问题。没有文化基因的传承，必将是无源之水，无本之木。

二、勇于担当弘扬传统文化的传承者

保护非遗是老祖宗和时代赋予我们的责任。保护非遗，就是在保护我们的未来。人生真正的价值在于对社会的贡献，面对担当，我们无从推却。每一个有志的青年人，都应该划清封建迷信和优秀传统文化的界线，理直气壮地保护、传承和弘扬优秀传统文化。让我们怀着强烈的社会责任感，积极投入到非遗保护工作中来，贴近实际、贴近生活、贴近群众，不断满足人民群众的生活质量和人民群众的精神文化增长的需要，为人民群众营造一个积极的、优秀的文化空间。

三、积极探索非遗保护工作的新路子

滚滚长江，毕竟东流去。悠久的历史文化固然有其古老的价值，但只要脱离了现代文明，要么成为束之高阁的摆设遗产，要么在时代洪流中衰落消亡。非遗保护不是为了保护而保护，更不是为了保护非遗所呈现的方式，我们必须站在创新创造的高度去积极探索，去呼应时代的要求。而在开展非遗保护工作的实践中，我们必须脚踏实地地直面具体繁杂的工作，方法或保存或保护，对象包括民俗、传统建筑、传统文化、文化典籍和传统思想等等，任重而道远。同时，我们必须正视网络等新技术手段对改变社会形态的巨大威力，构建或虚拟或现实的广泛的志愿者联盟，通过大规模的、持久的宣传教育，让非遗保护成为全社会的共识，成为全体公民的自觉行为。

从口号到行动，往往只有一步之遥。我们期盼着你们支持、响应本倡议，积极参与优秀传统文化的传承、弘扬和创新工作，让我市非遗保护工作做到可持续发展，与时代同行。同时，通过乡村非遗保护工作这个平台，激扬青春活力，献身于社会公益和社会保障，倡导高尚的奉献精神，互助友爱，为形成良好的社会风气，建立和谐互助的人际关系，创造安定团结、健康文明的社会环境贡献一分力量。

（本文写于 2011 年 4 月底，曾作为杭州市非遗进高校的宣传资料。）

宁静，何以如一杯茗茶

风月无古今，情怀自浅深。本文所描写的只是个很普通的小老百姓，没有丰功伟绩。他和千万人一样，在追求自己心灵的宁静。也许，他本人并不知道自己在追求，或追求过。

一种变化引起另一种变化，引起的变化会阻碍(减弱)原来变化的变化。这类现象随处可见，在物理学上表述为楞次定律，在化学上表述为勒沙特列原理，在哲学上表述为墨菲定律。有人曾经把这些定律都归纳为哲学上的墨菲定律在社会生活中不同层面的具体体现。

社会文化是不断按螺旋式发展的，为了抗拒变化，留恋已有的存在状态，便造成了心灵的扰动。自从文明伊始，心灵的宁静就一直是人类信仰的终极目的。为追求心灵的宁静，人们采取了各种方式。认识美需要克制和艰苦的探索，需要安贫乐道和随所际遇的态度。空虚的欲望宣扬的美，是海市蜃楼。

事物的缘由超越自以为是，不属于我们的意志。

2010 年毕业后，我进了文化部门。由于工作关系，得以认识很多从事工艺美术的人士。其中不乏灿烂光环的大师，或是省级(甚至国家级)工艺美术大师，或是兼职教授，或是企业老总，不一而足。在这么短时间内，见识了这么多大才，错觉象牙塔之外，大师随处皆是。然而他们的作品看得多了，也就麻木了。

按照传统印象，大师们应该深居简出，埋头于艺术创作才是。参与尘世的喧嚣并不是他们的分内之事。谁非过客，花是主人。刚步入社会的自己，思想有点消极而又浮躁，总静不下心来。迷惘之中便以四处采风寻觅着自己的宁静。

今年年初的一次很偶然的采风改变了我的看法，让我觉得在这急功近利的社会边缘，还是有人孤独守候着一方净土，没有随波逐流。这种惊奇感长久地停留在我的记忆之中，至今我还能够深情回想起它，理解它。而这一切，要从我走进东阳市千祥镇大路村说起。

这是一种未知力量的感化，一种如同傍晚的露水滴落在灵魂上一般的宁静。

史汝松，千祥镇大路村人士，1961 年生。生于木雕世家，祖辈多有能工巧匠。少时家贫，与老母相依为命。14 岁起即为了生计奔波于东阳周边，诸如天台、仙居等。未到 20 岁，养家糊口的担子便全部落在他身上了。

我知道，只有具备他这样经历的人，才了解拥有谋生手段所包含的一切。他给人的第一感觉就是一个很普通的人，其貌不扬，不善言辞。现实中的史老师是个不治生产的人，家事、国事、天下事充耳不闻，对钱财更无概念。为供三个小孩子读书，几乎榨干了他所有的积蓄。就是这么个奇怪的史老师，充满了可爱之处。

可爱之一就是不想出名，任凭家里催促，他就是对工艺大师评选无动于衷，甚至吝惜到不肯在自己的作品上刻上名字。多有日本、韩国、东南亚等地老板一再要求刻字，他十之八九都推掉了。就在 2010 年底，有温州企业高薪聘请他做顾问，他也推掉了。他说："现在只想做些自己喜欢的事情。年轻时为了生计，跑广州、广西已经够颠簸了，现在小孩子都长大了，就更不想出去了。"

可爱之二是虽以木雕为生，但史老师把木雕当成了形而下的手艺，从不舍得创作力旺盛时开工。目前，他的手工活价格要比一般人高 3—5 倍。即使这样，除了应亲戚好友要求帮忙做的木雕外，他一概能推则推。主要精力集中在画图纸上。木雕对他来说，相当于图纸画累之余，聊以抽烟般的功效。因为木雕靠的是信手拈来的手艺，不需要动脑子，所以在白天昏沉欲睡的时间，便大都用在了动手雕琢。而一旦动手，木屑飞雪，叮咚而有乐感，一天转眼即逝。

而每当夜深人静的时候，一杯茶，一支笔，一张图纸便是他的守候。一方小桌子就是他施展无限抱负的舞台，任凭想象驰骋，天马行空，将月光和晨星融入无限的遐想。这个时候，他总是方外无物，不着一尘，外物对他来说如露亦如电了。而夫人杜女士总是陪伴在左右，一边看着电视，一边等待着他创作灵感的将息。是的，阅读人生，就要有肃穆悠闲的氛围和安宁和谐的思考。

可爱之三是史老师很会经营自己的小天地。隔壁坍圮的墙屋成了他的自留小院，里面种着杉树、朝天椒、爬山虎、仙人掌、君子兰、番茄、丝瓜、草莓、牵牛花等花木，足以有临，怡情养神。门前门后有山围绕，中间被一条河隔开。清晨五点，即见他背着鱼竿，独钓溪头。几个小时下来，味美多刺的溪滩小鱼足足有半斤之多。一天的荤菜便是有着落了。对史老师而言，在这些自由的日子，有意地努力之一，就是为了自己知性的生活。人修到了某一种境界，人生的境界就开朗到某一种程度。正应了那句老话："风月无古今，情怀自浅深。"

甜蜜快乐的生活下，史老师也表达了他的忧愁：几近耳顺之年，虽然从小在身边长大，但家中三个子女没有一个继承他的手艺。周边里外，这种情况比比皆是。《中庸》有言："文武之政，布在方策。其人存则其政举，其人亡则其政息。"浮躁的社会下，大家都变得急功近利，像史老师这样为何能坚守一方小天地几十年如一日是很难以理解的。现在的年轻人感觉坚守手工艺很愚蠢,诧异前辈他们何以会顺应自己的命运。不被理解下,造就了天才的孤独。也正因为孤独,天才便能外无干扰,内无杂念,技艺愈发纯熟,造诣愈发深厚。

然而,这天才不是仅凭努力可以造就的。一方水土养活一方人,人不但具有自然属性,还具有社会属性。人的发展离不开环境的滋养。每一个人都生活在一定的社会民俗文化环境之中,不同的环境所表现即为外在条件,对事物的发展具有不同的渗透和影响。比如,海中之鱼无法畅游江湖,淡水之鲤只能遥思洋海。千祥镇大路村位于东阳、永康、磐安三县市交叉的地方,属于丘陵山区,民风淳朴。千祥镇大路村又是个很注重礼数的地方,道德教化寓于有形的仪式。史老师没接受过什么教育,却耳濡目染于戏曲乡教,得教化于润物细无声之中。深知礼义仁信,作品也大多取材于传统文化,而又反映、传承,最终回归传统文化。

宁静的生活是朴素的,清雅、随意,如一杯茗茶。

没有精神寄托的人,无论表面上有多少人相伴,生与死都会在孤独之中,永远没有宁静。史老师精神寄托的字典里没有主义,没有思潮,没有宗教。一切是那么的平实,温和,那是来源于民俗沃野,文脉基因一脉相承的乡土乡风。这种乡土乡风并不是封闭的,文化就是在差异性中寻求和谐。以史老师为例,他通过看书丰富自己的创作思想。史老师平常最大的消费就是买书,家中关于东阳木雕、黄杨木雕、龙眼木雕和金漆木雕的书籍满柜,甚至到了无处下脚的地步。精湛的工艺,丰富创作灵感,和吸收借鉴外来作品是分不开的。

“般若波罗蜜,即非般若波罗蜜,是名般若波罗蜜。”一切世间的学问、智慧、思想,一切世间的事,在在处处都可以悟道。般若在哪里?到处都是。

人类的自然感觉往往把身边的事物当作是了解的事物,而把遥远的事物看作是不了解的事物。正是这种感觉,人们常常把遥远的知识当作深刻的知识,而把眼前的知识当作粗浅的知识。这样人们总是在忽视眼前一般的现象,追求遥远虚幻的本质。其实人们看遍了世界,最终还是要了解自己才算达到顶峰,而这种自我本质的了解,恰恰是在表面浅近的平常事件中获得的。

论语云:“一箪食,一瓢饮,在陋巷。人不堪其忧,回也不改其乐。”追求宁静不必在高堂庙宇,不必在乡间小径,不必在幽深禅寺,更不必拥有很多的钱财。所谓善,首先必须是各种活动的一致和谐或者是中庸,所谓良心就是和谐统一的意识作用。宁静快乐其实很简单,平民老百姓史老师为我们做了很好的注脚。但即使是在这简单快乐中,也应该是心怀敬畏。

宁静,何以如一杯茗茶。

(本文写于2012年6月,系走访了一位东阳木雕艺人后的抒情之作。)

非物质文化遗产,生活中的美丽画卷

杭州非物质文化遗产种类纷繁,奇丽多姿,它承载着不同时期民族文化的精神品格和审美特质,构成了一幅无比愉悦的历史画卷。从独具特色的剪纸、陶艺、刺绣,到民间舞蹈、戏剧,甚至社会习俗、红白礼仪、口头文学等,无不普遍包含着美的形式和内容。非物质文化遗产的率真和自然、质朴的艺术创造性,震撼着人们的心灵,触动着人们的情感。延续中华文脉,弘扬民族艺术,加强非物质文化遗产的发掘和研究,不仅可以提高人们对传统文化的审美认知,而且能够为我们当代的艺术实践和文化发展提供有益借鉴。

一、非物质文化遗产是文化价值的宝贵体现

非物质文化遗产在根本上引导着一种生活体验,并且广泛渗透到了社会生活的各个方面。同时,非物质文化遗产是人类生活审美实践的多样化表现,是民族个性、民族审美习惯的“活”的显现。它的审美实践依托于人本身的生存实践,往往与劳动生产的各项事宜或风俗联系在一起。例如,与农业生产劳动相关的非物质文化遗产当中,民歌、山歌、茶戏、麦秆制作、竹编、草编等都具有田园劳动的背景,往往结合了农耕生活;印染和刺绣离不开纺织业;各类彩绘、陶瓷装饰、灶壁绘画、扇面绘画、剪纸、灯彩、龙舞、狮舞、傩戏等都结合着人们的日常生活起居和传统节日的风俗。

由此可以看出,社会实践和艺术实践水乳交融,使劳动者成为真正的审美主体,亲临审美创造。非物质文化遗产的美学内涵又有着中国传统文化的深刻性,如建筑布局的“仁和”,各类装饰中规中矩的表现形式,体现了中庸中正的儒家哲学思想,也是以和谐为美的集中体现。此外,在环境营造上注重“风水”之说,有关风水理论中的阴阳相合相冲的原理,具有民间朴素的生态学意义,也是追求“天人合一”的审美理想,这是劳动者对生存与自然的思考,具有较为深刻的人类学意义。

二、非物质文化遗产是对生活的超越

非物质文化遗产所蕴含的审美价值不仅是大众文化的日常审美诉求，更是大众宏观自然观念的形成与感悟，是在人与自然之间建立起的精神联系，是人对大自然的家园感。非物质文化遗产采用的是一种场型的人际传播方式，这个"场"中进行的民间文化传递，传达的不仅仅是信息，还有一种氛围，一种情感。比如杭州西湖区的板凳龙、龙舟胜会，已随着众人情绪的高涨逐渐加快节奏，达到情绪释放的极致。另外还有民间的舞狮、踩高跷、赶庙会、赛龙舟等形式，都可使身处其中的人完全融入"场"。"场"使审美空间中包含了热烈的气氛、强烈的情感体验，以及此地域的群体共同的文化意识。

在非物质文化遗产这个"场"中，又寄托了人们的深厚情感和丰富的生活哲理。比如蚕桑习俗里面人对自然的崇敬、依靠、依赖，这就是文化因素，就是人和自然和谐发展；我们为什么要毕恭毕敬地祭祀它，因为它很了不得，我们不能得罪它，要敬畏它，这也就是生态自然观；还有在我们的祭祀活动中，让广大蚕农充分表现自己，这实际上是对蚕农的一种尊重，是尊重种桑养蚕的人。蚕农有了地位，蚕桑业才能发展。所以很多祭祀活动都是蚕农来张扬自己的生命力，表达自己的生活理想。"蚕好才好""蚕花二十四分"，这就是老百姓的生活智慧。重视农耕，这对政府部门也是很好的启发，比如我们的政策如何来体现重视农耕，怎么为农耕者创造条件，让他们能安心地农耕。还有蚕桑业与妇女的联系，蚕桑业本身比较女性化，女人可以做，蚕花娘娘也是女的，这就体现出对女性的尊重。因此，杭嘉湖地区，特别是杭州、嘉兴、湖州等地女性地位是比较高的，这跟该地区的生活习俗有很大关系。

三、非物质文化遗产蕴含着丰富的精神养料

非物质文化遗产保护就是满足人们寻找那个在物质、技术时代迷失很久的"连续的、历史的、记忆的、意义的"精神家园。非物质文化遗产本身又具有其自身的张力，传统审美空间在现代传播过程中发生了断裂但并不意味着消失，它们散落在人们的精神角落，民间文化散漫自为的审美空间，已成为人们的一种集体记忆，随时间的变迁，这种记忆会变成一种对大众文化内核的滋养，而这一滋养的能量永远促使大众对自己进行着文化审视。

在民族传统文化心理的深深浸润之下，传承至今的戏曲艺术不但积淀下深厚的文化底蕴，而且也孕育出具有独特审美趣味的中国观众。这种独特趣味，就是要求戏曲在内容上能容纳和满足观众善恶分明的道德感，在形式上能契合观

众情感化的心理程式。各类传统戏剧、曲艺总是蕴含着一种善恶分明的道德感，凝聚着中华民族的生活形态、大众文化心理和大众审美趣味，作为一种“集体无意识”积淀在人们的心灵深处，潜移默化地影响着一代又一代戏曲观众。

比如古代戏台常有“古文观止”四个字，它并不是说要老百姓去读古文。古代老百姓是通过看戏文，才了解做人该怎么做。有很多流传的民间故事，这些民间故事就反映了老百姓的善恶观，从中体会做人怎么做，什么是幸福，什么是不幸福，什么是好人，什么是坏人，什么事做不得，什么事好做，什么叫“人在做，天在看”，这样形成了一种自律。浙江省戏剧很多，20 世纪 30 年代有 39 种，新中国成立前夕是 19 种，现在 19 种有没有很难说了，还有曲艺，种类就更多了。这些戏剧和曲艺是一种形式，还有内容就是来自我们的民间故事，短的民谣故事可以编成曲艺，曲艺可长可短很灵活。通过这样的形式，我们就把三个非遗项目保存下来了，民间故事、戏剧和曲艺都传下去了。

四、非物质文化遗产是构建和谐社会的一个途径

非物质文化遗产以质朴、直观或象征性的符号来表达生活的文化内涵，其审美活动能够不完全受现实生活的支配，不为物累、无拘无束，在自娱自乐中怡然自得。这种自由的生命状态与生活体验沉浸于天地之间，使物我之间的关系达成和谐。真正杰出的非物质文化遗产项目是能够契合中国观众审美心理的。自然审美让大众超越自我，由人伦境界走向更高迈的天地境界。这种大众审美文化的传承，使人们克服认同焦虑，拥有了一种文化上的认同感，并使更广泛意义上的大众充实了文化生活。

挖掘非物质文化遗产背后承载的文化基因，这就是和谐社会构建的一个重要途径。文化的多样性是靠民俗文化为代表的非物质文化遗产来体现的，文化多样性的消失是很可怕的，需要在差异当中寻找和谐。比如蚕桑丝织中，男耕女织，就是一种社会分工的体现。男女分工不一样，各自发挥自己的优势，互相依赖，互相呵护，这个社会才会和谐，这种观念也很现代化。还有养蚕，是一件让老百姓放松、愉悦、高兴的事情。蚕花水会为什么会一直传习到现在，就是它的娱乐性很强。娱乐、文化说到底就是老百姓生命力的张扬。又比如传统节日里有很神圣的东西在这里，有很欢乐很祥和的东西在那里，大家都会在节日里一起套套近乎什么的。再如文学的本质，文学的本质就是在现实生活中不能实现的理想转换到文学中，放到故事中去，这在余杭的元帅庙会、富阳的孝子祭等民俗活动中得到淋漓尽致的表现。

五、非物质文化遗产的生存空间应该得到积极维护

从非物质文化遗产单一项目的保护到非物质文化遗产与“自然—经济—社会”三位一体的文化生态环境的整体性保护，是杭州非物质文化遗产保护工作新阶段的必然要求。下一阶段，我们应以非物质文化遗产为保护核心，以文化生态修复为终极目的，实行整体规划，重点在以下几个方面进行探索：一是保护机制的创新。开展非遗生态实验区建设探索，突破行政区划的界限，有效地维护非物质文化遗产在文化空间范围上的完整性。二是保护理念的创新。树立和谐共生、整体保护的理念，坚持物质文化遗产和非物质文化遗产相融，文化生态和自然生态兼顾，传承保护和经济社会发展协调，政府主导与民众文化主体地位并重。三是保护内容的创新。以无形的非物质文化遗产为核心，以有形的物质文化遗产为载体，通过生态修复工程、古村落保护工程等一系列工作，整体保护各类文化遗产的生存空间。四是保护方法的创新。从对单个非遗项目的保护，扩展到对整个生存空间的保护。挖掘杭州非遗的社会性和时代性，针对不同非遗项目的表现特征、生存状态、传播途径等属性，结合实际工作条件，制订各不相同的传承保护方案。在传承保护中，注重培育非物质文化遗产在现代社会生长的土壤，努力将传统文化融入现代生活方式，在传承中实现科学、持续保护的目的。

总之，非物质文化遗产的存在给人们以传统文明最深根源的滋养，人类社会的发展又给非物质文化遗产注入时代的气息。非物质文化遗产的抢救和保护，是人类为保护自己的精神家园而展开的一项具有世界战略眼光的文化传承工程。

参考文献

[1] 童芍素. 让“种文化”成为浙江文化建设的品牌[J]. 新闻实践，2007(12).
[2] 浙江省委宣传部课题组，童芍素，来颖杰，赵嵩，申中华，薛飞. 提升浙江文化“软实力”——关于我省实施文化“走出去”战略调研报告(上篇)[J]. 今日浙江，2008(1).
[3] 成文光. 论非物质文化遗产的审美价值与现实意义[J]. 大舞台，2012(7).
[4] 李浥. 审美视野的非物质文化遗产传承与创新[J]. 重庆社会科学，2012(4).
[5] 章辉. 非物质文化遗产艺术审美的现代启示[J]. 湖南城市学院学报，2010(5).
[6] 金恩渠. 论非物质文化的实用与审美[J]. 艺术百家，2007(S1).

（本文成稿于 2015 年 1 月，主体内容曾发表在《浙江文化月刊》。）

观《浙里繁花——浙江省非物质文化遗产宣传手册》有感

青瓷巧匠烧出冰盛绿云，廊桥天工架起凌空飞虹，老街上十八蝴蝶翩翩而过……非遗大美，风光旖旎。浙江作为华夏文明发祥地之一，人杰地灵，人文荟萃，创造了悠久璀璨的历史文化。这些非物质文化遗产是浙江源远流长的优秀历史文化的积淀，是浙江人民引以为豪的宝贵文化财富，彰显了浙江地域文化、精神内涵和道德传统，在中华古老文明中熠熠生辉。

一开一阖，一笑一颦，历史的踪迹已深深嵌进定格的画面；透过历史的重重迷雾，讲述着逝去的沧桑岁月。故土拾遗，梦回萦绕；游子意远，桑梓情浓。非物质文化遗产，承载着我们无尽的眷恋。如一首诗，不必华丽言语就可道出那沧桑背后的风韵。如一幅画，不必浓墨重彩便可描绘那如雾如梦的山水。

守望非遗，应是一种深具精神关怀的物化。传统技艺的创作是人与自然的和谐统一，创作手工艺品的过程，就是人与自然交流、涵泳自然、品味人生的过程；传统表演艺术，提倡抱根守长，固本求新，并主张与时共进，最终实现戏曲艺术得鱼而望筌、静照忘求的审美境趣；民俗倡导一种泛化的伦理化、道德化模式，潜移默化，润物无声，让心灵去除浮躁，寻得安宁。这一人类的心灵归属和精神家园，除了要用时间守望，更需情义。其真正的能量，在于不息，在于永续相传。

2015 年 5 月，为进一步展示浙江非物质文化遗产资源的整体风貌，加大非物质文化遗产的保护和利用力度，推动文化大省建设，省文化厅组织编撰了这部《浙里繁花——浙江省非物质文化遗产宣传手册》。这部宣传册共分味道、故事、节日、养生、技艺、表演六个卷本，我有幸承担了节日卷的编写工作。全书定位“青春脸、政府心”，具有相当的知识性、科学性、艺术性和可读性。整体而言，宣传册图文并茂，内容风趣，独到的叙述和见解，多角度呈现了浙江非物质文化遗产的独特魅力。

值得一提的是，这本纯公益的小册子从动手到成册，历时仅仅 28 天，是全省非遗工作者无私奉献的结晶。一册在手，随着作者跳跃的笔尖，引领我们走进隐藏在江南深处的文化遗存，使我们沉浸在它们的迷人神韵，触及浙江优秀传统文化的精髓。正如宣传手册编写说明所指出的:“或许它会有这样或那样的不完善,需要你用包容的眼睛去欣赏,但她注定是一抹色彩,一缕芬芳!”

流水洗不尽粉末铅华,喧嚣盖不住苍劲声腔。浙里非遗,灿若繁花。让我们共同来珍惜并保护利用好这份来自历史深处的珍贵遗产!

(本文写于2015年6月。)

后 记

倏忽之间，并时光与众尘，又长一岁。

文莫犹人，躬行未得。每天的生活却是波澜不惊，日复一日。不觉间，我已经步入而立之年。当人生走过旅程三分之一的时候，心中总会有怀念，有喜悦，有忧愁，有痛苦，有欢乐，有困惑，有忐忑，有恐惧，有悲伤……

从事非遗保护这个行当，满打满算也有六年了。按照非遗从业的标准，我也算小学毕业了。在这六年里，虽说换过几次“学校”，如在省文化厅待过近两年，市文广新局待过半年，非遗一线“小学生”的角色却始终没变。虽说无所成就，却也以自己的视角见证了非遗事业的迅猛发展。

本科、研究生读的都是化学专业，从事的却是八竿子打不着的非遗保护工作，这就是典型的理工男玩起了文艺。在经历了诸多的人和事，亲身体会到了诸多的艰辛与磨难，对人生及社会，产生了完全不同于学校层面的感悟。没有错的路，错的只是选择。既然选择了这一行，风雨也只能继续前行。

如今，幸福的家庭已经组成，无俗务缠身，亦无粢米之忧。往者不可谏，来者犹可追。与其在生活里跑龙套，不如做回自己，这样也可稍稍告慰那不断逝去的青春。思考之余，在这人生和事业的转折关口，我想到了把近几年的工作成果进行系统梳理。也正因如此，有了本书的出版。

本书作为对杭州市非物质文化遗产十年来保护实践和理论研究的总结，我坚持独立研究，把非物质文化遗产保护的基本理论问题与实践问题相结合，一定程度上达到了独创性、系统性的目的。书中多个章节的主体内容曾在国内外重要学术期刊、新闻媒体发表过，产生了一定的影响。需要特别指出的是，虽然所有材料都是自己主笔，但有些也是经过了领导多方审阅，属于集体智慧的产物。为了尽可能减少争议，对每篇文稿我都尽力写明出处。此外，本书撰写过程中所用图片均为工作中收集到的资料，因时间仓促，无暇一一求证，如有拍摄者见到，还请与本人联系。

“志同道合是伙伴，求同存异也是伙伴”，习近平总书记在外交领域的主张，同样适用于公共讨论。文章千古事，得失寸心知。但凡著书者，总有司马迁的

"仆诚以著此书,藏之名山,传之其人,通邑大都,则仆偿前辱之责,虽万被戮,岂有悔哉"和辛弃疾的"却将万字平戎策,换得东家种树书"的心境。六经注我,我注六经。虽然书中许多调研有不够翔实的地方,观点缺乏精辟的论断,对于问题的解决也未能提供切实可行的解决方案,但本书能够公开发行,我有种如释重负之感。同时,我也希望能扩大影响,能够被今后工作检验、印证。一家之言,挂一漏万在所难免,还请方家包容之余批评指正。

最后,感谢父母含辛茹苦的培养,感谢夫人的理解与宽容,感谢一切关心和支持我的亲朋好友及领导师长,感谢兢兢业业工作在一线的广大杭州非遗同仁,是你们给了我力量,是你们让我能够不断前行!感谢省书法家协会主席鲍贤伦先生和省文史馆高金声先生为本书题写书名。感谢杭州市非物质文化遗产保护中心、杭州市社科联(院)、浙江省社区研究会、杭州市群文学会和浙江省长三角非遗研究院等单位对本书提供了大力支持。此外,浙江工商大学大学生实践教育示范基地(社区研究会基地)将非遗传播体验作为大学生素质和社会实践的重要内容,并为本书提供了经费支持,在此一并感谢!

人间有味是清欢,聊以自勉。是为后记。

2015年2月